JESUS DE NAZARÉ

Da entrada em Jerusalém até a Ressurreição

2ª edição
5ª reimpressão

Joseph Ratzinger

Bento XVI

Jesus de Nazaré

Da entrada em Jerusalém até a Ressurreição

Tradução
Bruno Bastos Lins

Planeta

Título original: *Gesù di Nazaret*

Preparação de texto: Francisco José M. Couto
Revisão: Tulio Kawata e Angela Viel
Diagramação: Triall
Capa: Fabio Oliveira

CIP-BRASIL. CATALOGAÇÃO NA PUBLICAÇÃO
SINDICATO NACIONAL DOS EDITORES DE LIVROS, RJ

R186j

Ratzinger, Joseph
Jesus de Nazaré : da entrada em Jerusalém até a ressurreição / Joseph Ratzinger ; [tradução Bruno Bastos Lins]. – 2. ed. – São Paulo : Planeta, 2016.

Tradução de: Gesù di Nazaret
ISBN 978-85-422-0838-2

1. Jesus Cristo - Personalidade e missão. 2. Jesus Cristo - Doutrina bíblica. I. Bento XVI, Papa, 1927-. II. Lins, Bruno Bastos. III. Título.

16-35528 CDD: 232.9
CDU: 27-31

2024
Todos os direitos desta edição reservados à
Editora Planeta do Brasil Ltda.
Rua Bela Cintra, 986, 4º andar – Consolação
São Paulo – SP – CEP 01415-002
www.planetadelivros.com.br
faleconosco@editoraplaneta.com.br

Sumário

Abreviaturas e siglas

1. Abreviaturas dos livros da Bíblia

At – Atos dos Apóstolos
1 Cor – 1ª Carta aos Coríntios
2 Cor – 2ª Carta aos Coríntios
2 Cro – 2º Livro das Crônicas
Dt – Livro do Deuteronômio
Ef – Carta aos Efésios
Ex – Livro do Êxodo
Fl – Carta aos Filipenses
Gl – Carta aos Gálatas
Gn – Livro do Gênesis
Hb – Carta aos Hebreus
Is – Profecia de Isaías
Jr – Profecia de Jeremias
Jo – Evangelho segundo João
1 Jo – 1ª Carta de João
Jz – Livro dos Juízes

Lc – Evangelho segundo Lucas
Lv – Livro do Levítico
1 Mc – 1º Livro dos Macabeus
Mc – Evangelho segundo Marcos
Mt – Evangelho segundo Mateus
Nm – Livro dos Números
2 Re – 2º Livro dos Reis
Rm – Carta aos Romanos
Sb – Livro da Sabedoria
Sl – Livro dos Salmos
1 Sm – 1º Livro de Samuel
1 Tm – 1ª Carta a Timóteo
2 Tm – 2ª Carta a Timóteo
Zc – Profecia de Zacarias

* * *

2. Siglas de coleções literárias

CCL: *Corpus Christianorum. Series Latina*, ed. Brepols, Turnhout, 1953ss.

PG: *Patrologia Graeca*, dirigida por Jacques-Paul MIGNE, Paris, 1857--1866. Trata-se de uma coleção de fontes cristãs antigas em língua grega.

PL: *Patrologia Latina*, dirigida por Jacques-Paul MIGNE, Paris, 1844--1864. Trata-se de uma coleção de fontes cristãs antigas em língua latina.

ThWNT: *Theologisches Wörterbuch zum Neuen Testament*, fundado por Gerhard KIRTEL e dirigido por Gerhard FRIEDRICH, Stuttgart, 1933ss. [A tradução italiana: *Grande Lessico del Nuovo Testamento* (GLNT), Paideia, Brescia, 1965-1995.]

Prefácio

Posso finalmente trazer a público a Parte II do meu livro sobre Jesus de Nazaré. Vista a variedade das reações à Parte I – coisa por certo não surpreendente –, constituía para mim um valioso encorajamento o fato de grandes mestres da exegese como Martin Hengel, nesse ínterim infelizmente falecido, Peter Stuhlmacher e Franz Mußner me terem explicitamente confirmado no projeto de avançar no meu trabalho e levar a termo a obra começada. Sem se identificar com todos os detalhes do meu livro, consideravam-no, quer do ponto de vista do conteúdo quer do método, uma contribuição importante que deveria alcançar a sua forma completa.

Outro motivo de alegria para mim é o fato de nesse ínterim o livro ter ganhado, na volumosa obra *Jesus* (2008), do teólogo protestante Joachim Ringleben, por assim dizer um "irmão" ecumênico. Quem ler os dois livros notará, por um lado, a grande diferença no modo de pensar e nas orientações teológicas determinantes, em que se exprime concretamente a diversa proveniência confessional dos dois autores; mas, por outro lado e ao mesmo tempo, manifesta-se a profunda unidade na compreensão essencial da pessoa de Jesus e da sua mensagem. Embora com abordagens teológicas diferentes, é a mesma fé que age; dá-se um encontro com o mesmo Senhor Jesus. Espero que ambos os livros, na sua diversidade e na sua sintonia essencial, possam constituir um testemunho ecumênico que, nesta hora, sirva a seu modo à missão fundamental comum dos cristãos.

Com gratidão, registro ainda o fato de a discussão sobre o método e a hermenêutica da exegese, e também sobre a exegese como disciplina, simultaneamente histórica e teológica, se ir tornando mais animada, apesar de não poucas resistências em face de passos novos. Considero de particular interesse o livro *Bibelkritik und Auslegung der Heiligen Schrift* [Crítica bíblica e interpretação da Sagrada Escritura], de Marius Reiser, saído em 2007, que reúne uma série de estudos anteriormente publicados, cria uma unidade homogênea dos mesmos e oferece indicações relevantes para novos caminhos da exegese, sem abandonar aquilo que é de importância permanente no método histórico-crítico.

Uma coisa parece-me óbvia: em 200 anos de trabalho exegético, a interpretação histórico-crítica já deu o que de essencial tinha para dar. Se a exegese bíblica científica não quer exaurir-se em hipóteses sempre novas, tornando-se teologicamente insignificante, deve realizar um passo metodologicamente novo e voltar a reconhecer-se como disciplina teológica, sem renunciar ao seu caráter histórico. Deve aprender que a hermenêutica positivista de que parte não é expressão da razão exclusivamente válida que se encontrou definitivamente a si mesma, mas constitui determinada espécie de razoabilidade historicamente condicionada, capaz de correção e acréscimos, e necessitada deles. Tal exegese deve reconhecer que uma hermenêutica da fé, desenvolvida de forma justa, é conforme ao texto e pode unir-se com uma hermenêutica histórica ciente dos próprios limites para formar um todo metodológico.

Naturalmente, essa união de dois gêneros de hermenêutica muito diferentes entre si é uma tarefa a realizar sempre de novo. Mas tal união é possível, e por meio dela as grandes intuições da exegese patrística poderão, num contexto novo, voltar a dar fruto, como demonstra precisamente o livro de Reiser. Não pretendo afirmar que, no meu livro, essa união das duas hermenêuticas seja uma realidade já perfeitamente efetuada; mas espero ter dado um bom passo nessa direção. Em última análise, trata-se de retomar finalmente os princípios metodológicos para a exegese formulados pelo Concílio Vaticano II (na *Dei Verbum* 12): uma tarefa que, infelizmente, até agora quase não foi encarada.

Talvez seja útil, aqui, colocar em evidência mais uma vez a intenção orientadora do meu livro.

Não é necessário, creio eu, dizer expressamente que não quis escrever uma *Vida de Jesus*. Relativamente às questões cronológicas e topográficas da vida de Jesus, existem obras excelentes; lembro, de modo particular, Joachim Gnilka, *Jesus von Nazareth: Botschaft und Geschichte*, e a obra profunda de John P. Meier, *A Marginal Jew* (três volumes, Nova York, 1991, 1994, 2001).

Um teólogo católico designou o meu livro, juntamente com a magistral obra de Romano Guardini, *Der Herr*, como "cristologia a partir do alto", acautelando-se para os perigos a ela ligados. Na realidade, não tentei escrever uma cristologia. No âmbito da língua alemã, temos uma série de importantes cristologias, como as de Wolfhart Pannenberg, Walter Kasper e Christoph Schönborn, às quais se deve agora juntar a grande *opus* de Karl-Heinz Menke, *Jesus ist Gott der Sohn* (2008).

Mais próxima da minha intenção está a comparação com o tratado teológico sobre os mistérios da vida de Jesus, ao qual Tomás de Aquino deu forma clássica na sua *Suma Teológica* (*Summa theol. II, qq. 27-59*). Embora o meu livro tenha muitos pontos de contato com tal gênero de tratado, está colocado num contexto histórico-espiritual diverso e, com base nisso, tem também uma orientação intrínseca diversa, que condiciona de modo essencial a estrutura do texto.

No prefácio da Parte I, disse que o meu desejo era ilustrar "a figura e a mensagem de Jesus". Talvez tivesse sido bom colocar essas duas palavras – figura e mensagem – como subtítulo do livro, para esclarecer a sua intenção de fundo. Exagerando um pouco, poder-se-ia dizer que eu queria encontrar o Jesus real, o único a partir do qual se torna possível algo como uma "cristologia a partir de baixo". O "Jesus histórico", como aparece na corrente principal da exegese crítica a partir dos seus pressupostos hermenêuticos, é demasiado insignificante no seu conteúdo para chegar a ter uma grande eficácia histórica; é demasiado ambientado no passado para tornar possível uma relação pessoal com Ele. Conjugando entre si as duas hermenêuticas de que falei atrás, procurei desenvolver um olhar sobre o Jesus dos Evangelhos e uma percepção d'Ele que pudesse tornar-se um encontro e, todavia, na percepção em comunhão com os discípulos de Jesus de todos os tempos, chegar também à certeza da figura verdadeiramente histórica de Jesus.

Essa tarefa era ainda mais difícil na Parte II do que na primeira, porque é na segunda que se encontram as palavras e os acontecimentos decisivos da vida de Jesus. Procurei manter-me fora das possíveis controvérsias sobre muitos elementos particulares e refletir apenas sobre as palavras e as ações essenciais de Jesus, guiado pela hermenêutica da fé, mas ao mesmo tempo tendo responsavelmente em conta a razão histórica, necessariamente contida nessa mesma fé.

Embora sempre continue, naturalmente, havendo detalhes a discutir, espero que me tenha sido concedido aproximar-me da figura de Nosso Senhor de um modo que possa ser útil a todos os leitores que queiram encontrar Jesus e acreditar n'Ele.

Com base no objetivo de fundo do livro assim ilustrado, isto é, compreender a figura de Jesus, a Sua palavra e as Suas ações, é óbvio que as narrações da infância não poderiam entrar diretamente na intenção essencial desta obra. Contudo, a minha vontade é tentar permanecer fiel à minha promessa (cf. Parte I, p. 19) e apresentar mais um pequeno fascículo sobre tal argumento, se me for dada ainda força para isso.

Roma, festa de São Marcos, 25 de abril de 2010.

Joseph Ratzinger – Bento XVI

CAPÍTULO 1

Entrada em Jerusalém e purificação do templo

1. A entrada em Jerusalém

O Evangelho de João fala de três festas de Páscoa, que Jesus celebrou durante o período da sua vida pública: a primeira Páscoa, quando se deu a purificação do templo (2,13-25), depois a Páscoa da multiplicação dos pães (6,4) e, por último, a Páscoa da morte e ressurreição (p. ex., 12,1; 13,1), que se tornou a "sua" grande Páscoa, na qual se fundamenta a festa cristã, a Páscoa dos cristãos. Os sinóticos dão notícia apenas de uma Páscoa: a da cruz e da ressurreição; em Lucas, o caminho de Jesus apresenta-se quase como uma única subida em peregrinação da Galileia até Jerusalém.

Trata-se de uma "subida", antes de mais nada, em sentido geográfico: o mar da Galileia situa-se cerca de 200 metros abaixo do nível do mar, enquanto a altura média de Jerusalém é de 760 metros acima do referido nível. Como degraus dessa subida, cada um dos sinóticos transmitiu-nos três profecias de Jesus sobre a sua paixão, aludindo desse modo também à subida interior que se desenrola no caminho exterior: o caminhar para o templo como o lugar onde Deus queria "fazer habitar o seu nome" – assim o Livro do Deuteronômio descreve o templo (12,11; 14,23).

A meta final dessa "subida" de Jesus é a oferta de Si mesmo na cruz, oferta que substitui os sacrifícios antigos; é a subida que a Carta aos Hebreus designa como a ascensão para a tenda não feita por mãos de homem, ou seja, o próprio céu, apresentando-Se diante de Deus (9,24). Essa ascensão até a presença de Deus passa pela cruz: é a subida para o "amor até o fim" (cf. Jo 13,1), que é o verdadeiro monte de Deus.

Todavia, a meta imediata da peregrinação de Jesus é Jerusalém, a Cidade Santa com o seu templo, e a "Páscoa dos judeus", como a designa João (2,13). Jesus pusera-Se a caminho juntamente com os Doze, mas pouco a pouco se foi associando a eles uma turba crescente de peregrinos; Mateus e Marcos narram-nos que, à saída de Jericó, já havia uma "grande multidão" que seguia Jesus (Mt 20,29; cf. Mc 10,46).

Nessa última parte do percurso, um fato veio aumentar a expectativa do que aconteceria, e coloca Jesus de um modo novo no centro da atenção dos peregrinos. À beira da estrada, está sentado um mendigo, cego, chamado Bartimeu. Ora, tendo sabido que Jesus está presente entre os peregrinos, põe-se a gritar ininterruptamente: "Filho de Davi, Jesus, tem compaixão de mim!" (Mc 10,47). Procuram serená-lo, mas em vão; por fim, Jesus convida-o a aproximar-se. À sua súplica: "Rabbúni! Que eu possa ver novamente!", Jesus responde: "Vai, a tua fé te salvou!".

Bartimeu recuperou a visão "e foi seguindo Jesus pelo caminho" (Mc 10,48-52). Vendo de novo, juntou-se à peregrinação para Jerusalém. De um momento para o outro, o tema "Davi" e a sua intrínseca esperança messiânica apoderou-se da multidão: porventura este Jesus, com Quem estavam a caminho, não seria verdadeiramente o novo Davi esperado? Com a sua entrada na Cidade Santa, teria porventura chegado a hora em que Ele restabeleceria o reino de Davi?

A preparação, que Jesus efetua com os seus discípulos, aumenta essa esperança. Jesus chega ao monte das Oliveiras, donde se espera a entrada do Messias, vindo da direção de Betfagé e Betânia. Manda à frente dois discípulos, dizendo-lhes que encontrariam um jumento preso, um jumentinho que ainda ninguém montara. Deveriam soltá-lo e trazê-lo; caso alguém lhes pedisse a legitimação para tal, deveriam responder: "O Senhor está precisando dele" (Mt 21,3; Lc 19,31). Os discípulos encontram o jumento e são interpelados – como previsto – sobre o seu direito; dão a resposta que lhes fora mandada e podem cumprir a sua missão. Assim, Jesus entra na cidade sobre um jumento emprestado, que logo a seguir fará retornar ao seu dono.

Ao leitor atual, tudo isso pode parecer sem importância, mas para os judeus contemporâneos de Jesus está cheio de misteriosas alusões. Em cada detalhe, está presente o tema da realeza com as suas promessas. Jesus reivindica o direito régio da requisição de meios de transporte, um direito conhecido em toda a Antiguidade (cf. Pesch, *Markusevangelium*, II, p. 180). O próprio fato de tratar-se de um animal que ninguém ainda montara aponta um direito régio. Mas, sobretudo, há uma alusão às palavras do Antigo Testamento que conferem a todo o sucedido o seu significado mais profundo.

Temos, em primeiro lugar, Gênesis 49,10-11: a bênção de Jacob, na qual se atribui a Judá o cetro, o bastão de comando, que não será tirado de entre os seus pés "até que venha Aquele que lhe tem direito e a quem os povos hão de obedecer". D'Ele se diz que ata à videira o seu jumentinho (49,11). Por isso o jumento amarrado alude Àquele que deve vir, "a quem os povos hão de obedecer".

Mais importante ainda é Zacarias 9,9, o texto explicitamente citado por Mateus e João para a compreensão do "Domingo de Ramos": "Dizei à filha de Sião: eis que o Teu Rei vem a ti, manso e montado em um jumento, em um jumentinho, filho de uma jumenta" (Mt 21,5; cf. Zc 9,9; Jo 12,15). Já refletimos amplamente sobre o significado dessas palavras do profeta para a compreensão da figura de Jesus, quando comentamos a bem-aventurança dos humildes (dos mansos) (cf. Parte I, pp. 80-85). Ele é um rei que quebra os arcos de guerra, um rei da paz e um rei da simplicidade, um rei dos pobres. E, por fim, vimos que governa um reino que se estende de mar a mar, abraçando o mundo inteiro (cf. *ibid.*, p. 81); isso fez-nos recordar o novo reino universal de Jesus, que, nas comunidades da fração do pão, isto é, na comunhão com Jesus Cristo, se dilata de mar a mar como reino da sua paz (cf. *ibid.*, p. 84). Nem tudo isso era então perceptível, mas depois, num olhar retrospectivo, torna-se evidente aquilo que estava escondido na visão profética e a que, só de longe, se tinha acenado.

Por agora, fixemos isto: Jesus reivindica efetivamente um direito régio. Ele quer que se compreenda o seu caminho e as suas ações com base nas promessas do Antigo Testamento, que n'Ele se tornam realidade. O Antigo Testamento fala d'Ele; e vice-versa, Ele age e vive na Palavra de Deus e não segundo programas e desejos próprios. A sua pretensão baseia-se na obediência à ordem do Pai. O seu caminho situa-se no âmbito da Palavra de Deus. Ao mesmo tempo esse atrelamento a Zacarias 9, 9 exclui uma interpretação "zelota" da sua realeza: Jesus não Se apoia na violência, não começa uma insurreição militar contra Roma. O seu poder é de caráter diferente; é na pobreza de Deus, na paz de Deus que Ele individualiza o único poder salvador.

Voltemos ao desenrolar da nossa narração. Trazem o jumentinho a Jesus, e naquele momento acontece algo de inesperado: os discípulos colocam sobre o jumento as suas capas; enquanto Mateus (21,7) e Marcos (11,7) se limitam a referir: "E Jesus sentou-Se em cima", Lucas escreve: "Fizeram com que Jesus montasse" (19,35). Essa é a expressão usada no Primeiro Livro dos Reis, quando se narra a subida de Salomão ao trono de seu pai, Davi. Lê-se que o rei Davi ordena ao sacerdote Sadoc, ao profeta Natã e a Banaías: "Tomai convosco os servos do vosso rei, fazei montar na minha mula o meu filho Salomão e fazei-o descer até Gion. Lá o sacerdote Sadoc e o profeta Natã o ungirão rei de Israel..." (1,33-34).

O próprio fato de estender as capas está ligado a uma tradição na realeza de Israel (cf. 2 Rs 9,13). A ação realizada pelos discípulos é um gesto de entronização na tradição da realeza davídica e, consequentemente, na esperança messiânica, que se tinha desenvolvido a partir dessa tradição. Os peregrinos que vieram juntos com Jesus a Jerusalém deixam-se contagiar pelo entusiasmo dos discípulos; estendem agora as suas capas na estrada por onde Ele passa. Cortam ramos das árvores e gritam palavras do Salmo 118 – palavras de oração da liturgia dos peregrinos de Israel – que, nos seus lábios, se tornam uma proclamação messiânica: "Hosana! Bendito o que vem em nome do Senhor! Bendito o reino que vem do nosso pai Davi! Hosana no mais alto dos céus!" (Mc 11,9-10; cf. Sl 118,25-26).

Essa aclamação é transmitida pelos quatro evangelistas, embora com variantes específicas de cada um. De tais diferenças, porém, não irrelevantes para a história da transmissão e a visão teológica de cada evangelista, não devemos ocupar-nos neste ponto. Procuremos apenas compreender as linhas essenciais de fundo, até porque a liturgia cristã acolheu essa saudação reinterpretando-a a partir da fé pascal da Igreja.

Vejamos primeiro a exclamação "Hosana!". Originalmente era uma expressão de premente súplica, como: "Ai de nós, ajudai-nos!". No sétimo dia da Festa das Cabanas, enquanto davam sete voltas em torno do altar do incenso, os sacerdotes tinham-na repetido de forma monótona como súplica para terem chuva. Mas, dado que a Festa das Cabanas se transformou de festa de súplica numa festa de alegria, a súplica foi-se tornando cada vez mais uma exclamação de júbilo (cf. Lohse, *ThWNT* IX, p. 682).

Provavelmente, no tempo de Jesus, a palavra já tinha assumido também um significado messiânico. Desse modo podemos reconhecer na exclamação "Hosana" uma expressão de sentimentos de múltiplo significado, quer dos peregrinos que vieram com Jesus, quer dos seus discípulos: um jubiloso louvor a Deus no momento daquela entrada; a esperança de que tivesse chegado a hora do Messias e, ao mesmo tempo, uma súplica para que se realizasse de novo o reino de Davi e, com ele, o reino de Deus sobre Israel.

Como se disse, a frase seguinte do Salmo 118 – "Bendito o que vem em nome do Senhor!" – inicialmente pertencia à liturgia de Israel destinada aos peregrinos, sendo estes saudados com ela à entrada da cidade ou do templo. Comprova-o a segunda parte do versículo: "Da casa do Senhor, nós vos bendizemos". Era uma bênção que os sacerdotes transmitiam e quase aplicavam aos peregrinos que chegavam. Entretanto, a expressão "que vem em nome do Senhor" assumira um significado messiânico. Mais ainda, tinha-se tornado até a designação d'Aquele que fora prometido por Deus. E assim, de uma bênção para os peregrinos, a expressão transformou-se em louvor a Jesus, que é saudado como Aquele que vem em nome do Senhor, como o Esperado e o Anunciado por todas as promessas.

A particular referência a Davi, que só aparece no texto de Marcos, reproduz para nós, talvez na forma mais original, a expectativa dos peregrinos de então. Entretanto Lucas, que escreve para os cristãos vindos do paganismo, omitiu completamente o Hosana e a referência a Davi, substituindo-os pela exclamação que alude ao Natal: "Paz na terra e glória no mais alto dos céus!" (19,38; cf. 2,14). Os três evangelhos sinóticos, mas o de João também, mostram claramente que a cena da homenagem messiânica a Jesus se realizou à entrada da cidade, sendo seus protagonistas não os habitantes de Jerusalém, mas aqueles que acompanhavam Jesus entrando com Ele na Cidade Santa.

Explicitamente no-lo dá a entender Mateus, quando, depois do Hosana dirigido a Jesus, filho de Davi, continua a narração assim: "E, entrando em Jerusalém, a cidade inteira agitou-se e dizia: 'Quem é este?'. A isso as multidões respondiam: 'Este é o profeta Jesus, o de Nazaré da Galileia'" (21,10-11). É evidente o paralelismo com a narração dos Magos do Oriente. Então, na cidade de Jerusalém, também não sabiam nada do rei dos judeus recém-nascido; a notícia deixara Jerusalém "perturbada" (Mt 2,3). Agora "assusta-se": Mateus usa o termo *eseísthē* (*seiō*) que exprime o susto causado por um terremoto.

Do profeta vindo de Nazaré, tinham ouvido falar qualquer coisa, mas parecia não ter relevância para Jerusalém, não era conhecido. A multidão que, na periferia da cidade, prestava homenagem a Jesus não era a mesma que depois haveria de pedir a sua crucifixão. Nessa dupla notícia relativa ao não reconhecimento de Jesus – uma atitude de indiferença e conjuntamente de medo –, de certo modo há já um aceno à tragédia da cidade, que Jesus anunciou repetidamente, de modo mais explícito, no seu discurso escatológico.

Em Mateus, porém, vem depois um texto importante, e próprio só dele, sobre o acolhimento de Jesus na Cidade Santa. Depois da purificação do templo, algumas crianças repetem lá também as palavras de homenagem: "Hosana ao Filho de Davi" (21,15). E perante "os sumos sacerdotes e os escribas", Jesus defende a aclamação das crianças com uma referência ao Salmo 8,2: "Da boca dos pequeninos e das crianças de peito procuraste o louvo". Voltaremos a essa cena mais adiante, na reflexão sobre a purificação do templo. Aqui procuremos compreender o que pretendeu Jesus dizer com a referência ao Salmo 8, pois com essa alusão abriu de par em par uma vasta perspectiva histórico-salvífica.

O que Ele tinha em mente torna-se evidente se recordarmos o episódio, referido pelos três evangelistas sinóticos, das criancinhas levadas a Jesus "para que Ele as tocasse". Opondo-Se à resistência posta pelos discípulos, que O queriam defender de tal ingerência, Jesus chama a Si as criancinhas e começa a abençoá-las, impondo-lhes as mãos. Depois explica esse gesto por palavras: "Deixai as crianças virem a Mim. Não as impeçais, pois delas é o Reino de Deus. Em verdade vos digo: aquele que não receber o Reino de Deus como uma criança não entrará nele" (Mc 10,13-16). Jesus vê nas crianças o exemplo por excelência daquele ser pequenino diante de Deus que se requer para poder passar pelo "buraco da agulha" de que fala o episódio do jovem rico cuja narração aparece logo a seguir (Mc 10,17-27).

Antes tinha havido o episódio da discussão sobre a precedência entre os discípulos, ao qual Jesus reagira colocando no meio uma criança e, abraçando-a, dizendo: "Aquele que receber uma destas crianças por causa do meu nome, a Mim recebe" (Mc 9,33-37). Jesus identifica-Se com a criança; Ele mesmo Se fez pequeno. Como Filho, nada faz por Si mesmo, mas age totalmente a partir do Pai e para o Pai.

Baseados nisso, compreendemos também o trecho sucessivo, em que já não se fala de crianças, mas de "pequeninos", tornando-se a expressão "os pequeninos" a própria designação dos crentes, da comunidade dos discípulos de Jesus (cf. Mc 9,42). Na fé, estes encontraram o modo autêntico de ser pequeninos, que reconduz o homem à sua verdade.

E assim voltamos ao "Hosana" das crianças: à luz do Salmo 8, o louvor das crianças aparece como uma antecipação do louvor que os seus "pequeninos" Lhe hão de entoar muito além daquela hora.

Por isso, com razão podia a Igreja nascente ver nessa cena a representação antecipada do que ela faz na liturgia. No texto litúrgico pós-pascal mais antigo que conhecemos – a *Didaché* (por volta do ano 100) –, já aparece o "Hosana" juntamente com o "Maranata" antes da distribuição dos Dons sagrados: "Venha a graça e passe este mundo. Hosana ao Deus de Davi. Quem é santo aproxime-se; quem não é, faça penitência. Maranata: Vinde, Senhor Jesus. Amém" (10,6).

Muito cedo foi introduzido na liturgia também o "Benedictus": para a Igreja nascente, o "Domingo de Ramos" não era algo do passado. Como então o Senhor entrara na Cidade Santa cavalgando o jumentinho, assim agora sem cessar a Igreja O via chegar sob as humildes aparências do pão e do vinho.

A Igreja saúda o Senhor na Sagrada Eucaristia como Aquele que vem agora mesmo, que entrou no meio dela. E ao mesmo tempo saúda-O como Aquele que permanece sempre O que vem e nos encaminha para a sua vinda. Como peregrinos, caminhamos para Ele; como peregrino, Ele vem ao nosso encontro e associa-nos à sua "subida" para a cruz e a ressurreição, para a Jerusalém definitiva que, na comunhão com o seu Corpo, já está crescendo no meio deste mundo.

2. A purificação do templo

Marcos narra que, depois desse acolhimento, Jesus foi ao templo, observou tudo em redor e, como já era tarde, dirigiu-Se para Betânia, onde ficaria hospedado durante aquela semana. No dia seguinte, entrou de novo no templo e começou a expulsar as pessoas que ali vendiam e compravam; "derrubou as mesas dos cambistas e os bancos dos vendedores de pombas" (11,15).

Jesus justifica essa sua ação com uma frase do profeta Isaías que Ele combina com uma expressão de Jeremias: "A minha casa será chamada casa de oração para todos os povos. Vós, porém, fizestes dela um covil de ladrões" (Mc 11,17; cf. Is 56,7; Jr 7,11). Que fez Jesus? Que pretendia dizer?

Na literatura exegética, podem-se identificar três grandes linhas de interpretação, que devemos considerar brevemente.

Temos em primeiro lugar a tese segundo a qual a purificação do templo não significava um ataque contra o templo enquanto tal, mas atingia apenas os abusos. Certamente os comerciantes tinham autorização dos chefes judaicos, que daí tiravam grande lucro. Nesse sentido, a ação dos cambistas e dos vendedores de animais era legítima dentro das normas em vigor; era compreensível também que se provesse ao câmbio das moedas romanas em uso – consideradas idolátricas por causa da imagem do imperador – pelo dinheiro do templo precisamente dentro do espaçoso átrio dos gentios e que lá se vendessem também os animais para o sacrifício. Mas, segundo a organização arquitetônica do templo, essa mistura entre templo e negócios não correspondia à finalidade do átrio dos gentios.

Com o seu gesto, Jesus atacava a ordem em vigor estabelecida pela aristocracia do templo, mas não violava a Lei e os Profetas; pelo contrário, contra um costume profundamente corrupto que se tornara "direito", Ele reivindicava o direito essencial e verdadeiro, o direito divino de Israel. Só assim se explica que não tenha havido a intervenção da polícia do templo nem da coorte romana presente na Fortaleza Antônia. As autoridades do templo limitaram-se a perguntar a Jesus com que autorização o tinha feito.

Nesse sentido, é justa a tese – motivada minuciosamente, sobretudo, por Vittorio Messori – segundo a qual, na purificação do templo, Jesus agira em sintonia com a lei, impedindo um abuso contra o templo. Mas se alguém quisesse a partir disso concluir que Jesus "aparece como um simples reformador que defende os preceitos judaicos de santidade" (assim Eduard Schweitzer, citado segundo Pesch, *Markusevangelium*, II, p. 200), não faria jus ao verdadeiro significado do acontecimento. As palavras de Jesus demonstram que a sua reivindicação era mais profunda, precisamente porque pretendia também, com a sua ação, dar cumprimento à Lei e aos Profetas.

Chegamos assim à segunda explicação, que está em contraste com a anterior: a interpretação político-revolucionária do fato. Já no iluminismo houvera tentativas de interpretar Jesus como revolucionário político; mas só a obra de Robert Eisler, *Iesous Basileus ou Basileusas*, publicada em dois volumes (Heidelberg, 1929/30), procurou coerentemente demonstrar, com base no conjunto dos dados do Novo Testamento, que "Jesus teria sido um revolucionário político de cunho apocalíptico: tendo suscitado em Jerusalém uma insurreição, acabaria por ser preso e justiçado pelos romanos" (citado em Hengel, *War Jesus Revolutionär?*, p. 7). O livro causou enorme sensação; mas, na situação particular dos anos 1930, não produziu ainda um efeito duradouro.

Somente nos anos 1960 se formou o clima espiritual e político em que tal visão pôde desenvolver uma força explosiva. Foi então que Samuel George Frederick Brandon, na sua obra *Jesus and the Zealots* (Nova York, 1967), deu uma aparente legitimação científica à interpretação de Jesus como revolucionário político. Assim, Jesus era colocado na linha do movimento zelota, que via o seu fundamento bíblico no sacerdote Fineias, neto de Aarão: Fineias traspassara com a lança um israelita que se juntara com uma mulher idólatra. Agora aparecia como modelo para os "zelosos" da Lei, do culto que se devia prestar unicamente a Deus (cf. Nm 25).

O movimento zelota via a sua origem concreta na iniciativa de Matatias, o pai dos irmãos macabeus, que, perante a tentativa de uniformizar completamente Israel ao modelo único da cultura helenista, privando-o desse modo também da sua identidade religiosa, afirmara: "Não daremos ouvidos às palavras do rei, desviando-nos do nosso culto para a direita ou para a esquerda" (1 Mc 2,22). Essa frase foi o início da insurreição contra a ditadura helenista. Matatias pôs em ação a sua palavra: matou o homem que, seguindo os decretos das autoridades helenistas, queria sacrificar publicamente aos ídolos. "Ao ver isso, Matatias inflamou-se de zelo, [...] arremessou-se contra o apóstata e o trucidou sobre o altar. [...] Ele agia por zelo pela Lei" (1 Mc 2,24-26). Desde então, o termo "zelo" (em grego: *zēlos*) foi a palavra mestra para exprimir a disponibilidade de se empenhar pela força em favor da fé de Israel, de defender o direito e a liberdade de Israel por meio da violência.

Jesus deveria ser colocado nessa linha do "*zēlos*" dos zelotas, segundo a tese de Eisler e de Brandon; tese essa que, nos anos 1960, suscitou uma onda de teologias políticas e teologias da revolução. Agora, como prova central dessa teoria, apresenta-se a purificação do templo, que teria sido evidentemente um ato de violência, porque, sem violência, não seria possível sequer que esta se realizasse, embora os evangelistas tenham procurado escondê-lo. A própria saudação dirigida a Jesus como filho de Davi e instaurador do reino de Davi teria sido um ato político, e a sua crucifixão por obra dos romanos sob a acusação de "rei dos judeus" demonstraria plenamente que Ele fora um revolucionário – um zelota – e como tal fora justiçado.

Entretanto, foi-se acalmando a onda das teologias da revolução que, com base num Jesus interpretado como zelota, tinha procurado legitimar a violência como meio para instaurar um mundo melhor: o "Reino". Os terríveis resultados de uma violência por motivos religiosos encontram-se, de modo bem drástico, diante dos olhos de todos nós. A violência não instaura o reino de Deus, o reino do humanismo; pelo contrário, é um instrumento preferido pelo anticristo, por mais motivada que possa ser em chave religioso-idealista. Não ajuda ao humanismo, e sim à desumanidade.

Mas então qual é a verdade sobre Jesus? Seria porventura um zelota? A purificação do templo seria por acaso o início de uma revolução política? Toda a atividade e a mensagem de Jesus – a começar pelas tentações no deserto, o seu batismo no Jordão, o Sermão da Montanha até à parábola do Juízo Final (cf. Mt 25) e à sua resposta à confissão de Pedro – se opõem radicalmente a isso, como vimos na Parte I desta obra.

Não, a subversão violenta, a matança de outros em nome de Deus não correspondia ao seu modo de ser. O seu "zelo" pelo reino de Deus era completamente diverso. Não sabemos o que de concreto imaginavam os peregrinos, quando, na "entronização" de Jesus, falavam do "reino que vem, o reino do nosso pai Davi". Mas aquilo que o próprio Jesus pensava e entendia tornou-se bem patente com os seus gestos e com as palavras proféticas, em cujo contexto Ele mesmo Se colocava.

É certo que, no tempo de Davi, o jumento fora a expressão da sua realeza e, na esteira dessa tradição, Zacarias apresenta o novo rei da paz cavalgando um jumento quando entra na Cidade Santa. Mas, já no tempo de Zacarias e mais ainda no de Jesus, o cavalo tinha-se tornado a expressão do poder e dos poderosos, enquanto o jumento era o animal dos pobres e, consequentemente, a imagem de uma realeza bem diversa.

É verdade que Zacarias anuncia um reino "de mar a mar". Mas precisamente desse modo abandona o quadro nacional e indica uma nova universalidade, em que o mundo encontra a paz de Deus e, na adoração do único Deus, fica unido além de todas as fronteiras. Naquele reino de que fala o profeta, os arcos de guerra são quebrados. Aquilo que nele é ainda uma visão misteriosa, cuja configuração concreta, perscrutando o futuro de longe, não se podia perceber distintamente, vai-se esclarecendo lentamente na atividade de Jesus; todavia, só depois da ressurreição e no caminho do Evangelho ao encontro dos pagãos é que pôde, pouco a pouco, adquirir a sua forma própria. Entretanto, mesmo no momento da entrada de Jesus em Jerusalém, a ligação com a profecia tardia, em que Jesus enquadrava as suas ações, conferia ao seu gesto uma orientação que contrastava radicalmente com a interpretação zelota.

Em Zacarias, Jesus não encontrara apenas a imagem do rei da paz que chega em cima do jumento, mas também a visão do pastor assassinado que por meio da sua morte traz a salvação, e, ainda, a imagem do traspassado para quem se voltaria o olhar de todos. O outro grande quadro de referência, dentro do qual situava a sua atividade, era a visão do servo sofredor de Deus, que, servindo, oferece a vida pela multidão e desse modo traz a salvação (cf. Is 52,13; 53,12). Essa profecia tardia é a chave de interpretação com que Jesus abre o Antigo Testamento; a partir dela, em seguida, depois da Páscoa, Ele mesmo Se torna a chave para ler de um modo novo a Lei e os Profetas.

Passamos agora às palavras interpretativas com que o próprio Jesus explica o gesto da purificação do templo. Atemo-nos, sobretudo, a Marcos, com quem, prescindindo de pequenas variantes, coincidem Mateus e Lucas. Depois do ato da purificação – refere-nos Marcos –, Jesus "ensinava". O evangelista vê o essencial desse "ensinamento" resumido na palavra de Jesus: "Não está escrito: 'A minha casa será chamada casa de oração para todos os povos?'. Vós, porém, fizestes dela um 'covil de ladrões'" (11,17). Como vimos atrás, nessa síntese da "doutrina" de Jesus sobre o templo, estão unidas e fundidas duas palavras proféticas.

Em primeiro lugar, temos a visão universalista do profeta Isaías (56,7) de um futuro em que, na casa de Deus, todas as nações adoram o Senhor como o único Deus. Na estrutura do templo, o enorme átrio dos gentios, onde a cena se desenrola, é o espaço aberto onde todo mundo é convidado a rezar ao único Deus. A ação de Jesus sublinha essa abertura interior de expectativa, que permanecia viva na fé de Israel. Apesar de Jesus limitar conscientemente a sua atividade a Israel, todavia é sempre movido pela tendência universalista de abrir de tal modo Israel que todos possam reconhecer, no Deus desse povo, o único Deus comum a todo o mundo. À pergunta sobre o que tinha Jesus trazido verdadeiramente aos homens, na Parte I respondemos que trouxe Deus às nações (cf. p. 54). Ora, segundo a Sua palavra, na purificação do templo temos precisamente essa intenção fundamental: tirar aquilo que é contrário ao conhecimento e adoração comum de Deus, ou seja, abrir o espaço à adoração comum.

Na mesma direção, aponta um pequeno episódio referido por João a propósito do "Domingo de Ramos". Aqui, porém, devemos ter presente que, segundo esse evangelista, a purificação do templo aconteceu durante a *primeira* Páscoa de Jesus, no começo da sua atividade pública. Por sua vez, os sinóticos – como se disse atrás – falam apenas de uma Páscoa de Jesus, pelo que a purificação do templo se dá necessariamente nos últimos dias de toda a sua atividade. Enquanto até há pouco tempo a exegese partia principalmente da tese de que a datação de São João fosse "teológica" e não exata no sentido biográfico-cronológico, hoje se veem cada vez mais claramente as razões que militam a favor de uma datação exata, mesmo do ponto de vista cronológico, do quarto evangelista, que demonstra possuir, aqui como em outras partes, não obstante toda a penetração teológica do assunto, uma informação mais precisa sobre os tempos, os lugares e os acontecimentos. Aqui, porém, não devemos entrar nessa discussão, no fim de contas, secundária; detenhamo-nos simplesmente a examinar o tal episódio, que, em João, não aparece associado com a purificação do templo, mas esclarece melhor o seu significado intrínseco.

Narra o evangelista que havia, entre os peregrinos, também alguns gregos "entre os que tinham subido a Jerusalém para adorar, durante a festa" (Jo 12,20). Esses gregos aproximam-se de "Filipe, que era de Betsaida da Galileia" e pedem-lhe: "Senhor, queremos ver Jesus!" (12,21). No homem com nome grego e originário da Galileia, meio pagã, obviamente veem um mediador que lhes pode abrir o acesso a Jesus. Esta frase dos gregos – "Senhor, queremos ver Jesus!" – recorda-nos de certa maneira a visão que São Paulo teve do Macedônio, que lhe disse: "Vem para a Macedônia, e ajuda-nos" (At 16,9). O Evangelho continua a narração dizendo que Filipe fala do caso a André e os dois apresentam o pedido a Jesus.

Como acontece frequentemente no Evangelho de João, Jesus responde de modo misterioso e, neste momento, enigmático: "É chegada a hora em que será glorificado o Filho do Homem. Em verdade, em verdade, vos digo: Se o grão de trigo que cai na terra não morrer, permanecerá só; mas, se morrer, produzirá muito fruto" (12,23-24). Ao pedido de um encontro feito por um grupo de peregrinos gregos, Jesus responde com uma profecia da paixão, na qual interpreta a sua morte iminente como "glorificação"; glorificação que é demonstrada pela grande fecundidade. Que significa isso?

Não é um encontro imediato e externo entre Jesus e os gregos que conta. Haverá outro encontro que ocorrerá em um nível muito mais profundo. Sim, os gregos "hão de vê-lo": virá ter com eles por meio da Cruz. Virá como grão de trigo morto e dará fruto no meio deles. Verão a sua "glória": em Jesus crucificado, encontrarão o Deus verdadeiro, que procuravam nos seus mitos e na sua filosofia. A universalidade, de que falava a profecia de Isaías (cf. 56,7), é proposta à luz da Cruz: a partir da Cruz, o único Deus torna-Se reconhecível às nações; no Filho conhecerão o Pai e, desse modo, o único Deus que Se revelou na sarça ardente.

Voltemos à purificação do templo. Aqui a promessa universalista de Isaías é associada com esta palavra de Jeremias: "Fizestes da minha casa um covil de ladrões" (cf. 7,11). Retornaremos ainda, brevemente, à batalha do profeta Jeremias a propósito e a favor do templo, no contexto da explicação do discurso escatológico de Jesus. O essencial antecipamos aqui: Jeremias empenha-se apaixonadamente pela unidade entre culto e vida na justiça diante de Deus; luta contra uma politização da fé, segundo a qual Deus deveria em todo caso defender o seu templo para não perder o culto. Mas um templo que se tornou um "covil de ladrões" não tem a proteção de Deus.

Obviamente, na ligação entre culto e negócios que combate, Jesus vê de novo realizada a situação dos tempos de Jeremias. Nesse sentido, tanto a Sua palavra como o Seu gesto são uma advertência, na qual era possível, com base em Jeremias, perceber também a alusão à destruição desse templo. Mas, à semelhança de Jeremias, também Jesus não é o destruidor do templo: ambos indicam, com a sua paixão, quem e que coisa destruirá realmente o templo.

Essa explicação da purificação do templo torna-se ainda mais clara à luz de uma frase de Jesus, que, nesse contexto, é transmitida apenas por João, mas encontra-se de maneira deformada também nos lábios de falsas testemunhas durante o processo contra Jesus, segundo a narração de Mateus e Marcos. Não há dúvida de que tal frase remonta ao próprio Jesus, sendo igualmente óbvio que se deve colocá-la no contexto da purificação do templo.

Em Marcos, a falsa testemunha diz que Jesus teria declarado: "Eu destruirei este templo feito por mãos humanas e, depois de três dias, edificarei outro, que não feito por mãos humanas" (14,58). A "testemunha", assim falando, talvez esteja muito perto das palavras de Jesus, mas erra num ponto decisivo: não é Jesus que destrói o templo; entregaram-no à destruição aqueles que o tornam um antro de salteadores, como sucedera nos tempos de Jeremias.

Em João, a frase autêntica de Jesus ecoa assim: "Destruí este templo, e em três dias Eu o levantarei" (2,19). Com essa frase, Jesus respondia ao pedido feito pela autoridade judaica de um sinal comprovativo da sua legitimidade para um ato como a purificação do templo. O seu "sinal" é a cruz e a ressurreição. A cruz e a ressurreição legitimam-No como Aquele que instaura o culto justo. Jesus justifica-Se por meio da sua paixão: o sinal de Jonas, que Ele dá a Israel e ao mundo.

Mas o sentido da frase é ainda mais profundo. João diz, com razão, que os discípulos só a compreenderam em toda a sua profundidade ao recordá-la depois da ressurreição, ou seja, ao recordá-la na memória, iluminada pelo Espírito Santo, da comunidade dos discípulos, isto é, da Igreja.

A rejeição de Jesus, a sua crucifixão, significa ao mesmo tempo o fim desse templo. O período do templo passou. Chega um novo culto num templo não construído por homens. Esse templo é o seu Corpo: o Ressuscitado que reúne os povos e os unifica no sacramento do seu Corpo e do seu Sangue. Ele mesmo é o novo templo da humanidade. A crucifixão de Jesus é ao mesmo tempo a destruição do templo antigo. Com a sua ressurreição, começa uma maneira nova de venerar a Deus, já não sobre este ou aquele monte, mas "em espírito e verdade" (Jo 4,23).

Então, acerca do "*zēlos*" de Jesus, como ficamos? A propósito dessa questão, João – precisamente no contexto da purificação do templo – deu-nos uma frase de grande valor que constitui uma resposta exata e profunda à própria pergunta. Diz-nos ele que, por ocasião da purificação do templo, os discípulos se recordaram que está escrito: "O zelo por tua casa me devorará" (2,17). Trata-se de uma frase tirada do grande Salmo 69 relativo à paixão. Por causa da vida que leva conforme à Palavra de Deus, o orante é lançado no isolamento; a Palavra torna-se para ele uma fonte de sofrimento, vindo daqueles que o circundam e odeiam. "Salva-me, ó Deus, pois a água está subindo ao meu pescoço. [...] É por Tua causa que eu suporto insultos [...], pois o zelo por tua casa me devora..." (Sl 69,2.8.10).

No justo sofredor, a recordação dos discípulos reconheceu Jesus: o zelo pela casa de Deus leva-O à paixão, à cruz. Essa é a reviravolta fundamental que Jesus deu ao tema do zelo. Transformou o "zelo" que queria servir a Deus pela violência no zelo da cruz. E, assim, erigiu definitivamente o critério para o verdadeiro zelo: o zelo do amor que se doa. Segundo esse zelo o cristão se deve orientar; está aqui a resposta autêntica à questão sobre o "zelotismo" de Jesus.

Essa interpretação encontra de novo a sua confirmação nos dois breves episódios com que Mateus conclui a narração da purificação do templo.

"Aproximaram-se d'Ele, no templo, cegos e coxos, e Ele curou-os" (21,14). Jesus contrapõe, ao comércio de animais e aos negócios com dinheiro, a sua bondade que cura. Essa é a verdadeira purificação do templo. Jesus não vem como destruidor; não vem com a espada do revolucionário. Vem com o dom da cura. Dedica-Se àqueles que, por causa de seus defeitos e enfermidades, se veem empurrados para a margem da própria vida e da sociedade. Mostra Deus como Aquele que ama, e o seu poder como o poder do amor.

E depois, em plena harmonia com tudo isso, aparece o comportamento das crianças que repetem a aclamação do Hosana que os grandes Lhe recusam (cf. Mt 21,15). O louvor sempre Lhe virá desses "pequeninos" (cf. Sl 8,3), daqueles que são capazes de ver com um coração puro e simples e que estão abertos à sua bondade.

Assim, nesses dois pequenos episódios, preanuncia-se o novo templo que Ele veio construir.

CAPÍTULO 2

O discurso escatológico de Jesus

No final dos "ai de vós..." proferidos por Jesus contra os escribas e fariseus e, por conseguinte, no contexto dos discursos feitos depois da entrada em Jerusalém, São Mateus transmite-nos uma palavra misteriosa de Jesus que, em Lucas, se situa durante o caminho de Jesus para a Cidade Santa: "Jerusalém, Jerusalém, que matas os profetas e apedrejas os que te são enviados; quantas vezes quis Eu ajuntar os teus filhos, como a galinha recolhe os seus pintinhos debaixo das suas asas, e não o quiseste!" "Eis que a vossa casa vos ficará abandonada..." (Mt 23,37-38; cf. Lc 13,34-35). Nessas frases, aparece antes de mais nada o amor profundo de Jesus por Jerusalém, a sua luta apaixonada pelo "sim" da Cidade Santa à mensagem que Ele deve transmitir e pela qual Se coloca na longa fila dos arautos de Deus que O precederam na história da salvação.

A imagem da galinha choca, protetora e preocupada, deriva do Antigo Testamento: Deus "achou [o seu povo] numa terra deserta [...]; cercou-o, cuidou dele e guardou-o com carinho, como se fosse a menina dos seus olhos. Como a águia que vela por seu ninho, que esvoaça sobre os seus filhotes, Ele o tomou, estendendo as suas asas e o carregou em cima de suas penas" (Dt 32,10-11). Acrescenta-se a frase encantadora do Salmo 36,8: "Como é admirável, ó Deus, a vossa bondade! À sombra das vossas asas se refugiam os homens".

Aqui Jesus assemelha à poderosa bondade do próprio Deus a sua ação e a sua tentativa de atrair a gente. Mas essa bondade, que com as asas estendidas protege Jerusalém (cf. Is 31,5), dirige-se ao livre-arbítrio dos pintinhos, e estes não aceitam: "Não o quiseste!" (Mt 23,37).

À desgraça daí resultante alude Jesus, de modo misterioso mas inequívoco, com uma palavra que retoma uma antiga tradição profética. Jeremias, em face da grave situação no templo, comunicara um oráculo de Deus: "Abandonei a minha casa, rejeitei a minha herança" (12,7). É precisamente o mesmo que anuncia Jesus: "Eis que a vossa casa vos ficará abandonada" (Mt 23,38). Deus abandona-a. O templo já não é o lugar onde Ele pôs o seu nome. Ficará vazio; agora é apenas a "vossa casa".

Para essa palavra de Jesus, encontra-se um surpreendente paralelismo em Flávio Josefo, o historiógrafo da Guerra Judaica; também Tácito conservou essa notícia na sua obra histórica (cf. *Hist.* 5,13). Flávio Josefo refere fatos estranhos que sucederam nos últimos anos antes da deflagração da Guerra Judaica: todos anunciavam, de modo diverso e preocupante, o fim do templo. O historiógrafo narra, ao todo, sete desses sinais. Aqui me interessa apenas aquele que surpreendentemente se aproxima muitíssimo da palavra de ameaça pronunciada por Jesus, há pouco mencionada.

O fato teve lugar no Pentecostes do ano 66 d.C. "Quando, na festa chamada do Pentecostes, os sacerdotes chegaram de noite ao átrio interior do templo para realizar segundo o costume o seu ministério sagrado, teriam percebido, segundo dizem, primeiro um movimento e um estrondo, mas depois um grito de muitos: 'Vamo-nos daqui!'" (*De bello Iud.* VI, 299s). Independentemente do que tivesse sucedido de concreto, uma coisa é clara: nos últimos anos antes do drama do ano 70, pairava ao redor do templo uma misteriosa sensação de que o seu fim estava próximo. "A vossa casa ficará abandonada – Vamo-nos daqui!": na forma da primeira pessoa do plural, típica de Deus ao falar na Bíblia (cf. por ex. Gn 1,26), Ele mesmo anuncia que sai do templo, deixando-o "abandonado". Pressentia-se no ar uma reviravolta de amplitude universal e significado imprevisível.

Em Mateus, depois da afirmação sobre a "casa abandonada" – expressão essa que ainda não anuncia diretamente a destruição do templo, mas certamente o seu fim intrínseco, a cessação do seu significado como lugar de encontro entre Deus e o homem –, segue-se imediatamente o grande discurso escatológico de Jesus, com os temas centrais da destruição do templo, destruição de Jerusalém, Juízo Final e fim do mundo. Esse discurso, transmitido nos três sinóticos com diversas variantes, talvez se deva classificar como o texto mais difícil dos Evangelhos.

Isso se deve, em primeiro lugar, à complexidade do conteúdo, que, se parcialmente se refere a fatos históricos já verificados, a maior parte, porém, diz respeito a um futuro que ultrapassa o que podemos perceber do tempo e da realidade, levando-os ao seu derradeiro cumprimento. Anuncia-se um futuro que supera as nossas categorias e, todavia, só pode ser ilustrado por meio de modelos tomados das nossas experiências; modelos esses que são necessariamente inadequados para o conteúdo a exprimir-se. Assim se explica por que motivo Jesus, que substancialmente fala sempre em continuidade com a Lei e os Profetas, ilustra o conjunto com uma trama de palavras da Escritura na qual insere a novidade da sua missão, da missão do Filho do homem.

Depois, à dificuldade do conteúdo do texto, com a visão do futuro expressa em grande parte por meio de imagens da tradição que pretendem aproximar-nos do indescritível, unem-se todos os problemas da história redacional: precisamente porque aqui as palavras de Jesus pretendem ser progresso na continuidade da tradição e não descrições do futuro, aqueles que as transmitiram podiam elaborar ainda mais esses desenvolvimentos segundo as circunstâncias e as capacidades de entender dos seus ouvintes, tendo o cuidado de conservar fielmente o conteúdo essencial da mensagem autêntica de Jesus.

No objetivo que este livro se propõe, não entra o estudo dos variados problemas particulares da história da redação e da tradição do texto. É minha intenção limitar-me a evidenciar três elementos do discurso escatológico de Jesus, nos quais se tornam evidentes as intenções essenciais da composição.

1. O fim do templo

Antes de fixar novamente a nossa atenção nas palavras de Jesus, devemos dar uma olhada aos acontecimentos históricos do ano 70. Com a expulsão do procurador Géssio Floro e a defesa eficaz contra a represália romana, em 66 começou a Guerra Judaica, que, todavia, não foi apenas uma guerra dos judeus contra os romanos, mas em grande parte, como sucedia periodicamente, também uma guerra civil entre correntes judaicas rivais sob o comando dos seus líderes. Foi isso, antes de mais nada, que conferiu à batalha em prol de Jerusalém toda a sua atrocidade.

Eusébio de Cesareia († aprox. 339) e – com avaliações diferentes – Epifânio de Salamina († 403) referem-nos que os cristãos teriam se refugiado na região a oriente do Jordão, na cidade de Pela, antes mesmo do assédio de Jerusalém. Segundo Eusébio, decidiram fugir na sequência de uma ordem específica confiada por meio de uma revelação aos seus "responsáveis" (cf. *Hist. eccl.* III, 5). Epifânio, por sua vez, escreve: "Cristo tinha-lhes dito para abandonarem Jerusalém transferindo-se para outro lugar, porque a cidade seria cercada" (*Haer.* 29,8). De fato, no discurso escatológico de Jesus, lemos um premente convite à fuga: "Quando virdes a abominação da desolação instalada onde não deve estar [...], então os que estiverem na Judeia fujam para os montes" (Mc 13,14).

Não é possível concretizar o episódio ou a realidade em que os cristãos viram realizado esse sinal da "abominação da desolação" e decidiram partir. Mas havia, naqueles anos da Guerra Judaica, muitos acontecimentos que podiam ser interpretados como o referido sinal anunciado por Jesus e cuja formulação verbal é tirada do Livro de Daniel (9,27; 11,31; 12,11), em que se indica a profanação helenística do templo. Essa expressão simbólica, tirada da história de Israel como prenúncio do futuro, permitia diversas interpretações. Assim, o texto de Eusébio pode resultar certamente razoável no sentido, por exemplo, de que membros notáveis da comunidade paleocristã tivessem "por meio de uma revelação" reconhecido, em determinado acontecimento, o sinal preanunciado, interpretando-o como ordem para iniciar imediatamente a fuga.

Alexander Mittelstaedt observa que, no verão de 66, ao lado de José ben Gorion, foi escolhido como estrategista para conduzir a guerra o ex-sumo sacerdote Anás II, aquele Anás que, pouco antes, no ano 62 (d.C.), decretara a condenação à morte de Tiago, o "irmão do Senhor" e chefe da comunidade judaico-cristã (*Lukas als Historiker*, p. 68). Essa escolha podia, sem dúvida, ser interpretada pelos judeu-cristãos como sinal de partida, embora constitua apenas uma entre muitas hipóteses. Em todo o caso, a fuga dos judeu-cristãos demonstra uma vez mais e com toda a evidência o "não" dos cristãos à interpretação zelota da mensagem bíblica e da figura de Jesus: a sua esperança é de outra natureza.

Voltemos ao desenrolar da Guerra Judaica. Vespasiano, que fora encarregado por Nero da operação, suspendeu todas as ações militares quando recebeu o anúncio da morte do imperador em 68. Após um breve intervalo, no dia 1º de julho de 69, é proclamado como novo imperador o próprio Vespasiano. Confiou, então, o encargo de conquistar Jerusalém ao filho, Tito.

Este, segundo Flávio Josefo, terá chegado às portas da Cidade Santa presumivelmente no período das festividades da Páscoa, no dia 14 do mês de nisã, ou seja, no quadragésimo aniversário da crucifixão de Jesus. Milhares de peregrinos afluíam a Jerusalém. João de Giscala, um dos chefes da revolta (que, aliás, rivalizavam entre si), às escondidas fez entrar no templo combatentes armados, disfarçados de peregrinos, que lá procederam a uma carnificina dos partidários do seu rival Eleazar ben Simão, contaminando assim, outra vez, o santuário com o sangue de inocentes (Mittelstaedt, p. 72). Isso, porém, foi apenas uma primeira demonstração das crueldades inimagináveis que haveriam de seguir-se com crescente brutalidade, incentivadas reciprocamente pelo fanatismo de uns e o furor crescente de outros.

Não devemos tratar aqui dos pormenores da conquista e da destruição da cidade e do templo; mas pode ser útil transcrever o texto em que Mittelstaedt resume o terrível desenrolar do drama: "O fim do templo ocorre em três etapas: primeiro, há a supressão do sacrifício regular, ficando o santuário reduzido a uma fortaleza; vem depois a destruição pelas chamas que conhece três etapas. [...] E, por fim, o desmantelamento das ruínas após a queda da cidade. As destruições decisivas [...] dão-se por meio do fogo; as demolições, que vêm depois, não passam de um epílogo [...]. Para quantos sobreviveram e não caíram vítimas das carestias nem das epidemias, abriam-se à sua frente as perspectivas do circo, das minas ou da escravidão" (pp. 84-85).

Segundo Flávio Josefo, o número de mortos foi de 1.100.000 (*De bello Iud.* VI, 420). Orósio (*Hist. adv. pag.* VII, 9, 7) e, de modo semelhante, Tácito (*Hist.* V, 13) falam em 600.000 mortos. Mittelstaedt considera que esses números sejam exagerados, devendo realisticamente supor-se o total à volta de 80.000 mortos (p. 83). Quem ler por inteiro os relatos, tomando consciência da quantidade de homicídios, massacres, rapinas, incêndios, fome, vilipêndio de cadáveres e destruição do ambiente (desmatamento total num raio de 18 km em volta da cidade), pode compreender que Jesus – retomando uma frase do Livro de Daniel (12,1) – comente o acontecimento dizendo: "Pois, naqueles dias haverá uma tribulação tal, como não houve desde o princípio do mundo que Deus criou até agora, e não haverá jamais" (Mc 13,19).

Em Daniel, a essa palavra de ameaça segue uma promessa: "Nesse tempo, a salvação virá para o teu povo, para todos os que estiverem inscritos no livro de Deus" (12,1). Também no discurso de Jesus, o horror não tem a última palavra: os dias serão abreviados e os eleitos, salvos. Deus deixa uma medida grande – demasiadamente grande, segundo a nossa impressão – de liberdade ao mal e aos maus; apesar disso, a história não Lhe escapa das mãos.

Em todo esse drama, que infelizmente é apenas um exemplo de muitas outras tragédias da história, há um fato central para a história da salvação; fato esse que significa um corte nítido de vastas consequências mesmo para toda a história das religiões e, em geral, da humanidade: no dia 5 de agosto do ano 70, "por causa da carestia e da falta de material foi preciso suspender o sacrifício diário no templo" (Mittelstaedt, p. 78).

É verdade que, depois da destruição do templo por ação de Nabucodonosor em 587 (a.C.), o fogo do sacrifício ficara extinto durante cerca de 70 anos e de novo, nos anos 166 a 164 (a.C.), sob a dominação helenista de Antíoco IV, o templo fora profanado e o ministério sacrificial ao único Deus substituído pelo sacrifício a Zeus. Mas, em ambos os casos, o templo ressurgira e o culto prescrito pela Torá tinha sido retomado.

Ao contrário, a destruição do ano 70 era definitiva. As tentativas de reconstrução do templo sob os imperadores Adriano, durante a insurreição de Bar Kochba (132-135 d.C.), e Juliano (361) falharam. Mais ainda, a revolta de Bar Kochba teve como consequência que Adriano proibira o acesso do povo judeu ao território de Jerusalém e arredores. No lugar da Cidade Santa, o imperador construiu uma nova cidade, chamada depois "Aelia Capitolina", onde se celebrava o culto a Júpiter capitolino. "Só no século IV é que o imperador Constantino permitiu aos judeus visitar a cidade uma vez no ano, no dia da comemoração da destruição de Jerusalém, para fazer luto junto do muro do templo" (Gnilka, *Nazarener*, p. 72).

Para o judaísmo, a cessação do sacrifício, a destruição do templo haveria de ser um choque tremendo. Templo e sacrifício estão no centro da Torá. Agora deixava de haver qualquer expiação no mundo, nada que pudesse contrabalançar a sua crescente inquinação em consequência do mal. Mais ainda: Deus, que tinha colocado sobre esse templo o seu nome e, portanto, de modo misterioso, habitava nele, agora perdera essa sua morada na Terra. Onde estava a aliança? Onde estava a promessa?

Uma coisa é clara: a Bíblia – o Antigo Testamento – tinha de ser lida de um modo novo. O judaísmo dos saduceus, que estava totalmente ligado ao templo, não sobreviveu a essa catástrofe; e mesmo Qumran, que na verdade se opunha ao templo herodiano, mas esperava um templo novo, desapareceu da história. Há duas respostas a essa situação, dois modos de ler de maneira nova o Antigo Testamento depois do ano 70: a leitura à luz de Cristo, baseada nos profetas, e a leitura rabínica.

Dentre as correntes judaicas do tempo de Jesus, sobreviveu apenas o farisaísmo, que encontrou um novo centro na escola rabínica de Jâmnia e elaborou, no período em que já estava sem templo, um modo particular de ler e interpretar o Antigo Testamento colocando a Torá no seu centro. Só a partir de então é que falamos de "judaísmo", no sentido próprio do termo, enquanto maneira de considerar e ler o cânon dos escritos bíblicos como revelação de Deus sem o mundo concreto do culto no templo. Esse culto já não existe. Nesse sentido, a própria fé de Israel, depois do ano 70, assumiu uma forma nova.

Depois de séculos de contraposição, reconhecemos como nossa tarefa fazer com que esses dois modos de nova leitura dos escritos bíblicos – a cristã e a judaica – dialoguem entre si, para se compreender retamente a vontade e a Palavra de Deus.

Olhando retrospectivamente, Gregório Nazianzeno († aprox. 390) procurou estabelecer, a partir do fim do templo de Jerusalém, uma espécie de periodização da história da religião. Fala da paciência de Deus, que nada impõe ao homem de incompreensível: Deus age como um bom pedagogo ou um médico. Lentamente abole certos costumes, tolera outros e assim leva o homem a realizar progressos. "Não é fácil mudar costumes em vigor e há muito venerados [...]. Que quero dizer? O primeiro Testamento suprimia os ídolos, mas tolerava os sacrifícios. O segundo punha termo aos sacrifícios, mas não proibia a circuncisão. Uma vez aceitada a abolição [de tal costume], [os homens] renunciavam àquilo que era apenas tolerado" (cit. por Barbel, pp. 261-263). Na visão desse Padre da Igreja, embora previstos pela Torá, os próprios sacrifícios aparecem como algo somente tolerado, como uma etapa no percurso para o culto justo, como algo de provisório que devia ser superado, e de fato Cristo o superou.

Mas agora se coloca decididamente a questão: O próprio Jesus como viu tudo isso? E como foi Ele entendido pelos cristãos? Aqui não temos de examinar em que medida os diversos detalhes do discurso escatológico de Jesus remontam à sua palavra pessoal. Que Ele tenha preanunciado o fim do templo – precisamente o seu fim teológico, histórico-salvífico –, não há dúvida. Confirmam-no, além do discurso escatológico, sobretudo o dito acerca da casa abandonada, que foi o nosso ponto de partida (cf. Mt 23,37-38; Lc 13,34-35), e a palavra das falsas testemunhas no processo de Jesus (cf. Mt 26,61; 27,40; Mc 14,58; 15,29; At 6,14), que reaparece ao pé da cruz como palavra de escárnio e é referida, em João, como palavra do próprio Jesus, na sua justa versão (cf. 2,19).

Jesus amara o templo como propriedade do Pai (cf. Lc 2,49) e Se deleitara em ensinar ali. Defendera-o como casa de oração para todas as nações e tinha procurado prepará-lo para tal fim. Mas sabia também que o período desse templo terminara e que algo de novo chegaria, relacionado com a sua morte e ressurreição.

A Igreja nascente tinha de unir e ler esses fragmentos juntos, na sua maioria misteriosos, das palavras de Jesus – as suas afirmações sobre o templo e principalmente sobre a cruz e a ressurreição –, para no fim reconhecer, em tais fragmentos, o conjunto completo do que Jesus quisera exprimir. Isso não era de modo algum tarefa fácil, mas foi enfrentada a partir de Pentecostes, e podemos dizer que, na teologia paulina, já todos os elementos essenciais da nova síntese tinham sido encontrados antes do fim material do templo.

Quanto à relação da comunidade primitiva com o templo, os Atos dos Apóstolos referem que todos os que haviam abraçado a fé eram "diariamente assíduos ao templo, numa só alma, partiam o pão em suas casas e tomavam alimento com alegria e simplicidade de coração" (2,46). São mencionados dois lugares de vida da Igreja nascente: para a pregação e a oração reúnem-se no templo, que continua a ser considerado e aceito como a casa da Palavra de Deus e da oração; por sua vez, a fração do pão – o novo centro "cultual" da existência dos fiéis – tem lugar nas casas como lugares da assembleia e da comunhão graças ao Senhor ressuscitado.

Embora ainda não se tenham explicitamente afastado dos sacrifícios segundo a Lei, delineia-se já uma distinção essencial. A realidade constituída até então pelos sacrifícios é substituída pelo "partir o pão".

Por trás dessa expressão simples, porém, acena-se ao legado da Última Ceia, à comunhão no Corpo do Senhor, à sua morte e ressurreição.

Para a nova síntese teológica, que considera ter o templo chegado ao seu fim histórico-salvífico – já antes da sua destruição material – na morte e ressurreição de Jesus, contribuem dois grandes nomes: Estêvão e Paulo.

Na comunidade primitiva de Jerusalém, Estêvão pertence ao grupo dos "helenistas"; um grupo de judeu-cristãos de língua grega que preparam o cristianismo paulino com o seu novo modo de interpretar a Lei. O grande discurso, com que Estêvão – segundo a narração dos Atos dos Apóstolos – procura ilustrar a sua nova visão da história da salvação, é cortado no ponto decisivo. A indignação dos seus adversários chegou ao extremo e desafoga-se na lapidação do arauto. Mas o verdadeiro nó da divergência exprime-se claramente na exposição da acusação feita no Sinédrio: "Ouvimo-lo dizer que Jesus, o Nazareno, destruirá este lugar [ou seja, o templo] e mudará os costumes que recebemos de Moisés" (At 6,14). Trata-se da palavra de Jesus sobre o fim do templo de pedra e o novo templo completamente diverso; palavra que evidentemente Estêvão assumiu e colocou no centro da sua pregação.

Apesar de não podermos reconstruir detalhadamente a visão teológica de Santo Estêvão, o seu ponto essencial é claro: terminou o período do templo de pedra com o seu culto sacrificial. De fato, o próprio Deus disse: "O céu é o meu trono e a terra, estrado dos meus pés. Que casa Me haveis de construir e qual será o lugar do Meu repouso? Não foi a Minha mão que fez todas as coisas?" (At 7,49-50; cf. Is 66,1-2).

Estêvão conhece a crítica do culto feita pelos profetas. Segundo ele, com Jesus, passou o período do sacrifício no templo e, consequentemente, a época do próprio templo; agora se manifesta plenamente a razão das palavras do profeta. Começou algo de novo, em que se cumpre aquilo que, na verdade, é a realidade originária.

A vida e a mensagem de Santo Estêvão ficaram incompletas, porque foram interrompidas de improviso com a lapidação, a qual ao mesmo tempo leva a cumprimento a sua vida e a sua mensagem: na sua paixão, tornou-se um só com Cristo. Tanto o processo como a morte se assemelham à Paixão de Jesus. Como o Senhor crucificado, também ele reza: "Senhor, não lhes leves em conta este pecado" (At 7,60). Completar a visão teológica e, com base nela, edificar a Igreja dos gentios competirá a outro: Paulo, que, então conhecido como Saulo, tinha aprovado a execução de Estêvão (cf. At 8,1).

Não é tarefa deste livro traçar as linhas fundamentais da teologia de Paulo ou apenas a sua concepção do culto e do templo. Aqui se trata somente de sublinhar que o cristianismo nascente, muito antes da destruição material do templo, estava convencido de que a sua função na história da salvação tinha chegado ao fim, como Jesus preanunciara ao falar de "casa abandonada" e com o discurso sobre o novo templo.

Para dizer a verdade, a grande luta de São Paulo na edificação da Igreja dos gentios, do cristianismo "livre da Lei", não se refere ao templo. O contraste com os vários grupos do judaísmo-cristianismo centra-se nos "usos e costumes" fundamentais em que se exprimia a identidade judaica: a circuncisão, o sábado, as prescrições alimentares e as normas de pureza. Mas, enquanto em torno da questão da necessidade desses "usos e costumes" para alcançar a salvação houve uma luta dramática mesmo entre os cristãos – luta que no fim levou à prisão do Apóstolo em Jerusalém –, surpreendentemente não se encontram por nenhum lado vestígios de um conflito sobre o templo e a necessidade dos seus sacrifícios e isto apesar de que, segundo a narração dos Atos dos Apóstolos, "também obedecia à fé grande número de sacerdotes" (6,7).

Todavia, Paulo não deixou de lado esse problema; antes pelo contrário, no centro do seu ensinamento está a mensagem de que, na cruz de Cristo, todos os sacrifícios foram levados à perfeição; cumpriu-se n'Ele a intenção de todos os sacrifícios: a propiciação expiatória. E assim o próprio Jesus tomou o lugar do templo, Ele é o novo templo.

Temos de nos contentar com um breve aceno. O texto mais importante encontra-se na Carta aos Romanos 3,23-26: "Sendo que todos pecaram e todos estão privados da glória de Deus – e são justificados gratuitamente, por sua graça, em virtude da redenção realizada em Cristo Jesus: Deus O apresentou como instrumento de propiciação, mediante a fé, pelo seu sangue. Assim, Deus manifestava a Sua justiça para a remissão dos pecados passados".

O termo traduzido aqui por "instrumento de propiciação" soa, em grego, "*hilastērion*", e, em hebraico, "*kapporet*". Desse modo se designava a cobertura da Arca da Aliança. É o propiciatório, o lugar sobre o qual aparece Iavé numa nuvem, o lugar da presença misteriosa de Deus. No Dia da Expiação – o Yom Kippur (cf. Lv 16) –, esse lugar sagrado é aspergido com o sangue do novilho imolado como vítima de propiciação expiatória, "cuja vida é oferecida a Deus em lugar da dos homens pecadores, merecedores de morte" (Wilckens II/1, p. 235). A ideia de fundo é que o sangue do sacrifício, no qual foram absorvidos todos os pecados dos homens, fica purificado ao tocar a própria divindade, e assim, por meio do contato com Deus, os próprios homens representados por esse sangue tornam-se puros: esse é um pensamento impressionante e comovente, se visto na sua grandeza e simultaneamente na sua insuficiência; um pensamento que não podia ficar como a última palavra da história da religião, nem a última palavra na história da fé de Israel.

Se Paulo aplica o termo *hilastērion* a Jesus, indicando-O como a cobertura da Arca da Aliança e, consequentemente, o lugar da presença do Deus vivo, então toda a teologia veterotestamentária do culto (e, com ela, as teologias do culto de toda a história da religião) é "abolida" e, simultaneamente, elevada a uma altura totalmente nova. O próprio Jesus é a presença do Deus vivo. N'Ele, Deus e homem, Deus e o mundo estão em contato. N'Ele realiza-se aquilo que o rito do Dia da Expiação pretendia expressar: na doação de Si mesmo na cruz, Jesus depõe, por assim dizer, todo o pecado do mundo no amor de Deus e Nele o dissolve. Aproximar-se da cruz, entrar em comunhão com Cristo significa entrar no espaço da transformação e da expiação.

Hoje, para nós, tudo isso é difícil de entender; na reflexão, a propósito da Última Ceia e da morte de Jesus na cruz, teremos de voltar largamente a essa realidade, esforçando-nos por compreendê-la. Aqui, no fundo, tratou-se apenas de mostrar que Paulo subentendia em sua cristologia a abolição do templo e da sua teologia sacrifical. Para Paulo, na crucifixão de Cristo, o templo com o seu culto é "demolido"; no seu lugar, está agora a Arca viva da Aliança que é Cristo crucificado e ressuscitado. Se podemos, com Ulrich Wilckens, supor que o texto de Romanos 3,25 seja uma "fórmula da fé dos judeu-cristãos" (I/3, p. 182), assim vemos como rapidamente maturou tal convicção no cristianismo, ou seja, este sabia desde o início que o Ressuscitado é o novo templo, o verdadeiro lugar de contato entre Deus e o homem. Por isso, com razão, Wilckens pode também afirmar: "Talvez, desde o início, simplesmente os cristãos não tenham participado no culto do templo. [...] Por isso a destruição do templo no ano 70 (d.C.) não era, para os cristãos, um problema religioso seu" (II/1, p. 31).

Mas, assim, torna-se evidente também que a grande visão teológica da Carta aos Hebreus se limita a desenvolver em pormenor aquilo que, no seu núcleo, já estava expresso em Paulo e cujo conteúdo essencial fora por ele mesmo encontrado na tradição preexistente da Igreja. Veremos mais adiante que, a seu modo, a Oração Sacerdotal de Jesus reinterpreta no mesmo sentido a realização do grande Dia da Expiação e, consequentemente, o centro da teologia veterotestamentária da redenção, considerando-a cumprida na cruz.

2. O tempo dos pagãos

Uma leitura ou uma escuta superficial do discurso escatológico de Jesus gera facilmente a impressão de que, do ponto de vista cronológico, Jesus tenha ligado o fim de Jerusalém imediatamente com o fim do mundo, sobretudo quando se lê em Mateus: "Logo após a tribulação daqueles dias, o sol escurecerá [...]. Então, aparecerá no céu o sinal do Filho do Homem..." (24,29-30). Essa concatenação cronologicamente direta entre o fim de Jerusalém e o fim do mundo inteiro parece confirmar-se ainda mais quando, passados alguns versículos, aparecem estas palavras: "Em verdade vos digo que esta geração não passará sem que tudo isso aconteça" (24,34).

À primeira vista, parece que Lucas teria sido o único a atenuar essa ligação. Escreve ele: "E cairão ao fio da espada, levados cativos para todas as nações, e Jerusalém será pisada por nações até que se cumpram os tempos dos pagãos" (21,24). Entre a destruição de Jerusalém e o fim do mundo inserem-se "os tempos dos pagãos". Censurou-se a Lucas o fato de assim ter deslocado o eixo cronológico dos Evangelhos e da mensagem originária de Jesus, de ter transformado o fim dos tempos no tempo intermédio, inventando desse modo o tempo da Igreja como nova fase da história da salvação. Mas, vendo com atenção, descobre-se que esses "tempos dos pagãos", com palavras diversas e em outro lugar do discurso de Jesus, aparecem anunciados também em Mateus e Marcos.

Em Mateus, encontramos a seguinte frase do Senhor: "Esta Boa Nova do Reino será proclamada em todo o mundo para se dar testemunho diante de todos os povos. E então virá o fim" (24,14). Marcos escreve: "Mas, primeiro, deve-se proclamar a Boa Nova a todas as nações" (13,10).

Isso demonstra, em primeiro lugar, que é preciso ter muita cautela com as correlações no âmbito desse discurso de Jesus; o discurso foi composto com diversos pedaços transmitidos, que não formam uma sequência linear pura e simples, mas devem ler-se como se estivessem sobrepostos um ao outro. No decurso do terceiro tema ("profecia e apocalipse..."), voltaremos, de modo mais detalhado, a esse problema redacional, que é de grande importância para a justa compreensão do texto.

Do ponto de vista do conteúdo, é evidente que os três sinóticos têm conhecimento de um tempo dos pagãos: o fim do mundo só pode chegar quando o Evangelho for levado a todos os povos. O tempo dos pagãos – o tempo da Igreja dos povos do mundo – não é uma invenção de São Lucas; é patrimônio comum da tradição de todos os Evangelhos.

Aqui encontramos de novo a ligação entre a tradição dos Evangelhos e os motivos fundamentais da teologia paulina. Se Jesus diz, no discurso escatológico, que antes deve ser anunciado o Evangelho às nações e só depois pode chegar o fim, encontramos em Paulo uma afirmação praticamente idêntica na Carta aos Romanos: "O endurecimento de uma parte de Israel durará até que chegue à salvação a plenitude dos gentios. Então todo Israel será salvo" (11,25-26). A totalidade dos pagãos e Israel inteiro: nessa fórmula, aparece o universalismo da vontade divina de salvação. Importante, no nosso contexto, é que também Paulo sabe do tempo dos pagãos que se desenrola agora e deve ser completado para que o plano de Deus atinja o seu objetivo.

Que o cristianismo primitivo não pudesse fazer uma ideia cronologicamente adequada da duração desses "*kairoí*" (tempos) dos pagãos, imaginando-os seguramente bastante breves, no fim de contas, é um fato secundário. O essencial está na afirmação fundamental e no vaticínio de um tempo tal que, sem cálculos sobre a sua duração, devia ser e foi interpretado pelos discípulos, sobretudo, como uma missão: realizar agora o que foi anunciado e exigido, isto é, levar o Evangelho a todos os povos.

O empenho sem tréguas com que Paulo se dirigia ao encontro dos povos, para levar a todos a mensagem, para cumprir a missão possivelmente ainda durante a sua vida... precisamente esse empenho sem tréguas só se explica com a sua consciência do significado histórico e escatológico do anúncio: "É uma obrigação que me foi imposta. Ai de mim se não anunciar o Evangelho!" (1 Cor 9,16).

Nesse sentido, a urgência da evangelização na geração apostólica é motivada não tanto pela questão da necessidade do conhecimento do Evangelho para a salvação individual de cada ser humano, como, sobretudo, por essa grande concepção da história: para que o mundo atinja a sua meta, o Evangelho deve chegar a todos os povos. Em alguns períodos da história, tornou-se demasiado débil a percepção dessa urgência, mas sempre se reacendia depois, suscitando um novo dinamismo na evangelização.

A esse respeito, no horizonte de fundo, aparece sempre também a questão sobre a missão de Israel. Hoje olhamos com desolação para tantos equívocos, cheios de consequências, que pesaram ao longo dos séculos nesse âmbito. Todavia, uma nova reflexão permite reconhecer que é possível, em todos os ofuscamentos, encontrar pontos de partida para uma justa compreensão.

Quero referir aqui o que, relativamente a esse ponto, aconselhou Bernardo de Claraval ao seu discípulo, o papa Eugênio III. Recorda ao papa que não lhe foi confiado o cuidado apenas dos cristãos: "Tu tens um dever também para com os infiéis, os judeus, os gregos e os pagãos" (*De cons.* III/I, 2). Mas corrige-se, logo a seguir, especificando: "Admito, relativamente aos judeus, que tens a desculpa do tempo; para eles foi estabelecido determinado momento, que não se pode antecipar. Primeiro devem entrar os pagãos na sua totalidade. Mas que dizes tu precisamente sobre os pagãos? [...] Que tinham em mente os teus predecessores para [...] interromper a evangelização, enquanto está ainda difundida a incredulidade? Por que motivo [...] foi parada a palavra que corre veloz?" (III/I, 3).

Hildegard Brem assim comenta esse trecho de Bernardo: "Na sequência de Romanos 11,25, a Igreja não deve se preocupar com a conversão dos judeus, porque é preciso esperar o momento estabelecido por Deus, ou seja, 'até que chegue à salvação a plenitude dos gentios' (Rm 11,25). Ao contrário, os próprios judeus constituem uma pregação vivente, para a qual deve apontar a Igreja, porque nos trazem à mente a paixão de Cristo" (*Ep.* 363, citada por Winkler I, p. 834).

O vaticínio do tempo dos pagãos e o dever daí resultante é um ponto central da mensagem escatológica de Jesus. O dever particular da evangelização dos pagãos, que Paulo recebeu do Ressuscitado, está firmemente ancorado na mensagem dada por Jesus aos discípulos antes da sua paixão. Como vimos, o tempo dos pagãos – "o tempo da Igreja" – foi transmitido em todos os Evangelhos: constitui um elemento essencial da mensagem escatológica de Jesus.

3. Profecia e apocalipse no discurso escatológico

Antes de nos dedicarmos àquela que é, em sentido estrito, a parte apocalíptica do discurso de Jesus, procuremos ter uma visão de conjunto de tudo o que encontramos até agora.

Em primeiro lugar, encontramos o anúncio da destruição do templo e – em Lucas, explicitamente – também a destruição de Jerusalém. Todavia, ficou claro que o núcleo do vaticínio de Jesus não tem em vista as ações exteriores da guerra e da destruição, mas o fim em sentido histórico-salvífico do templo, que se torna "uma casa abandonada": deixa de ser o lugar da presença de Deus e da expiação para Israel, ou melhor, para o mundo. Passou o tempo dos sacrifícios segundo a Lei de Moisés.

Vimos como a Igreja nascente, muito antes do fim material do templo, tinha consciência dessa profunda reviravolta da história; com todas as discussões difíceis acerca dos costumes judaicos que deveriam também ser conservados e declarados obrigatórios para os pagãos, sobre esse ponto, no entanto, claramente não havia qualquer dissensão: com a cruz de Cristo, chegou ao fim o período dos sacrifícios.

Além disso, vimos que faz parte do núcleo da mensagem escatológica de Jesus o anúncio de um tempo dos gentios, durante o qual o Evangelho deve ser levado ao mundo inteiro e a todos os homens; só depois é que a história pode alcançar a sua meta.

Entretanto, Israel mantém a missão que lhe é própria. Está nas mãos de Deus, que a salvará "na sua globalidade" no devido tempo, quando o número dos pagãos estiver completado. Óbvia e naturalmente, não seria possível calcular a duração histórica desse período. Ao contrário, foi ficando cada vez mais claro que a evangelização dos pagãos se tornara agora a missão por excelência dos discípulos, graças, sobretudo, ao encargo particular que Paulo sabia ter assumido simultaneamente como peso e graça.

Baseados nisso, compreende-se agora também que esse "tempo dos pagãos" não é ainda verdadeiro tempo messiânico no sentido das grandes promessas de salvação, mas continua precisamente a ser tempo desta história e das suas tribulações e, todavia de modo novo, também tempo de esperança: "A noite vai adiantada, e o dia está próximo" (Rm 13,12).

Parece-me óbvio que algumas parábolas de Jesus – a parábola da rede com os peixes bons e maus (Mt 13,47-50), a parábola do joio no campo (Mt 13,14-39) – falem desse tempo da Igreja. Na perspectiva pura e simples da escatologia imediata, não têm nenhum sentido.

Como tema secundário, encontramos o convite dirigido aos cristãos para fugirem de Jerusalém na altura de uma não bem especificada profanação do templo. A historicidade dessa fuga para a cidade de Pela, na Transjordânia, não se pode seriamente pôr em dúvida. Esse detalhe, apesar de nos ser bastante marginal, tem, todavia, um significado teológico que não se deve subestimar: o fato de não participarem na defesa armada do templo, naquela empresa que fez do próprio lugar sagrado uma fortaleza e um cenário de cruéis ações militares, correspondia exatamente à linha adotada por Jeremias durante o assédio de Jerusalém pelos babilônios (veja-se, por exemplo, Jr 7,1-15; 38,14-28).

Mas Joachim Gnilka faz notar, sobretudo, a ligação dessa atitude com o núcleo da mensagem de Jesus: "É altamente improvável que os crentes em Cristo residentes em Jerusalém tenham participado na guerra. O cristianismo palestino transmitiu o discurso da montanha. Por conseguinte, eles devem ter conhecido os mandamentos de Jesus sobre o amor aos inimigos e a renúncia à violência. Além disso, sabemos que não tomaram parte na revolta desencadeada nos tempos do imperador Adriano" (*Nazarener*, p. 69).

Outro elemento essencial do discurso escatológico de Jesus é a advertência contra os pseudomessias e contra os devaneios apocalípticos. Com isso se relaciona o convite à sobriedade e à vigilância, que Jesus desenvolveu mais ainda em algumas parábolas, particularmente na das virgens prudentes e insensatas (Mt 25,1-13), e também nas suas palavras sobre o porteiro vigilante (cf. Mc 13,33-36). Essas mesmas palavras indicam claramente o significado que se deve dar ao termo "vigilância": não é sair do presente, especular sobre o futuro, esquecer o tempo atual; antes, pelo contrário, vigilância significa fazer aqui e agora o que é justo e cumpri-lo como se estivéssemos na presença de Deus.

Mateus e Lucas transmitem a parábola do servo que, constatando a demora no regresso do patrão, sob a sensação da sua ausência se constitui ele mesmo em patrão, bate nos servos e servas e dá-se à boêmia. Ao contrário, o servo bom permanece servo, sabendo que deve prestar contas. Dá a cada um o que lhe pertence e recebe louvor do patrão por ter agido assim: praticar a justiça é a verdadeira vigilância (cf. Mt 24,45-51; Lc 12,41-46). Estar vigilante significa saber-se agora sob o olhar de Deus e agir como se deve fazer sob a sua vista.

Na Segunda Carta aos Tessalonicenses, Paulo explicou aos destinatários, de modo drástico e concreto, em que consiste a vigilância: "Quando estávamos entre vós, já vos demos esta ordem: quem não quer trabalhar também não há de comer. Ora, ouvimos dizer que alguns dentre vós levam a vida à toa, muito atarefados sem nada fazer. A essas pessoas ordenamos e exortamos, no Senhor Jesus Cristo, que trabalhem na tranquilidade para ganhar o pão com o próprio esforço" (3,10-12).

Outro elemento importante do discurso escatológico de Jesus é a alusão às futuras perseguições dos Seus. Pressupõe-se aqui também o tempo dos pagãos, porque o Senhor não diz apenas que os seus discípulos serão entregues a tribunais e sinagogas, mas que serão levados também à presença de governadores e reis (cf. Mc 13,9): o anúncio do Evangelho permanecerá sempre sob o signo da cruz. Isso mesmo devem os discípulos de Jesus aprender novamente em cada geração. A cruz é, e continua sendo, o sinal do "Filho do homem": no fim de contas, na luta contra a mentira e a violência, a verdade e o amor não têm outra arma senão o testemunho do sofrimento.

Passemos agora à parte propriamente apocalíptica do discurso escatológico de Jesus: ao anúncio do fim do mundo, do regresso do Filho do homem e do Juízo Universal (cf. Mc 13,24-27).

Impressiona o fato de que esse texto seja em grande parte tecido com palavras do Antigo Testamento, sobretudo do Livro de Daniel, mas também de Ezequiel, Isaías e outras passagens da Sagrada Escritura. Da sua parte, esses textos estão em mútua ligação: em situações difíceis, antigas imagens são reinterpretadas e ainda mais desenvolvidas; dentro do próprio Livro de Daniel, é possível observar esse processo de releitura das mesmas palavras à medida que avança a história. Jesus entrou nesse processo da "*relecture*", e, com base nisso, pode-se também compreender que a comunidade dos fiéis, por sua vez – como brevemente já se aludiu –, relesse as palavras de Jesus, atualizando-as segundo as situações novas em que vivia, naturalmente de modo a conservar a mensagem fundamental. O fato de Jesus não descrever as realidades futuras com palavras Suas, mas de anunciar de modo novo, com antigas palavras proféticas, tem um significado mais profundo.

Em primeiro lugar, porém, devemos prestar atenção àquilo que constitui a novidade: o futuro Filho do Homem de que falara Daniel (cf. 7,13-14) sem lhe poder dar características pessoais identifica-se agora com o Filho do Homem que nesse momento está falando aos discípulos. As antigas palavras apocalípticas adquirem um centro personalizado: no seu centro, está a própria pessoa de Jesus, que une intimamente o presente vivido com o futuro misterioso. O verdadeiro "acontecimento" é a pessoa em quem, não obstante o transcorrer do tempo, permanece realmente o presente. Nessa pessoa está presente agora o futuro. Em última análise, o futuro não nos colocará numa situação diversa daquela que já se realizou no encontro com Jesus.

Ora, pela centralização das imagens cósmicas numa pessoa – numa pessoa atualmente presente e conhecida –, o contexto cósmico torna-se secundário e a própria questão cronológica perde importância: a pessoa "está" no desenrolar das coisas fisicamente mensuráveis, tem um "tempo" próprio dela, "permanece".

Essa relativização do elemento cósmico ou, melhor, a sua centralização na esfera pessoal apresenta-se de forma particularmente clara na frase final da parte apocalíptica: "Passarão o céu e a terra. Minhas palavras, porém, não passarão" (Mc 13,31). A palavra é um quase nada se confrontada com o poder enorme do imenso universo material, é um sopro momentâneo na grandeza silenciosa do universo; pois bem, a palavra, no entanto, é mais real e duradoura do que todo o mundo material. É a realidade verdadeira e merecedora de confiança: o terreno firme sobre o qual podemos apoiar-nos e que rege inclusive o escurecer do sol e a queda do firmamento. Os elementos cósmicos passam; a palavra de Jesus é o verdadeiro "firmamento" sob o qual o homem pode estar e permanecer.

Essa centralização personalista, ou melhor, essa transformação das visões apocalípticas, que, no entanto, corresponde à orientação interior das imagens do Antigo Testamento, é a verdadeira especificidade nas palavras de Jesus acerca do fim do mundo: a esse respeito é o que conta.

Partindo disso podemos compreender também o significado do fato de Jesus não descrever o fim do mundo, mas anunciá-lo com palavras já existentes no Antigo Testamento: falar do futuro com palavras do passado subtrai desse discurso qualquer ligação cronológica. Não se trata de uma formulação nova da descrição do futuro, como o seria de esperar em videntes, mas trata-se de inserir a visão do futuro na Palavra de Deus que já nos foi dada e cuja estabilidade, por um lado, e potencialidades abertas, por outro, se tornam assim evidentes. Fica claro que a Palavra divina de então ilumina o futuro, no seu significado essencial; mas não dá uma descrição do futuro, mostra-nos apenas hoje o caminho justo para esse momento e para amanhã.

As palavras apocalípticas de Jesus nada têm a ver com adivinhação. Querem precisamente afastar-nos de uma curiosidade superficial pelas coisas visíveis (cf. Lc 17,20) e conduzir-nos ao essencial: à vida alicerçada na Palavra de Deus, que Jesus nos dá; ao encontro com Ele, a Palavra viva; à responsabilidade diante do Juiz dos vivos e dos mortos.

CAPÍTULO 3

O lava-pés

Depois dos discursos com o ensinamento de Jesus na sequência da sua entrada em Jerusalém, os evangelhos sinóticos retomam o fio da narração, com uma datação exata, que conduz à Última Ceia.

Na abertura do capítulo 14, Marcos começa escrevendo: "A Páscoa e os Ázimos seriam dois dias depois" (14,1); em seguida fala da unção em Betânia e também da traição de Judas, e continua: "No primeiro dia dos Ázimos, em que se imolava o cordeiro pascal, os seus discípulos perguntaram a Jesus: 'Onde queres que façamos os preparativos para comeres a Páscoa?'" (14,12).

João, por sua vez, diz simplesmente: "Antes da festa da Páscoa, [...] durante a Ceia..." (13,1-2). A ceia, de que fala João, ocorre "antes da Páscoa", enquanto os sinóticos apresentam a Última Ceia como Ceia Pascal, partindo assim, aparentemente, de uma data que diverge de um dia relativamente à de João.

Devemos retornar às questões, objeto de grande discussão, que dizem respeito a essas cronologias diferentes e ao seu significado teológico, quando refletirmos sobre a Última Ceia de Jesus e sobre a instituição da Eucaristia.

1. A hora de Jesus

Por agora continuemos com João, que, na descrição da última noite de Jesus com os seus discípulos antes da Paixão, põe em destaque dois fatos muito particulares: em primeiro lugar, narra-nos como Jesus prestara aos seus discípulos o serviço de escravo no lava-pés; nesse contexto, refere também o anúncio da traição de Judas e a negação de Pedro. O segundo aspecto consiste nos discursos de despedida feitos por Jesus, que atingem o seu apogeu na Oração Sacerdotal. Sobre esses dois eixos, se concentrará agora a nossa atenção.

"Antes da festa da Páscoa, sabendo Jesus que chegara a sua hora de passar deste mundo para o Pai, tendo amado os Seus que estavam no mundo, amou-os até ao fim" (13,1). Com a Última Ceia, chegou a "hora" de Jesus, para a qual se orientava a sua atividade desde o princípio (cf. 2,4). O essencial dessa hora é delineado por João com duas palavras fundamentais: é a hora da "passagem" (*metabaínein – metábasis*); é a hora do amor (*agápē*) "até o fim".

As duas expressões clarificam-se reciprocamente, sendo inseparáveis uma da outra. O amor é precisamente o processo da passagem, da transformação, da saída dos limites da condição humana votada à morte, na qual todos estamos separados uns dos outros e, no fundo, impenetráveis uns aos outros – numa alteridade que não podemos ultrapassar. É o amor até o fim que realiza a "*metábasis*" aparentemente impossível: sair das barreiras da individualidade fechada – eis o que é o *agápē*, a irrupção na esfera divina.

A "hora" de Jesus é a hora da grande "passagem mais além", da transformação, e esta metamorfose do ser realiza-se por meio do *agápē*. É um *agápē* "até o fim" – expressão essa com que João, neste ponto, remete de antemão para a última palavra do Crucificado: "Está consumado – *tetélestai*" (19,30). Esse fim (*télos*), essa totalidade da doação, da metamorfose de todo o ser é precisamente o dar-se a si mesmo até a morte.

Jesus aqui – como, aliás, em outras partes do Evangelho de João – fala da sua saída do Pai e de seu regresso a Ele; isso poderia trazer à mente a recordação do antigo esquema de *exitus* e *reditus*, da saída e do regresso, como foi elaborado especialmente pela filosofia de Plotino. Mas o sair e voltar ilustrado por João é algo totalmente diferente do pensamento apresentado no esquema filosófico. Com efeito, para Plotino e seus seguidores, o "sair", que nele ocupa o lugar do ato divino da criação, é uma descida que no fim de contas se torna um declínio desde as alturas do "único" para zonas cada vez mais inferiores do ser. Em seguida, o regresso consiste na purificação, isto é, na libertação do material numa subida gradual e em purificações que tiram o que é inferior e por fim reconduzem à unidade do divino.

Pelo contrário, o sair de Jesus pressupõe, acima de tudo, a criação não como declínio, mas como ato positivo da vontade de Deus. Depois, trata-se de um procedimento do amor que, precisamente na descida, demonstra a sua verdadeira natureza – por amor à criatura, por amor à ovelha perdida –, revelando assim no descer aquilo que é verdadeiramente divino. E Jesus, de regresso, não Se desembaraça de modo algum da sua humanidade como se fosse algo contaminante. A finalidade da sua descida era aceitar e acolher todos os homens e regressar juntamente com eles: o regresso de "toda a carne".

Nesse regresso, dá-se uma novidade: Jesus não regressa sozinho. Não abandona a carne, mas atrai todos a Si (cf. Jo 12,32). A *metábasis* vale para a totalidade. Se, no primeiro capítulo do Evangelho de João, se diz que os "Seus" (*ídioi*) não acolheram Jesus (cf. 1,11), ouvimos agora dizer que Ele amou os "Seus" até o fim (cf. 13,1). Na descida, Ele reuniu de novo os "Seus" – a grande família de Deus –, fazendo com que eles, de estrangeiros que eram, se tornassem "Seus".

Ouçamos agora como continua o evangelista: Jesus "levanta-Se da mesa, depõe o manto e, tomando uma toalha, cinge-se com ela. Depois, coloca água numa bacia e começa a lavar os pés dos discípulos e a enxugá-los com a toalha com que estava cingido" (Jo 13,4-5). Jesus presta aos seus discípulos o serviço do escravo, "humilha-Se a Si mesmo" (Fl 2,7).

Aquilo que diz a Carta aos Filipenses, no seu admirável hino cristológico – isto é, que, num gesto contrário ao de Adão, que tentara com as próprias forças apoderar-se do divino, Cristo desceu da sua divindade tornando-Se homem, "assumiu a condição de servo" e fez-Se obediente até a morte de cruz (cf. 2,7-8) – tudo isso ficou visível aqui num único gesto. Com um ato simbólico, Jesus ilustra o conjunto do seu serviço salvífico. Despoja-Se do seu esplendor divino, ajoelha-Se por assim dizer diante de nós, lava e enxuga os nossos pés sujos, para nos tornar capazes de participar no banquete nupcial de Deus.

Quando, no Apocalipse, aparece a formulação paradoxal segundo a qual os redimidos "lavaram as suas túnicas e as branquearam no sangue do Cordeiro" (7,14), isso quer dizer: é o amor de Jesus até o fim que nos purifica, que nos lava. O gesto do lava-pés exprime isto mesmo: é o amor serviçal de Jesus que nos tira fora da nossa soberba e nos torna capazes de Deus, nos torna "puros".

2. "Vós estais puros"

No texto do lava-pés, a palavra "puro" aparece três vezes. Com esse termo, João retoma um conceito fundamental da tradição do Antigo Testamento, bem como do mundo das religiões em geral. Para poder comparecer diante de Deus, entrar em comunhão com Deus, o homem deve ser "puro". Mas, quanto mais entra na luz, tanto mais sujo e necessitado de purificação se sente. Por isso, as religiões criaram sistemas de "purificação" com a finalidade de dar ao homem a possibilidade do acesso a Deus.

Nas normas cultuais de todas as religiões, os preceitos de purificação têm uma função importante: dão ao homem uma ideia da santidade de Deus bem como da sua própria escuridão, de que deve ser libertado para poder aproximar-se de Deus. No judaísmo observante dos tempos de Jesus, o sistema das purificações cultuais dominava a vida inteira. No capítulo 7 do Evangelho de Marcos, encontramos a tomada de posição fundamental de Jesus diante desse conceito de pureza cultual realizada por meio de práticas rituais; Paulo, nas suas cartas, teve repetidamente de enfrentar tal questão sobre a "pureza" diante de Deus.

Em Marcos, vemos a viragem radical que Jesus deu ao conceito de pureza diante de Deus: não são ações rituais que purificam. Pureza e impureza realizam-se no coração do homem e dependem da condição do seu coração (cf. Mc 7,14-23).

E imediatamente surge a pergunta: Como se torna puro o coração? Quem são os homens de coração puro, que podem ver a Deus (cf. Mt 5,8)? A exegese liberal disse que Jesus teria substituído a concepção ritual da pureza pela moral: no lugar do culto e do seu mundo, entraria a moral. Então o cristianismo seria essencialmente uma moral, uma espécie de "rearmamento" ético. Mas desse modo não se faz justiça à novidade do Novo Testamento.

A verdadeira novidade divisa-se quando, nos Atos dos Apóstolos, Pedro toma posição em face da objeção de fariseus convertidos à fé em Cristo, que pedem que os cristãos vindos do paganismo sejam circuncidados e lhes seja ordenado que "observem a lei de Moisés". A isso replica Pedro: O próprio Deus tomou a decisão de fazer com que "os gentios ouvissem da minha boca a palavra da Boa Nova e abraçassem a fé [...]; não fez distinção alguma entre nós e eles, purificando seus corações pela fé" (15,5-11). A fé purifica o coração. A fé deriva do fato de Deus Se voltar para o homem. Não se trata simplesmente de uma decisão autônoma dos homens. A fé nasce porque as pessoas são tocadas interiormente pelo Espírito de Deus, que lhes abre o coração e o purifica.

Esse importante tema da purificação, acenado só de passagem no discurso de Pedro, foi retomado e aprofundado por João na narração do lava-pés e, sob a palavra-chave "santificação", na Oração Sacerdotal de Jesus. "Vós já estais puros por causa da palavra que vos fiz ouvir", disse Jesus aos seus discípulos no discurso sobre a videira (15,3). É a sua palavra que penetra neles, transforma o seu pensamento e a sua vontade, o seu "coração", e abre-o de modo que se torne um coração que vê.

Na reflexão sobre a Oração Sacerdotal encontraremos a mesma visão, embora numa perspectiva ligeiramente diferente, quando analisarmos este pedido de Jesus: "Consagra-os na verdade" (17,17). Na terminologia sacerdotal, "consagrar" significa habilitar para o culto. A palavra designa os atos rituais que o sacerdote deve cumprir, antes de se apresentar diante de Deus. "Consagra-os na verdade." A verdade é agora o "lavacro" que torna os homens capazes de Deus: eis o que nos faz compreender aqui Jesus. Nela deve ser imerso o homem, para que seja libertado da imundície que o separa de Deus. A esse propósito, não devemos esquecer que João não toma em consideração um conceito abstrato de verdade; ele sabe que Jesus é a verdade em pessoa.

No capítulo 13 do Evangelho, o lava-pés realizado por Jesus apresenta-se como o caminho de purificação. Uma vez mais se exprime a mesma coisa, e novamente de um ângulo diferente. O lavacro que nos purifica é o amor de Jesus: o amor que se empenha até a morte. A palavra de Jesus não é simplesmente palavra, mas Ele próprio. E a sua palavra é a verdade e o amor.

No fundo, é absolutamente a mesma coisa que Paulo exprime, de uma forma mais difícil de entender para nós, quando diz que somos "justificados no seu sangue" (Rm 5,9; cf. Rm 3,25; Ef 1,7; e outras citações). E é ainda a mesma coisa que a Carta aos Hebreus ilustrou na sua grande visão do sumo sacerdócio de Jesus. Em vez da pureza ritual, não entrou simplesmente a moral, mas o dom do encontro com Deus em Jesus Cristo.

Há necessidade novamente da comparação com as filosofias platônicas da Antiguidade tardia que giram – por exemplo, ainda em

Plotino – à volta do tema da purificação. Alcança-se essa purificação, por um lado, por meio de ritos e, por outro, sobretudo, por meio da subida gradual do homem para as alturas de Deus. Desse modo, o homem purifica-se do componente material, torna-se espírito e, por conseguinte, puro.

Na fé cristã, ao contrário, é o próprio Deus encarnado que nos purifica verdadeiramente, e atrai a criação unindo-a com Deus. Posteriormente, a devoção do século XIX tornou novamente a conceber unilateralmente o conceito de pureza, reduzindo-o sempre mais à questão de regramento no âmbito sexual, e assim inquinou-o novamente, fazendo desconfiar da esfera material, do corpo. Para o difuso anseio de pureza presente na humanidade, o Evangelho de João – Jesus em pessoa – indica-nos o caminho: Ele, que é simultaneamente Deus e Homem, torna-nos capazes de Deus. O essencial é permanecer no seu Corpo, ser permeados pela sua presença.

Talvez seja útil sublinhar aqui que a transformação do conceito de pureza, na mensagem de Jesus, demonstra uma vez mais aquilo que vimos, no capítulo 2, a propósito do fim dos sacrifícios de animais, a propósito do culto e do novo templo. Assim como os sacrifícios antigos propendiam, em atitude de espera, para o futuro e recebiam a sua luz e a sua dignidade desse futuro para o qual estavam orientados, assim também os rituais de purificação, que pertenciam a esse culto, eram juntamente com ele – como teriam dito os Padres – "*sacramentum futuri*": uma etapa na história de Deus com os homens ou dos homens com Deus; uma etapa que queria criar uma abertura para o futuro, mas que devia ceder o passo, uma vez chegada a hora da novidade.

2.1. Sacramentum e exemplum – *dom e dever: o "mandamento novo"*

Voltamos ao capítulo 13 do Evangelho de João. "Vós estais puros", diz Jesus aos seus discípulos. O dom da pureza é um ato de Deus. O homem, por si mesmo, não pode tornar-se capaz de Deus, seja qual for o sistema de purificação a que pertença. "Vós estais puros": nessa afirmação admiravelmente simples de Jesus está expressa, quase em resumo, a sublimidade do mistério de Cristo. Deus, que desce até nós, torna-nos puros. A pureza é um dom.

Mas, levanta-se aqui uma objeção. Poucos versículos mais adiante, Jesus diz: "Se, portanto, Eu, o Mestre e o Senhor, vos lavei os pés, também deveis lavar-vos os pés uns aos outros. Dei-vos o exemplo para que, como Eu vos fiz, também vós o façais" (Jo 13,14-15). Desse modo, porventura não chegamos, de fato, a uma concepção unicamente moral do cristianismo?

Na realidade, Rudolf Schnackenburg, por exemplo, fala de duas interpretações do lava-pés, em contraste entre si, no mesmo capítulo 13: a primeira, "teologicamente mais profunda, [...] compreende o lava-pés como um acontecimento simbólico que indica a morte de Jesus; a segunda é de caráter puramente paradigmático e limita-se ao serviço humilde de Jesus constituído pelo lava-pés" (*Johannesevangelium,* III, p. 7). Schnackenburg afirma que a segunda interpretação seria uma "criação da redação", até porque, a seu ver, "a segunda interpretação parece ignorar a primeira" (p. 12; cf. p. 28). Mas esse pensamento é demasiado circunscrito, demasiado conforme o esquema da nossa lógica ocidental. Para João, o dom de Jesus e a sua eficácia perdurável nos discípulos se exigem reciprocamente.

Os Padres resumiram a diferença entre os dois aspectos e sua recíproca relação nas categorias de *sacramentum* e *exemplum*: por *sacramentum* não entendem aqui um dos sete sacramentos, mas todo o mistério de Cristo – da sua vida e da sua morte – em que Ele vem ao encontro de nós, seres humanos, por meio do seu Espírito entra em nós e nos transforma. Mas, precisamente porque esse *sacramentum* "purifica" verdadeiramente o homem e renova-o a partir de dentro, torna-se também a dinâmica de uma existência nova. A solicitação para fazermos o que fez Jesus não é um apêndice moral do mistério ou mesmo algo em contraste com ele; tal solicitação deriva da dinâmica intrínseca do dom, com o qual o Senhor nos torna homens novos e nos acolhe dentro do que é Seu.

Essa dinâmica essencial do dom, pela qual agora Ele mesmo age em nós e a nossa ação se identifica com a d'Ele, manifesta-se de forma particularmente clara nesta afirmação de Jesus: "Quem crê em Mim fará as obras que faço e fará até maiores do que elas, porque vou para o Pai" (Jo 14,12). Aqui está expresso precisamente aquilo que a frase "Dei-vos o exemplo" no lava-pés quer dizer: o modo de agir de Jesus torna-se nosso, porque é Ele mesmo que age em nós.

A partir disso, compreende-se também o discurso seguinte sobre o "mandamento novo", com que Jesus, depois do episódio sobre a traição de Judas, retoma o convite ao recíproco lava-pés, elevando-o a princípio (13,34-35). Em que consiste a novidade do mandamento novo? Dado que, no fim de contas, se toca aqui na novidade do Novo Testamento e, consequentemente, na questão sobre a "essência do cristianismo", é muito importante prestar-lhe uma atenção particular.

Foi dito que a novidade – relativamente ao mandamento já existente do amor ao próximo – estaria na expressão "amar como Eu vos amei", isto é, no amar até a disponibilidade de sacrificar a própria vida pelo outro. Se realmente consistisse nisso a essência e a totalidade do "mandamento novo", então o cristianismo dever-se-ia realmente definir como uma espécie de esforço moral extremo. Desse modo é interpretado por muitos também o Sermão da Montanha: relativamente ao antigo caminho dos Dez Mandamentos, que indicaria por assim dizer o caminho do homem comum, o cristianismo teria inaugurado com o Sermão da Montanha o caminho alto de uma exigência radical, que havia de revelar, na humanidade, um novo nível de humanismo.

Mas, na realidade, quem pode afirmar de si mesmo que se elevou acima da "mediocridade" do caminho dos Dez Mandamentos deixou-os, por assim dizer, para trás como algo pressuposto e caminha agora sobre os caminhos altos, na "nova Lei"? Não, a verdadeira novidade do mandamento novo não pode consistir na sublimidade da prestação moral. O essencial precisamente nessas palavras não é o apelo a uma prestação máxima, mas o novo fundamento do ser que nos é dado. A novidade só pode derivar do dom da comunhão com Cristo, do viver n'Ele.

De fato, Agostinho começara a sua exposição do Sermão da Montanha – o primeiro ciclo de homilias depois da sua Ordenação Sacerdotal – com a ideia da vida ética superior, das normas mais elevadas e mais puras. Mas, no decorrer das suas homilias, o baricentro vai-se deslocando cada vez mais. Várias vezes tem de admitir que a exigência antiga já significava uma verdadeira perfeição. Em lugar da pretensão superior, aparece de modo cada vez mais claro a preparação do coração (cf. *De serm. Dom. in monte* I, 19, 59); progressivamente o "coração puro" (cf. Mt 5,8) torna-se o centro da interpretação. Mais da metade de todo o ciclo de homilias é desenvolvida tendo como pensamento de fundo o coração purificado. E assim, de forma surpreendente, torna-se visível a ligação com o lava-pés: só se nos deixarmos sempre de novo lavar, "tornar puros" pelo próprio Senhor, é que podemos aprender a fazer, juntamente com Ele, aquilo que Ele fez.

O que conta é a inserção do nosso eu no d'Ele ("Já não sou eu que vivo, mas é Cristo que vive em mim": Gl 2,20). Por isso, a segunda palavra-chave, que aparece frequentemente na interpretação de Agostinho do Sermão da Montanha, é o termo "misericórdia". Devemos deixar-nos mergulhar na misericórdia do Senhor; e então também o nosso coração encontrará o caminho certo. O "mandamento novo" não consiste simplesmente numa exigência nova e superior; mas está ligado com a novidade de Jesus Cristo, a crescente imersão n'Ele.

Continuando por esta linha, São Tomás de Aquino pôde dizer: "A nova Lei é a graça do Espírito Santo" (*Summa theol.* I-II, q. 106, a. 1); não uma norma nova, mas a interioridade nova dada pelo próprio Espírito de Deus. No fim, essa experiência espiritual da verdadeira novidade no cristianismo foi resumida por Agostinho nesta famosa fórmula: "*Da quod iubes et iube quod vis* – concedei o que mandais e depois mandai o que quiserdes" (*Conf.* X, 29, 40).

O dom – o *sacramentum* – torna-se *exemplum*, exemplo, todavia, permanece sempre dom. Ser cristão é primariamente dom, mas depois se desenvolve na dinâmica de viver e agir juntamente com esse dom.

3. O MISTÉRIO DO TRAIDOR

O trecho do lava-pés coloca-nos perante duas formas diversas de reação do homem a esse dom: Judas e Pedro. Imediatamente depois de ter acenado ao exemplo, Jesus começa a falar do caso de Judas. A esse propósito, João refere-nos que Jesus Se sentiu profundamente turvado e declarou: "Em verdade, em verdade vos digo: um de vós Me entregará" (13,21).

Três vezes fala João da "perturbação", ou seja, da "comoção" de Jesus: junto do sepulcro de Lázaro (cf. 11,33-38); no Domingo de Ramos, depois da palavra sobre o grão de trigo que morre, numa cena que lembra de perto a hora do monte das Oliveiras (cf. 12,24-27); e, por último, aqui. São momentos em que Jesus Se encontra com a majestade da morte e é tocado pelo poder das trevas; poder esse que é sua tarefa combater e vencer. Voltaremos a essa "comoção" da alma de Jesus quando refletirmos sobre a noite do monte das Oliveiras.

Tornemos ao nosso texto. O anúncio da traição suscita compreensivelmente agitação e ao mesmo tempo curiosidade entre os discípulos. "Estava à mesa, ao lado de Jesus, um de Seus discípulos, aquele que Jesus amava. Simão Pedro faz-lhe, então, um sinal e diz-lhe: 'Pergunta-Lhe quem é aquele de quem fala'. Ele, então, inclinando-se sobre o peito de Jesus, diz-Lhe: 'Quem é, Senhor?'. Responde Jesus: 'É aquele a quem Eu der o pão que vou umedecer no molho'" (13,23-26).

Para a compreensão desse texto, é preciso, antes de qualquer coisa, ter em conta o fato de estar prescrito, para a ceia pascal, que se estivesse reclinado à mesa. Charles K. Barrett explica assim o primeiro versículo agora citado: "Os participantes na ceia estavam reclinados sobre a sua esquerda; o braço esquerdo servia para sustentar o corpo; o direito ficava livre para ser usado. Desse modo, o discípulo à direita de Jesus tinha a cabeça imediatamente diante de Jesus e, por conseguinte, podia-se dizer que estava reclinado junto do seu peito. Obviamente podia falar confidencialmente com Jesus, mas o seu lugar não era o de maior honra; este se situava à esquerda do chefe da casa. Seja como for, o lugar ocupado pelo discípulo amado era o lugar de um amigo íntimo"; Barrett observa, nesse contexto, que existe uma descrição paralela em Plínio (p. 437).

Tal como aparece transcrita aqui, a resposta de Jesus é totalmente clara. E, todavia, o evangelista anota que os discípulos não compreenderam a quem Ele Se referia. Por isso podemos supor que João, repensando no caso, tenha conferido à resposta uma evidência que então não tivera para os presentes. O versículo 18 coloca-nos na pista justa; aqui Jesus diz: "Mas é preciso que se cumpra a Escritura: 'Aquele que come o meu pão levantou contra Mim o seu calcanhar'" (cf. Sl 41,10; Sl 55,14). Este é o estilo característico de Jesus falar: com palavras da Escritura, alude ao seu destino, inserindo-o ao mesmo tempo na lógica de Deus, na lógica da história da salvação.

Mais tarde, essas palavras tornam-se completamente claras; fica claro que a Escritura descreve verdadeiramente o seu caminho, mas naquela hora permanece o enigma. Ao princípio, apenas se deduz que aquele que há de atraiçoar Jesus é um dos convivas; torna-se evidente que o Senhor tem de sofrer até o fim e, mesmo nos detalhes, o destino de sofrimento do justo, um destino que se manifesta de variados modos, sobretudo nos Salmos. Jesus tem de experimentar a incompreensão, a infidelidade até no âmbito do círculo mais íntimo dos amigos e assim "cumprir a Escritura". Ele revela-Se como o verdadeiro sujeito dos Salmos, como o "Davi" de quem provêm e por meio de quem adquirem sentido.

Quando João escolheu, em lugar do termo habitualmente usado na Bíblia grega para dizer "comer", a palavra *trōgein* usada por Jesus, no seu grande discurso sobre o pão, para indicar o "comer" o seu Corpo e Sangue, isto é, receber o sacramento eucarístico (cf. Jo 6,54-58), acrescentou uma nova dimensão à palavra do Salmo retomada por Jesus como profecia sobre o seu próprio caminho. Assim, a palavra do Salmo lança, de antemão, a sua sombra sobre a Igreja que celebra a Eucaristia no tempo do evangelista como em todos os tempos: com a traição de Judas, não terminou o sofrimento pela deslealdade. "Até o amigo íntimo em quem eu confiava, que partilhava do meu pão, até esse se levantou contra mim" (Sl 41,10). A ruptura da amizade chega até mesmo à comunidade sacramental da Igreja, onde sempre de novo há pessoas que partilham "o Seu pão" e O atraiçoam.

O sofrimento de Jesus, a sua agonia, continua até o fim do mundo: escreveu Pascal, baseando-se em tais considerações (cf. *Pensées*, VII, 553). Podemos exprimi-lo também a partir do ponto de vista oposto: naquela hora, Jesus carregou a traição de todos os tempos, o sofrimento que deriva do ser atraiçoado em cada tempo, suportando assim até o fundo a miséria da história.

João não nos oferece qualquer interpretação psicológica do comportamento de Judas; o único ponto de referimento que nos dá é a alusão ao fato de que Judas, como tesoureiro do grupo dos discípulos, teria roubado o seu dinheiro (cf. 12,6). No contexto que nos interessa, o evangelista limita-se laconicamente a dizer: "Depois do pão, entrou nele Satanás" (13,27).

Para João, aquilo que aconteceu a Judas já não é explicável psicologicamente. Acabou sob o domínio de outrem: quem rompe a amizade com Jesus, quem se recusa a carregar o seu "jugo suave", não chega à liberdade, não se torna livre, pelo contrário, torna-se escravo de outras potências; ou mesmo: o fato de atraiçoar essa amizade já deriva da intervenção de outro poder, ao qual se abriu.

Entretanto, a luz, vinda de Jesus, que caíra na alma de Judas, não se tinha apagado totalmente. Há um primeiro passo rumo à conversão: "Pequei" – diz ele aos seus mandantes. Procura salvar Jesus, devolvendo o dinheiro (cf. Mt 27,3-5). Tudo o que de grande e puro recebera de Jesus, permanecia gravado na sua alma; não podia esquecê-lo.

A segunda tragédia dele, depois daquela da traição, é já não conseguir acreditar no perdão. O seu arrependimento torna-se desespero. Agora só se vê a si mesmo e às suas trevas, já não vê a luz de Jesus – aquela luz que pode iluminar e vencer as próprias trevas. Desse modo faz-nos ver a forma errada do arrependimento: um arrependimento que já não consegue esperar, mas agora só vê a própria escuridão, é destrutivo, não é um verdadeiro arrependimento. Faz parte do justo arrependimento a certeza da esperança – uma certeza que nasce da fé no poder maior da Luz que Se fez carne em Jesus.

João conclui dramaticamente o trecho sobre Judas com estas palavras: "Tomando, então, o pedaço de pão, Judas saiu imediatamente. Era noite" (13,30). Judas vai para fora, no sentido mais profundo: entra na noite, vai-se embora da luz para a escuridão. O "poder das trevas" agarrou-o (cf. Jo 3,19; Lc 22,53).

4. Dois diálogos com Pedro

Em Judas, encontramos o perigo que permeia todos os tempos, isto é, o perigo que mesmo quem "uma vez foi iluminado e saboreou o dom celeste, tornando-se participante do Espírito Santo" (cf. Hb 6,4), por meio de uma série de formas aparentemente insignificantes de infidelidade decaia espiritualmente e, desse modo, no fim, saindo da luz, entre na noite e já não seja capaz de conversão. Em Pedro, vemos uma espécie diferente de ameaça, ou melhor, de queda que, porém, não se torna deserção e pode, por conseguinte, ser sanada por meio da conversão.

João 13 refere-nos dois diálogos entre Jesus e Pedro, nos quais aparecem dois lados do perigo. Inicialmente, Pedro não quer deixar Jesus lavar-lhe os pés. Isso contrasta com a ideia que tem da relação entre mestre e discípulo, contrasta com a sua imagem do Messias que ele individuou em Jesus. No fundo, a sua resistência ao lava-pés tem o mesmo significado que a sua objeção contra o anúncio que Jesus faz da sua Paixão depois da confissão de Pedro em Cesareia de Filipe: "Deus não o permita, Senhor! – dissera então – Isso jamais Te acontecerá!" (Mt 16,22).

Agora, a partir da mesma perspectiva, diz: "Jamais me lavarás os pés!" (Jo 13,8). É a objeção a Jesus, que atravessa toda a história: Tu és o vencedor! Tu deténs o poder! O teu abaixamento, a tua humildade, são inadmissíveis! E Jesus deve sempre ajudar-nos a compreender de novo que o poder de Deus é diverso: é por meio do sofrimento que o Messias deve entrar na glória e guiar para a glória.

No segundo diálogo, depois que Judas saiu e foi proclamado o mandamento novo, o tema passa a ser o do martírio. Este aparece sob a palavra-chave "partir", "ir para" (*hypágō*). Segundo João, Jesus falara em duas circunstâncias do seu "partir" para onde os judeus não podiam ir (cf. 7,34-36; 8,21-22). Os seus ouvintes procuram adivinhar o seu significado, enunciando duas hipóteses. Num caso, diziam: "Irá, por acaso, aos dispersos entre os gregos para ensinar aos gregos?" (7,35). A outra hipótese era: "Por acaso, irá Ele matar-Se?" (8,22). Em ambos os casos, eles têm um justo pressentimento da realidade, embora faltem radicalmente à verdade. Sim, a sua partida é um embrenhar-se na morte: não no sentido de que Se vai matar, mas que Ele transforma a Sua morte violenta em livre doação da própria vida (cf. 10,18). E de igual modo Jesus, ainda que não tenha ido pessoalmente até a Grécia, por meio da cruz e da ressurreição chegou efetivamente junto dos gregos e manifestou ao mundo pagão o Pai, o Deus vivo.

Na hora do lava-pés, na atmosfera da despedida que caracteriza a situação, Pedro pergunta abertamente ao Mestre: "Senhor, para onde vais?". E de novo recebe uma resposta enigmática: "Não podes seguir-Me agora aonde vou, mas Me seguirás mais tarde" (13,36). Pedro compreende que Jesus fala da sua morte iminente e por isso quer salientar a sua fidelidade radical até a morte: "Por que não posso seguir-Te agora? Darei a minha vida" (13,37). Com efeito, depois, no monte das Oliveiras, decidido a cumprir o seu propósito, intervém lançando mão da espada. Entretanto, deve aprender que o próprio martírio não é uma prestação heroica, mas dom gratuito da capacidade de sofrer por Jesus. Tem de desapegar-se do heroísmo das próprias ações e aprender a humildade do discípulo. A sua vontade de passar às vias de fato, o seu heroísmo, acaba na renegação. Para assegurar-se um lugar perto da fogueira no átrio do palácio do Sumo Sacerdote e possivelmente informar-se sobre os últimos desenvolvimentos do caso de Jesus, Pedro assevera que não O conhece. O seu heroísmo descambou em mesquinha forma de tática. Deve aprender a esperar a sua hora; tem de aprender a expectativa, a perseverança. Deve aprender o caminho do seguimento, para depois, na sua hora, ser levado para onde não quer (cf. Jo 21,18) e receber a graça do martírio.

Em ambos os diálogos, trata-se fundamentalmente da mesma coisa: não prescrever a Deus aquilo que Ele deve fazer, mas aprender a aceitá-Lo como Se nos manifesta; não querer elevar-se a si mesmo à altura de Deus, mas na humildade do serviço pouco a pouco ser plasmado segundo a verdadeira imagem de Deus.

5. Lava-pés e confissão dos pecados

No fim, devemos ainda debruçar-nos sobre um último detalhe da narração do lava-pés. Depois de o Senhor ter explicado a necessidade do lava-pés a Pedro, este replica que, sendo assim, Ele deveria lavar-lhe não só os pés, mas também as mãos e a cabeça. Mais uma vez, a resposta de Jesus é enigmática: "Quem se banhou não tem necessidade de lavar senão os pés, porque está inteiramente puro" (13,10). Que significa isso?

A frase de Jesus supõe obviamente que os discípulos, antes de cear, tinham tomado um banho completo e agora, à mesa, só precisavam lavar os pés. É claro que João vê, nessas palavras, um sentido simbólico mais profundo, que não é fácil de individuar. Consideremos, em primeiro lugar, que o lava-pés, como vimos, não é um sacramento particular, mas significa a totalidade do serviço salvífico de Jesus: o *sacramentum* do seu amor, no qual Ele nos imerge na fé e que é o verdadeiro lavacro de purificação do homem.

Mas, nesse contexto, o lava-pés, indo além do seu simbolismo essencial, adquire ainda um significado mais concreto, que remete para o costume da vida da Igreja Primitiva. De que se trata? O "banho completo" pressuposto só pode referir-se ao Batismo, pelo qual o homem é imerso uma vez por todas em Cristo e recebe a sua nova identidade de ser em Cristo. Esse processo fundamental, no qual não somos nós que nos fazemos cristãos, mas tornamo-nos cristãos graças à ação do Senhor na sua Igreja, não é repetível. Porém, na vida dos cristãos, para a comunhão convival com o Senhor, tal processo tem necessidade incessante de uma assimilação: o "lava-pés". De que se trata? Não existe uma resposta absolutamente segura. Mas parece-me que a Primeira Carta de João nos coloca na pista justa e nos indica qual seja o significado. Eis o texto: "Se dissermos: 'não temos pecado', enganamo-nos a nós mesmos e a verdade não está em nós. Se confessarmos nossos pecados, Ele, que é fiel e justo, perdoará nossos pecados e nos purificará de toda a injustiça. Se dissermos: 'não pecamos', fazemos d'Ele um mentiroso e a sua palavra não está em nós" (1,8-10). Uma vez que também os batizados continuam pecadores, têm necessidade da confissão dos pecados que "nos purifica de toda a injustiça".

A palavra "purificar" cria a ligação íntima com o texto do lava-pés. A mesma prática da confissão dos pecados, vinda do judaísmo, é testemunhada na Carta de São Tiago (5,16) e também na *Didaché*. Nesta, lemos: "Na comunidade, deves confessar os teus pecados" (4,14), e ainda: "No dia do Senhor, deveis reunir-vos, partir o pão e agradecer, depois de terdes primeiro confessado os vossos pecados" (14,1). Franz Mußner, aderindo a Rudolf Knopf, comenta: "Em ambos os textos, pensa-se numa breve confissão pública individual" (*Jakobusbrief*, p. 226, nota 5). Seguramente, nessa confissão dos pecados, que no âmbito do influxo do judaísmo-cristianismo fazia parte da vida das comunidades das origens cristãs, não se pode ainda identificar o *sacramento* da Penitência tal como ele haveria de desenvolver-se no decurso da história da Igreja, mas por certo "uma etapa rumo a ele" (*ibid.*, p. 226).

No fim de contas, o núcleo é este: a culpa não deve continuar veladamente a infectar a alma, envenenando-a a partir de dentro. A culpa precisa da confissão. Por meio da confissão, trazemo-la à luz, expomo-la ao amor purificador de Cristo (cf. Jo 3,20-21). Na confissão, o Senhor lava sempre de novo os nossos pés sujos e prepara-nos para a comunhão convival com Ele.

Lançando um olhar retrospectivo ao conjunto deste capítulo do lava-pés, podemos dizer que, nesse gesto de humildade, em que se torna visível a totalidade do serviço de Jesus na sua vida e morte, o Senhor está diante de nós como o servo de Deus: como Aquele que por nós Se fez servo, que carrega o nosso peso, dando-nos assim a verdadeira pureza, a capacidade de nos aproximarmos de Deus. No segundo "Canto do Servo do Senhor", do profeta Isaías, encontra-se uma frase que de certo modo antecipa a linha de fundo da teologia joanina da paixão: O Senhor "disse-me: Tu és o meu servo, em quem me gloriarei (LXX: *doxasthēsomai*)" (cf. 49,3).

Essa ligação entre o serviço humilde e a glória (*dóxa*) é o núcleo de toda a narração da paixão em São João: é precisamente no abaixamento de Jesus, na sua humilhação até a cruz, que transparece a glória de Deus, é glorificado Deus Pai e, n'Ele, Jesus. No Domingo de Ramos, uma pequena cena – poder-se-ia classificá-la como a versão joanina da narração do monte das Oliveiras – resume tudo isso: "Minha alma está agora conturbada. Que direi? Pai, salva-Me desta hora? Mas foi precisamente para esta hora que Eu vim! Pai, glorifica o teu nome". Veio então do Céu uma voz: "Eu O glorifiquei e O glorificarei novamente" (12,27-28). A hora da cruz é a hora da verdadeira glória de Deus Pai e de Jesus.

CAPÍTULO 4

A Oração Sacerdotal de Jesus

No Evangelho de João, depois do lava-pés vêm os discursos de despedida de Jesus (capítulos 14-16), que no final, no capítulo 17, desembocam numa grande oração, para a qual o teólogo luterano David Chytraeus (1530-1600) cunhou a expressão "Oração Sacerdotal". No tempo dos Padres da Igreja, foi sobretudo Cirilo de Alexandria († 444) que sublinhou o caráter sacerdotal da oração. André Feuillet, na sua monografia sobre João 17, cita um texto de Ruperto de Deutz († 1129/30), em que o caráter essencial da oração é resumido de modo feliz: "*Haec pontifex summus propitiator ipse et propitiatorium, sacerdos et sacrificium, pro nobis oravit* – assim rezou por nós o Sumo Sacerdote, sendo Ele mesmo propiciador e oferta de expiação, sacerdote e sacrifício" (*Joan.*, in *PL* 169, col. 764B; cf. Feuillet, p. 35).

1. A festa judaica da Expiação como cenário bíblico de fundo da Oração Sacerdotal

Encontrei a chave para a compreensão desse grande texto no citado livro de Feuillet. Ele demonstra que essa oração só é compreensível tendo como cenário de fundo a liturgia da festa judaica da Expiação (Yom Kippur). O ritual da festa, com o seu rico conteúdo teológico, realiza-se – literalmente – na oração de Jesus: o rito é traduzido na realidade que o mesmo significa. Aquilo que lá era representado em ações rituais, agora acontece de modo real e definitivo.

Para se compreender isso, em primeiro lugar, temos de ver o ritual da festa da Expiação descrito em Levítico 16 e 23,26-32. Naquele dia, o Sumo Sacerdote, por meio dos respectivos sacrifícios (dois cabritos para um sacrifício expiatório, um carneiro para um holocausto, um novilho: 16,5-6), deve cumprir a expiação primeiro por si mesmo, depois pela "sua casa", isto é, pela classe sacerdotal de Israel em geral, e por fim por toda a comunidade de Israel (cf. 16,17). "Fará assim o rito de expiação pelo santuário, pelas impurezas dos filhos de Israel, pelas suas transgressões, e por todos os seus pecados. Assim procederá para com a tenda da reunião que permanece com eles, no meio das suas impurezas" (16,16).

Uma só vez no ano, durante esses ritos, o Sumo Sacerdote pronuncia na presença de Deus o santo Nome, normalmente indizível, que Deus revelara na sarça ardente: aquele nome pelo qual Ele Se tornara, por assim dizer, tocável por Israel. Por conseguinte, a finalidade do grande dia da Expiação é restituir a Israel, depois das transgressões de um ano, a sua qualidade de "povo santo", reconduzi-lo novamente ao seu destino de ser o povo de Deus no meio do mundo (cf. Feuillet, pp. 56 e 78). Nesse sentido, trata-se daquilo que constitui o intuito mais íntimo da criação no seu conjunto: dar origem a um espaço de resposta ao amor de Deus, à sua santa vontade.

De fato, segundo a teologia rabínica, a ideia da aliança, a ideia de criar um povo santo como "interlocutor" de Deus e em união com Ele antecede a ideia da criação do mundo; aliás, é a sua razão íntima. O universo foi criado não para que existam muitos astros e tantas outras coisas, mas para que haja um espaço para a "aliança", para o "sim" do amor entre Deus e o homem que Lhe responde. A festa da Expiação restabelece, de cada vez, essa harmonia, esse sentido do mundo transtornado repetidamente pelo pecado e, por isso, constitui o apogeu do ano litúrgico.

A estrutura do rito descrito em Levítico 16 é retomada minuciosamente na oração de Jesus: tal como o Sumo Sacerdote cumpre a expiação por si, pela classe sacerdotal e por toda a comunidade de Israel, assim também Jesus reza por Si mesmo, pelos Apóstolos e finalmente por todos aqueles que depois, por causa da palavra deles, haveriam de acreditar n'Ele, ou seja, pela Igreja de todos os tempos (cf. Jo 17,20). Ele santifica-Se a "Si mesmo" e implora santidade para os Seus. Mais adiante temos de refletir sobre o fato de que, não obstante as reservas postas sobre o "mundo" (cf. 17,9), trata-se aqui, no fim de contas, da salvação de todos, da "vida do mundo" na sua totalidade (cf. 6,51). A oração de Jesus manifesta-O como o Sumo Sacerdote do grande dia da Expiação. A sua cruz e a sua elevação constituem o dia da Expiação do mundo, no qual a história inteira do mundo, contra toda a culpa humana e todas as suas destruições, encontra o seu sentido, é introduzida na sua verdadeira finalidade e destino.

A esse respeito, a teologia de João 17 corresponde perfeitamente àquilo que a Carta aos Hebreus desenvolve em detalhe. A interpretação que esta apresenta do culto veterotestamentário na perspectiva de Jesus Cristo é também a alma da oração de João 17. E também a teologia de São Paulo se orienta para esse centro, que se faz ouvir, na Segunda Carta aos Coríntios, sob a forma de uma dramática imploração: "Em nome de Cristo, suplicamos-vos: reconciliai-vos com Deus" (5,20).

E, porventura, não é verdade que o fato de os homens não estarem reconciliados com Deus, com o Deus silencioso, misterioso, aparentemente ausente e, todavia, onipresente, constitui o problema essencial de toda a história do mundo?

A Oração Sacerdotal de Jesus é a atuação do dia da Expiação, é por assim dizer a festa para sempre acessível da reconciliação de Deus com os homens. E aqui se impõe a pergunta sobre a conexão entre a Oração Sacerdotal de Jesus e a Eucaristia. Há tentativas de interpretar essa Oração como uma espécie de "anáfora eucarística", apresentando-a, por assim dizer, como a versão joanina da instituição do Sacramento. Tais tentativas são insustentáveis; mas existe uma conexão mais profunda.

Aqui, quando Jesus fala com o Pai, o ritual do dia da Expiação é transformado em oração: aqui se concretiza aquela renovação do culto que tinham em vista a purificação do templo e as palavras então pronunciadas por Jesus para explicar o que fez. Os sacrifícios de animais ficam superados; o seu lugar é ocupado por aquilo que os Padres gregos chamavam *thysía logiké*, sacrifício sob a forma de palavra e que Paulo designa, de forma muito semelhante, *logikē latreía*, como culto em forma de palavra, correspondente à razão (cf. Rm 12,1).

Sem dúvida, essa "palavra", que toma o lugar dos sacrifícios, não é simplesmente palavra. Acima de tudo, não se trata apenas de um falar humano, mas é palavra d'Aquele que é "a Palavra" e, por conseguinte, arrasta todas as palavras humanas para dentro do diálogo interior de Deus, na sua razão e no seu amor. Porém, é mais do que palavra ainda por outro lado, ou seja, porque essa Palavra eterna disse: "Não quiseste sacrifício e oferenda. Tu, porém, formaste-Me um corpo" (Hb 10,5; cf. Sl 40,7). A Palavra é carne; mais ainda, é um corpo entregue, é sangue derramado.

Com a instituição da Eucaristia, Jesus transforma o seu ser morto em "palavra", na radicalidade do seu amor que se dá até a morte. Assim, Ele mesmo Se torna "templo". Sendo a Oração Sacerdotal uma forma de concretização da autodoação de Jesus, constitui o novo culto e está intimamente ligada com a Eucaristia. Quando tratarmos da instituição desse Sacramento, teremos de voltar a abordar tudo isso.

Mas, antes de concentrarmos a atenção sobre os diversos temas da Oração Sacerdotal, é preciso mencionar ainda outra referência ao Antigo Testamento, também esta evidenciada por André Feuillet. Ele assinala que o aprofundamento espiritual e a renovação da ideia do sacerdócio, que encontramos em João 17, foram já realizados antecipadamente em Isaías nos Cantos do servo de Iavé, sobretudo em Isaías 53. O servo de Iavé, que carrega sobre si a iniquidade de todos (53,6), que se oferece a si mesmo em expiação (53,10), que leva o pecado de muitos (53,12), realiza em tudo isto o ministério do Sumo Sacerdote; cumpre a partir de dentro a figura do sacerdócio. É conjuntamente sacerdote e vítima e, desse modo, realiza a reconciliação. Assim, os Cantos do servo de Iavé retomam todo o caminho de aprofundamento da ideia do sacerdócio e do culto, como fora já feito na tradição profética, especialmente em Ezequiel.

Embora não se encontre, em João 17, qualquer referência direta aos Cantos do servo de Iavé, a visão de Isaías 53 é fundamental para o novo conceito de sacerdócio e culto, que aparece em todo o Evangelho de João e, de modo particular, na Oração Sacerdotal. Encontramos tal ligação de forma evidente no capítulo sobre o lava-pés; pode-se perceber claramente também no discurso do Bom Pastor, em que Jesus diz, cinco vezes, que este Pastor oferece a vida pelas ovelhas (cf. Jo 10,11.15.17.18-20), retomando assim de maneira evidente Isaías 53.

Todavia, na novidade da figura de Jesus Cristo, visível na ruptura externa com o templo e com os seus sacrifícios, conserva-se a unidade íntima com a história da salvação da Antiga Aliança. Se pensarmos na figura de Moisés, que, ao interceder pela salvação de Israel, oferece a Deus a sua vida, torna-se evidente uma vez mais essa unidade, cuja demonstração constitui um objetivo essencial do Evangelho de João.

2. Quatro temas importantes da Oração

Da grande riqueza de João 17, queria agora escolher quatro temas principais, nos quais aparecem aspectos essenciais deste texto importante e, desse modo, da mensagem joanina em geral.

Temos em primeiro lugar o versículo 3: "Ora, a vida eterna é esta: que eles Te conheçam a Ti, o único Deus verdadeiro, e Aquele que enviaste, Jesus Cristo".

O tema "vida" (*zōē*), que desde o Prólogo (1,4) permeia todo o Evangelho, aparece necessariamente também na nova liturgia da expiação, que se realiza na Oração Sacerdotal. A tese, defendida por Rudolf Schnackenburg e outros, de que esse versículo seria um acréscimo posterior, porque a palavra "vida" em João 17 não volta a aparecer depois, a meu ver nasce – e o mesmo se pode dizer da distinção das fontes no capítulo relativo ao lava-pés – daquela lógica acadêmica que faz da forma de redação, isto é, de um texto elaborado por estudiosos, a medida e o critério do modo tão diverso de falar e de pensar como o encontramos no Evangelho de João.

A expressão "vida eterna" não significa – como imediatamente talvez pense o leitor moderno – a vida que vem depois da morte, enquanto a vida atual seria passageira e não uma vida eterna. "Vida eterna" significa a vida no sentido mais próprio e verdadeiro, a qual pode ser vivida mesmo neste tempo e contra a qual, depois, já nada pode fazer a morte física. É isto que interessa: abraçar já desde agora "a vida", a vida verdadeira, que já não pode ser destruída por nada e por ninguém.

Esse significado de "vida eterna" aparece de forma muito clara no capítulo da ressurreição de Lázaro: "Quem crê em Mim, ainda que morra, viverá; e todo aquele que vive e acredita em Mim nunca mais morrerá" (Jo 11,25-26). "Eu vivo e vós vivereis": diz Jesus aos seus discípulos durante a Última Ceia (Jo 14,19), mostrando assim uma vez mais que é característico do discípulo de Jesus que ele "vive" e que, além do puro e simples existir, encontrou e abraçou a *verdadeira* vida, da qual todos andam à procura. Com base nesses textos, os primeiros cristãos chamaram-se simplesmente "os viventes" (*hoi zōntes*). Tinham encontrado aquilo que todos procuram: a própria vida, a vida plena e, por isso, indestrutível.

Mas como se pode chegar a isso? A Oração Sacerdotal dá uma resposta talvez surpreendente, mas já preparada no contexto do pensamento bíblico: o homem encontra a "vida eterna" por meio do "conhecimento", mas pressupondo aqui o conceito veterotestamentário de "conhecer", segundo o qual conhecer cria comunhão, é identificar-se com o conhecido. Naturalmente não *qualquer* conhecimento seria a chave da vida, mas sim o fato de "que eles *Te* conheçam *a Ti*, único Deus verdadeiro, e Aquele que enviaste, Jesus Cristo" (17,3). Essa é uma espécie de fórmula sintética da fé, na qual aparece o conteúdo essencial da decisão de ser cristão: o conhecimento que nos foi dado pela fé. O cristão não acredita na multiplicidade de circunstâncias; no fundo, crê simplesmente em Deus, crê que existe somente um único verdadeiro Deus.

Porém esse Deus se torna acessível ao cristão n'Aquele que Ele mesmo mandou: Jesus Cristo. No encontro com Ele, verifica-se aquele conhecimento de Deus que se torna comunhão e desse modo torna-se "vida". Na fórmula duplicada "Deus e Aquele que me enviou", pode-se ouvir o eco daquilo que aparece muitas vezes sobretudo nos oráculos do Senhor presentes no Livro do Êxodo: devem acreditar em "Mim" – em Deus – e em Moisés, o seu enviado. Deus mostra o seu rosto no enviado e, de forma definitiva, no seu Filho.

Consequentemente, a "vida eterna" é um fato relacional. O homem não a adquiriu por si mesmo, nem apenas para si mesmo. Por meio da relação com Aquele que é em Si mesmo a vida, também o homem se torna um vivente.

Estágios preparatórios desse pensamento profundamente bíblico podem-se encontrar também em Platão, que acolheu na sua obra tradições e reflexões muito diversas sobre o tema da imortalidade. Assim, aparece nele a ideia de que o homem possa se tornar imortal, unindo-

-se ele próprio àquilo que é imortal. Quanto mais acolher em si a verdade e se ligar à verdade e aderir a ela, tanto mais vive a ela referido e é cumulado daquilo que não pode ser destruído. Na medida em que por assim dizer se une, ele mesmo, à verdade, ao ser sustentado por aquilo que permanece, pode estar seguro da vida depois da morte, de uma vida repleta de salvação.

Aquilo que, aqui, é procurado apenas às apalpadelas, aparece com magnífica clareza na palavra de Jesus. O homem encontra a vida, quando se une Àquele que é em Si mesmo a vida. Então nele muitas coisas podem ser destruídas; a morte pode tirá-lo da biosfera, mas a vida que a transcende, a vida verdadeira, permanece. Nessa vida que João, distinguindo-a de *bios*, chama *zōē*, deve inserir-se o homem. É a relação com Deus em Jesus Cristo que dá aquela vida que nenhuma morte é capaz de tirar.

É óbvio que, por esse "viver em relação", entende-se uma forma muito concreta da vida; entende-se que fé e conhecimento não são como um saber qualquer presente entre outros no homem, mas constituem a forma da sua existência. Apesar de não se falar do amor nesse ponto, é evidente que o "conhecimento" d'Aquele que é o amor em pessoa se torna amor em toda a imensidade do seu dom e da sua exigência.

"Consagra-os na verdade"

Em segundo lugar, quero escolher o tema da consagração e do consagrar; o tema que está mais fortemente ligado com o acontecimento da reconciliação e com o sumo sacerdócio.

Na oração pelos discípulos, Jesus diz: "Consagra-os na verdade. A tua palavra é a verdade. [...] Eu consagro-Me por eles, para que também eles sejam consagrados de verdade" (Jo 17,17.19). Ainda dos textos em que são referidas as disputas de Jesus com os seus adversários, retiramos um trecho que entra nesse contexto: lá Jesus qualifica-Se como

Aquele "que o Pai consagrou e enviou ao mundo" (10,36). Trata-se, pois, de uma tríplice "consagração": o Pai consagrou o Filho e enviou-O ao mundo; o Filho consagra-Se a Si mesmo e pede que, a partir da sua consagração, os discípulos sejam consagrados na verdade.

O que significa "consagrar"? "Consagrado", isto é, "santo" em sentido pleno, segundo a concepção bíblica, é só o próprio Deus. Santidade é o termo usado para exprimir o seu modo particular de ser, o ser divino como tal. Assim, a palavra "santificar, consagrar" significa a transferência de uma realidade – de uma pessoa ou de uma coisa – para a propriedade de Deus, especialmente a sua destinação para o culto. Isso pode ser, por um lado, a consagração para o sacrifício (cf. Ex 13,2; Dt 15,19); por outro, pode significar a consagração ao sacerdócio (cf. Ex 28,41): a destinação de um homem para Deus e para o culto divino.

O processo da consagração, da "santificação", compreende dois aspectos que aparentemente se contrapõem, mas na realidade concordam intimamente. Por um lado, "consagração" no sentido de "santificação" é uma segregação do resto do ambiente que pertence à vida pessoal do homem. A realidade consagrada é elevada para uma nova esfera, deixando de estar à disposição do homem. Mas essa segregação inclui, ao mesmo tempo e de modo essencial, um "para"; precisamente porque dada totalmente a Deus, essa realidade agora existe para o mundo, para os homens; representa-os e deve curá-los. Podemos dizer também: segregação e missão formam uma única realidade completa.

Essa ligação torna-se bem evidente se pensarmos na vocação particular de Israel: por um lado, o povo é segregado do meio de todos os outros povos, mas, por outro, é segregado precisamente para desempenhar um encargo para todos os povos, para todo o mundo. É isso que se entende com a designação de Israel como "povo santo".

Voltemos ao Evangelho de João. Que significam as três consagrações (santificações) de que lá se fala? Antes de mais nada, dizem-nos que o

Pai mandou o Filho ao mundo e consagrou-O (cf. 10,36). Que significa isso? Os exegetas observam que se pode encontrar certo paralelismo com essa frase nas palavras da vocação do profeta Jeremias: "Antes mesmo de te formar no ventre materno eu te conheci; antes que saísses do seio, eu te consagrei. Eu te constituí profeta para as nações" (Jr 1,5). Consagração significa a reivindicação total do homem por parte de Deus, a "segregação" para Ele, que, todavia, é ao mesmo tempo uma missão para os povos.

Também na frase de Jesus, consagração e missão aparecem estreitamente ligadas uma com a outra. Por isso pode-se dizer que essa consagração de Jesus por parte do Pai se identifica com a Encarnação: exprime conjuntamente a plena unidade com o Pai e o ser plenamente para o mundo. Jesus pertence inteiramente a Deus e por isso mesmo está totalmente à disposição "de todos". "Tu és o Santo de Deus": dissera-Lhe Pedro na sinagoga de Cafarnaum, pronunciando assim uma magnífica confissão cristológica (Jo 6,69).

Mas, se o Pai O "consagrou", então que significa "Eu consagro-Me (*hagiázō*)" (17,19)? É convincente a resposta que Rudolf Bultmann dá a essa pergunta no seu comentário a João: "Aqui, na oração de despedida imediatamente antes da paixão e associado com *hyper autōn* (por eles), *hagiázō* significa um "consagrar" no sentido de "consagrar para o sacrifício". E, nesse contexto, Bultmann cita – aprovando-a – uma frase de São João Crisóstomo: "Consagro-Me, ofereço-Me a Mim mesmo como sacrifício" (*Das Evangelium des Johannes*, p. 391, nota 3; cf. Feuillet, pp. 31 e 38). Enquanto a primeira "consagração" se refere à Encarnação, aqui se trata da paixão como sacrifício.

Bultmann ilustrou, de modo muito belo, a conexão íntima entre as duas "consagrações". A consagração de Jesus por parte do Pai, a sua "santidade", é um "ser para o mundo, ou seja, para os Seus". Essa santidade "não é ser diverso do mundo de forma estática, substancial, mas é uma santidade que Ele vai adquirindo pouco a pouco, isto é, à medida que o Seu empenhar-se por Deus O põe contra o mundo. Mas isso significa sacrifício. No sacrifício, Jesus, no modo que é próprio de Deus, é tão *contra* o mundo que ao mesmo tempo é *por* ele" (*ibid.*, p. 391). Nessa afirmação, pode-se criticar a distinção radical entre o ser substancial e o cumprimento do sacrifício: enquanto tal, o ser "substancial" de Jesus é totalmente uma dinâmica do "*ser por*"; ambos são inseparáveis. Mas talvez o próprio Bultmann tenha querido dizer precisamente isso. Além disso, há que lhe dar razão quando diz que, nesse versículo 19 de João 17 "é incontestável a alusão às palavras ditas na Última Ceia" (*ibid.*, p. 391, nota 3).

Assim, nessas breves palavras, encontramos a nova liturgia da Expiação de Jesus Cristo, a liturgia da Nova Aliança, em toda a sua grandeza e pureza. O próprio Jesus é o sacerdote enviado ao mundo pelo Pai; Ele mesmo é o sacrifício, que se torna presente na Eucaristia de todos os tempos. De algum modo, Filão de Alexandria intuíra antecipadamente o significado justo, quando falava do *Logos* como sacerdote e sumo sacerdote (*Leg. all.* III, 82; *De somn.* I, 215; II, 183; uma alusão também em Bultmann, *ibid.*). O sentido da festa da Expiação cumpriu-se plenamente no "Verbo" que Se fez carne "para a vida do mundo" (6,51).

Chegamos agora à terceira consagração mencionada na Oração de Jesus: "Consagra-os na verdade" (17,17). "Eu consagro-Me por eles, para que também eles sejam consagrados de verdade" (17,19). Os discípulos devem ser envolvidos na consagração de Jesus; também neles se deve realizar essa passagem de propriedade, essa transferência para a esfera de Deus e assim realizar-se o seu envio ao mundo. "Eu consagro-Me por eles, para que também eles sejam consagrados de verdade": a sua passagem para a propriedade de Deus, a sua consagração está ligada à consagração de Jesus Cristo, é participação no seu ser consagrado.

Entre os versículos 17 e 19, que falam da consagração dos discípulos, há uma diferença pequena, mas importante. No versículo 19, diz-se que eles devem ser consagrados "*de* verdade": não apenas ritualmente, mas verdadeiramente, em todo o seu ser – a meu ver, assim há que traduzir esse versículo. No versículo 17, ao contrário, diz-se: "Consagra-os *na* verdade". Aqui a verdade é qualificada como força da santificação, como "sua consagração".

Segundo o Livro do Êxodo, a consagração sacerdotal dos filhos de Aarão realiza-se por meio da paramentação com as vestes sagradas e da unção (cf. 29,1-9); no ritual do dia da Expiação, fala-se também de um banho completo antes de tomar as vestes sacras (Lv 16,4). Os discípulos são santificados, consagrados "na verdade". A verdade é o lavacro que os purifica, a verdade é a veste e a unção de que têm necessidade.

Em última análise, essa "verdade" purificadora e santificadora é o próprio Cristo. N'Ele se devem imergir, d'Ele devem ser como que "revestidos"; e assim se tornam participantes da sua consagração, do seu cargo sacerdotal, do seu sacrifício.

Depois do fim do templo, também o judaísmo teve, por seu lado, de procurar uma nova interpretação das prescrições cultuais. Via agora a "santificação" no cumprimento dos mandamentos: na imersão na Palavra sagrada de Deus e na vontade de Deus que nela se exprime (cf. Schnackenburg, *Johannesevangelium*, III, p. 211).

Na fé dos cristãos, Jesus é a Torá em pessoa, e assim a santificação realiza-se na comunhão do querer e do ser com Ele. Se com a consagração dos discípulos na verdade se trata, em última análise, da participação na missão sacerdotal de Jesus, então podemos entrever, nessas palavras do Evangelho de João, a instituição do sacerdócio dos Apóstolos, do sacerdócio neotestamentário que, no mais profundo de si mesmo, é um serviço à verdade.

"Eu lhes dei a conhecer o Teu nome..."

Outro tema fundamental da Oração Sacerdotal é a revelação do nome de Deus: "Manifestei o Teu nome aos homens que do mundo Me deste"

(Jo 17,6). "Eu lhes dei a conhecer o Teu nome e lhes darei a conhecê-lo, a fim de que o amor com que Me amaste esteja neles e Eu esteja neles" (17,26).

É óbvio que Jesus, com essas palavras, Se apresenta como o novo Moisés: leva ao fim aquilo que teve início com Moisés na sarça ardente. Deus revelou a Moisés o seu "nome". Esse "nome" era mais do que uma simples palavra. Significava que Deus Se deixava invocar, entrara em comunhão com Israel. Assim, ao longo da história da fé de Israel, foi-se tornando cada vez mais evidente que, por "nome de Deus", se pretendia aludir à sua "imanência": ao seu "estar" no meio dos homens, um "estar" em que Ele Se encontra totalmente presente e, todavia, transcende infinitamente tudo o que é humano e terreno.

A expressão "nome de Deus" significa: Deus como Aquele que está presente no meio dos homens. Assim, falando do templo em Jerusalém, diz-se que lá Deus "estabeleceu a morada do seu nome" (cf. Dt 12,11; 14,23; etc.). Israel não teria jamais ousado dizer simplesmente: ali habita Deus. Sabia que Deus era infinitamente grande, que transcendia e abraçava o universo. E, todavia, estava verdadeiramente presente: Ele mesmo. É isso o que se entende, quando se afirma: "Lá Ele estabeleceu o seu nome". Está realmente presente, e, contudo, permanece sempre imensamente maior e inatingível. O "nome de Deus" é o próprio Deus como Aquele que Se nos dá; Ele, não obstante toda a certeza da sua proximidade e toda a alegria por este fato, permanece sempre infinitamente maior.

Esse é o conceito do nome de Deus, com base no qual fala Jesus. Quando diz que deu a conhecer o nome de Deus e quer ainda dá-lo a conhecer mais, não pretende com isso referir-Se a qualquer palavra nova que Ele teria comunicado aos homens como palavra particularmente adequada para qualificar Deus. A revelação do nome é um modo novo da presença de Deus entre os homens, um modo novo e radical em que Deus Se torna presente no meio dos homens. Em Jesus, Deus entra totalmente no mundo dos homens: quem vê Jesus, vê o Pai (cf. Jo 14,9).

Se podemos dizer que, no Antigo Testamento, a imanência de Deus se dava na dimensão da palavra e da observância litúrgica, agora essa imanência tornou-se ontológica: em Jesus, Deus *fez-Se* homem. Deus entrou no nosso próprio ser. N'Ele, Deus é verdadeiramente o "Deus conosco". A Encarnação, pela qual essa nova forma de ser de Deus como homem se realizou, torna-se por meio do seu sacrifício um acontecimento para a humanidade inteira: como Ressuscitado, Ele vem de novo para fazer de todos o seu Corpo, o templo novo. A "revelação do nome" tem em vista que "o amor com que Me amaste esteja neles e Eu esteja neles" (17,26). Visa à transformação do universo, para que este, em união com Cristo, se torne de modo totalmente novo a verdadeira morada de Deus.

Basil Studer observou que, nos inícios do cristianismo, "ambientes influenciados pelo judaísmo" teriam "desenvolvido uma particular cristologia do nome". "Nome, Lei, Aliança, Princípio, Dia" tornaram-se então títulos de Cristo (*Gott und unser Erlösung...*, pp. 56 e 61). Sabe-se que o próprio Cristo como pessoa é "o nome" de Deus, o Deus acessível a nós.

"Eu lhes dei a conhecer o Teu nome e lhes darei a conhecê-lo." A autodoação de Deus em Cristo não é algo do passado: "Lhes darei a conhecê-lo". Em Cristo, Deus vem continuamente ao encontro dos homens, para que estes possam ir ao encontro d'Ele. Dar a conhecer Cristo significa dar a conhecer Deus. Mediante o encontro com Cristo, Deus aproxima-Se de nós, atrai-nos a Si (cf. Jo 12,32), para nos conduzir, por assim dizer, para além de nós mesmos, rumo à amplitude infinita da sua grandeza e do seu amor.

"Para que todos sejam um..."

Outro grande tema da Oração Sacerdotal é a futura unidade dos discípulos de Jesus. Assim, o olhar de Jesus – de modo único nos Evangelhos – estende-se para além da comunidade dos discípulos de então e fixa-se em todos aqueles que "por meio de sua palavra, crerão em Mim" (Jo 17,20): abre-se o vasto horizonte da comunidade futura dos crentes através das gerações, a futura Igreja está incluída na oração de Jesus. Ele invoca a unidade para os futuros discípulos.

O Senhor repete quatro vezes esse pedido: duas vezes, indica-se como finalidade de tal unidade que o mundo acredite, ou melhor, que "reconheça" que Jesus foi mandado pelo Pai: "Pai santo, guarda-os em Teu nome que Me deste, para que sejam um como Nós" (17,11). "Que eles sejam todos um, como Tu, Pai, o és em Mim e Eu em Ti, para que também eles sejam um em Nós e o mundo acredite que Tu Me enviaste" (17,21). "Para que sejam um, como Nós somos um [...], para que sejam perfeitos na unidade e para que o mundo reconheça que Me enviaste..." (17,22-23).

Em nenhum texto sobre o ecumenismo falta a referência a esse "testamento" de Jesus: ao fato de Ele, antes de ir para a cruz, ter rogado ao Pai conjurando-O para conceder a unidade dos futuros discípulos, da Igreja de todos os tempos. E assim deve ser. Contudo, é ainda mais urgente a pergunta: Jesus rezou por qual unidade? Qual é o seu pedido para a comunidade dos crentes ao longo da história?

Sobre essa pergunta, é elucidativo ouvir de novo Rudolf Bultmann. Ele começa por dizer que essa unidade – como se lê no Evangelho – está fundada na unidade entre o Pai e o Filho; depois continua: "Por isso funda-se, não em dados de fato naturais ou de caráter histórico-universal, e não pode sequer ser estabelecida por meio de organização, instituições e dogmas. [...] A unidade só pode ser criada por meio da palavra do anúncio, na qual o Revelador – na sua unidade com o Pai – sempre está presente. E embora o anúncio tenha necessidade, para a sua realização no mundo, das instituições e dos dogmas, todavia estes não podem garantir a unidade de um anúncio autêntico. Entretanto, por causa do efetivo fracionamento da Igreja –

que, aliás, é a consequência concreta das suas instituições e dos seus dogmas –, a unidade do anúncio não deve necessariamente ser invalidada. A Palavra pode ressoar de modo autêntico por todo o lado onde a tradição for mantida. Visto que a autenticidade do anúncio não é [...] controlável e dado que a fé que responde à Palavra é invisível, também a unidade autêntica da comunidade é invisível. [...] É invisível [...] porque não é de modo algum um fenômeno do mundo..." (*Das Evangelium des Johannes*, pp. 393-394).

Essas frases são surpreendentes. Há nelas muita coisa que precisaria ser discutida, a começar pelo conceito de "instituições" e de "dogmas", e ainda mais o conceito de "anúncio", que obviamente criaria, ele próprio, a unidade. Será verdade que, no anúncio, o Revelador está presente na sua unidade com o Pai? Por estranho que pareça, não está Ele muitas vezes ausente? Por isso mesmo, Bultmann dar-nos-ia determinado critério relativo ao ambiente em que a Palavra ressoa "de modo autêntico", ou seja, em todo o lado onde "a tradição for mantida"! Sim, mas também aqui seria preciso perguntar: Qual tradição? Donde provém, e em que consiste? Então, se nem todo anúncio é "autêntico", como podemos identificá-lo? O "anúncio autêntico" criaria, por si mesmo, a unidade. O "fracionamento de fato" da Igreja não seria capaz de obstaculizar a unidade proveniente do Senhor, ensina-nos Bultmann.

Mas então não haveria necessidade alguma do ecumenismo, já que a unidade seria criada com o anúncio e as divisões da história não a obstaculizariam? Talvez seja significativo também o fato de Bultmann usar o termo "Igreja", quando fala de fracionamento, e a palavra "comunidade" quando trata da unidade. A unidade do anúncio não é controlável – diz ele. Por isso a unidade da comunidade seria invisível, como o é a fé. A unidade seria invisível, porque "não é de modo algum um fenômeno do mundo".

Seria então essa a justa interpretação da súplica de Jesus? Certamente é verdade que a unidade dos discípulos – da Igreja futura –, que Jesus pede, "não é um fenômeno do mundo". Isso é dito pelo Senhor muito claramente: a unidade não vem do mundo; é impossível extraí-la das forças próprias dele. Bem vemos como essas forças levam à divisão. Na medida em que, na Igreja, no cristianismo, entra em ação, o mundo acaba-se em divisões. A unidade só pode vir do Pai por meio do Filho. Tem a ver com a "glória" que o Filho dá: com a sua presença, que nos é concedida através do Espírito Santo; uma presença que é fruto da Cruz, da transformação do Filho na morte e na ressurreição.

Mas a força de Deus age penetrando no meio do mundo, onde vivem os discípulos. Aquela deve ser de uma qualidade tal que permita ao mundo "reconhecê-la" e, desse modo, chegar à fé. O que não deriva dele, pode e deve absolutamente ser algo que seja eficaz no mundo e para o mundo e também que lhe seja perceptível. É precisamente isto que a oração de Jesus pela unidade tem em vista: que se torne visível aos homens a verdade da sua missão, por meio da unidade dos discípulos. A unidade deve ser visível, reconhecível; e reconhecível precisamente como algo que não existe em qualquer outra parte do mundo; algo que é inexplicável com base nas forças próprias da humanidade e, consequentemente, torna visível o agir de uma força diversa. Por meio da unidade humanamente inexplicável dos discípulos de Jesus através dos tempos, é legitimado o próprio Jesus. Torna-se evidente que Ele é verdadeiramente o "Filho". Desse modo, Deus aparece reconhecível como Criador de uma unidade que supera a tendência do mundo à desintegração.

Foi por isso que Jesus rezou: por uma unidade, que só é possível a partir de Deus e por meio de Cristo, mas uma unidade que aparece de modo tão concreto que se torna evidente a força presente e operante de Deus. Por isso, a fadiga em prol de uma unidade visível dos discípulos de Cristo permanece uma tarefa urgente para os cristãos de todos os tempos e lugares. A unidade invisível da "comunidade" não basta.

Poderemos conhecer ainda algo mais sobre a natureza e o conteúdo da unidade pela qual reza Jesus? Nas nossas considerações anteriores, apareceu já um primeiro elemento essencial de tal unidade: esta se baseia na fé em Deus e n'Aquele que Ele enviou: Jesus Cristo. Por conseguinte, a unidade da Igreja futura assenta sobre aquela fé que Pedro, depois da deserção de muitos discípulos, professou em nome dos Doze na sinagoga de Cafarnaum: "Nós cremos e reconhecemos que Tu és o Santo de Deus" (Jo 6,69).

Essa profissão, quanto ao seu conteúdo, está muito próxima da Oração Sacerdotal. Nela encontramos Jesus como Aquele que o Pai consagrou/santificou, que Se consagra pelos discípulos e que consagra os seus próprios discípulos na verdade. A fé é mais do que uma palavra, mais do que uma ideia; significa entrar na comunhão com Jesus Cristo e, por meio d'Ele, com o Pai. É o verdadeiro fundamento da comunidade dos discípulos, a base para a unidade da Igreja.

No seu núcleo, essa fé é "invisível". Mas, dado que os discípulos se ligam todos ao único Cristo, essa fé se torna "carne" e reúne conjuntamente os indivíduos num verdadeiro "corpo". A Encarnação do *Logos* continua até a altura completa de Cristo (cf. Ef 4,13).

Na fé em Cristo enquanto enviado do Pai está incluída, como segundo elemento, a estrutura da missão. Vimos que santidade, isto é, pertença ao Deus vivo, significa missão.

Assim, ao longo de todo o Evangelho de João, e mais precisamente no capítulo 17, Jesus, como o Santo de Deus, é o enviado do Pai. Todo o seu ser se caracteriza como "ser enviado". O significado disso mesmo está patente numa frase do capítulo 7, em que o Senhor diz: "A minha doutrina não é minha" (v. 16). Ele vive totalmente a partir do Pai, sem Se opor a Ele em nada, nem reservar algo como exclusivamente próprio. Nos discursos de despedida, essa natureza característica do Filho é alargada e aplicada também ao Espírito Santo: "Não falará de Si mesmo, mas dirá tudo o que tiver ouvido" (16,13). O Pai manda o Espírito em nome de Jesus (cf. 14,26); Jesus manda-O a partir do Pai (cf. 15,26).

Depois da ressurreição, Jesus atrai os discípulos para dentro dessa corrente da missão: "Assim como o Pai Me enviou, também Eu vos envio" (20,21). A condição de ser enviado por Jesus deve ser sinal qualificativo para a comunidade dos discípulos de todos os tempos. Para ele, isso significa sempre: "A doutrina não é minha"; os discípulos não se anunciam a si mesmos, mas declaram o que ouviram. Representam Cristo, como Cristo representa o Pai. Deixam-se guiar pelo Espírito Santo, sabendo que, nessa fidelidade absoluta, está em ação ao mesmo tempo a dinâmica da maturação: "O Espírito da verdade [...] vos conduzirá à verdade plena" (16,13).

Por esse dado essencial de os discípulos de Cristo "serem enviados", pela ligação à palavra de Cristo e à força do seu Espírito, a Igreja antiga encontrou a forma da "sucessão apostólica". O perdurar da missão é "sacramento", ou seja, não uma faculdade gerida autonomamente nem mesmo uma instituição feita pelos homens, mas o ser "envolvidos" no "Verbo desde o princípio" (1 Jo 1,1), na comunidade das testemunhas criada pelo Espírito. A palavra grega usada para dizer "sucessão" – *diadochē* – tem um sentido simultaneamente estrutural e conceitual: por um lado, significa o perdurar da missão nas testemunhas, mas, por outro, indica a palavra transmitida, à qual a testemunha está vinculada por meio do sacramento.

Juntamente com a "sucessão apostólica", a Igreja antiga encontrou (não inventou!) mais dois elementos fundamentais para a sua unidade: o Cânon da Escritura e o chamado Símbolo da Fé. Este é uma suma breve – não fixa, linguisticamente, nos seus pormenores – dos conteúdos essenciais da fé, uma suma que encontrou, nas várias profissões batismais da Igreja primitiva, uma forma elaborada segundo critérios litúrgicos. Esse Símbolo da Fé ou Credo constitui a verdadeira "hermenêutica" da Escritura: a chave tirada dela, para interpretá-la segundo o seu espírito.

A unidade desses três elementos constitutivos da Igreja – o sacramento da sucessão, a Escritura, o Símbolo da Fé (Credo) – é a verdadeira garantia de que "a Palavra" possa "ressoar de modo autêntico" e "a tradição seja mantida" (cf. Bultmann). Naturalmente, no Evangelho de João não se fala nesses termos dos três pilares da comunidade dos discípulos, da Igreja; mas, com a referência à fé trinitária e ao ser enviados, ficaram postos os alicerces.

Voltamos de novo ao fato de Jesus rezar a fim de que o mundo possa, por meio da unidade dos discípulos, reconhecê-Lo como o enviado do Pai. Esse reconhecimento e essa fé não são coisas de ordem simplesmente intelectual; mas significam que se foi tocado pelo amor de Deus, e isso é algo que transforma, é o dom da verdadeira vida.

Evidencia-se a universalidade da missão de Jesus: não diz respeito apenas a um círculo limitado de eleitos; o seu objetivo é o universo: o mundo na sua totalidade. Por meio dos discípulos e da sua missão, o mundo no seu conjunto deve ser arrancado da sua alienação, deve encontrar de novo a unidade com Deus.

Esse horizonte universal da missão de Jesus aparece em mais dois textos importantes do quarto Evangelho; primeiro, no diálogo noturno de Jesus com Nicodemos: "Deus amou tanto o mundo que entregou o seu Filho Único" (3,16), e o segundo – agora com o acento sobre o sacrifício da vida – no discurso sobre o pão em Cafarnaum: "O pão que Eu darei é a minha carne para a vida do mundo" (6,51).

Mas como se entrelaça com esse universalismo a palavra dura que se encontra no versículo 9 da Oração Sacerdotal: "Por eles Eu rogo; não rogo pelo mundo"? Para se compreender a unidade interior dos dois pedidos, aparentemente contrastantes, temos de considerar que João usa a palavra "cosmo" (mundo) em duplo sentido. Por um lado, o termo indica toda a criação boa de Deus, e de modo particular os homens como suas criaturas, que Ele ama até a doação de Si mesmo no Filho; por outro, a palavra designa o mundo humano como este historicamente se desenvolveu: nele, corrupção, mentira, violência se tornaram, por assim dizer, a realidade "natural". Blaise Pascal fala de uma segunda natureza, que se teria sobreposto à primeira no decorrer da história. Filósofos modernos explicaram de várias maneiras essa situação histórica do homem; por exemplo, Martin Heidegger fala de estar condicionado pelo impessoal "a gente", de viver na "não autenticidade". Sob forma muito diversa, aparece a mesma problemática, quando Karl Marx ilustra a alienação do homem.

Desse modo, no fundo, a filosofia descreve precisamente aquilo que a fé chama "pecado original". Essa espécie de "mundo" deve desaparecer; deve ser transformada no mundo de Deus. Essa é precisamente a missão de Jesus, na qual foram envolvidos os discípulos: conduzir o "mundo" para fora da alienação em que vive o homem relativamente a Deus e a si próprio, a fim de que o mundo volte a ser de Deus, e o homem, unido a Deus, volte a ser totalmente ele próprio. Mas essa transformação tem o preço da cruz e, para as testemunhas de Cristo, o da disponibilidade para o martírio.

Se, por fim, lançarmos um olhar retrospectivo ao conjunto da oração pela unidade, podemos afirmar que nela se realiza a instituição da Igreja, apesar de não ser usado o termo "Igreja". Realmente, o que é a Igreja senão a comunidade dos discípulos que, por meio da fé em Jesus Cristo como enviado do Pai, recebe a sua unidade e é envolvida na missão de Jesus que é salvar o mundo levando-o ao conhecimento de Deus?

A Igreja nasce da oração de Jesus. Mas essa oração não é meramente palavra: é o ato em que Ele "Se consagra" a Si mesmo, isto é, "Se sacrifica" pela vida do mundo. Podemos dizer também, invertendo a afirmação: na oração, o acontecimento cruel da cruz torna-se "Palavra", torna-se festa da Expiação entre Deus e o mundo. Disso nasce a Igreja como a comunidade daqueles que, por meio da palavra dos Apóstolos, creem em Cristo (cf. 17,20).

CAPÍTULO 5

A Última Ceia

Ainda mais que no discurso escatológico de Jesus, que tratamos no segundo capítulo desta Parte II, as narrações relativas à Última Ceia de Jesus e à instituição da Eucaristia estão envolvidas num emaranhado de hipóteses contrastantes entre si, e isso parece impossibilitar de tal modo o acesso ao fato real que quase não deixa esperança. Mas, para um texto que toca o centro essencial do cristianismo e realmente coloca questões históricas difíceis, isso não é de estranhar.

Proponho-me seguir o mesmo caminho percorrido no caso do discurso escatológico. Entrar nas numerosas e justíssimas questões específicas relativas a cada detalhe de palavra e de história não é função deste livro, que procura conhecer a figura de Jesus, deixando aos especialistas os problemas particulares. Certamente não podemos dispensar-nos de enfrentar a questão da efetiva historicidade dos acontecimentos essenciais.

A mensagem neotestamentária não é meramente uma ideia; para ela, é determinante precisamente que tenha acontecido na história real deste mundo: a fé bíblica não narra histórias como símbolos de verdades meta-históricas, mas funda-se na história que aconteceu sobre a superfície desta Terra (cf. Parte I, p. 12). Se Jesus *não* deu aos discípulos pão e vinho como seu Corpo e seu Sangue, então a celebração eucarística é vazia, uma piedosa ficção, não uma realidade que funda a comunhão com Deus e dos homens entre si.

Certamente, nesse contexto, coloca-se uma vez mais a questão sobre o modo possível e adequado de uma certificação histórica. Devemos estar bem cientes de que uma investigação histórica pode conduzir sempre e só até um alto grau de probabilidade, nunca a uma certeza última e absoluta sobre todos os pormenores. Se a certeza da fé se baseasse exclusivamente sobre uma certificação histórico-científica, continuaria sempre passível de revisão.

Dou um exemplo da história recente da pesquisa exegética. O grande exegeta alemão Joachim Jeremias, na crescente confusão das hipóteses exegéticas, procurou, com máxima erudição histórica e filológica e com a maior precisão metodológica, filtrar da massa do material transmitido as "*ipsissima verba Iesu* – as palavras autênticas de Jesus", para encontrar nelas a rocha segura da fé: sobre aquilo que o próprio Jesus verdadeiramente disse, podemos basear-nos. Embora os resultados de Jeremias permaneçam relevantes e, do ponto de vista científico, de grande importância, há questões críticas motivadas que demonstram, pelo menos, que a certeza alcançada tem os seus limites.

Então, o que é que podemos esperar? E o que é que não podemos? Do ponto de vista teológico, deve-se dizer que, caso se pudesse de modo verdadeiramente científico demonstrar como impossível a historicidade das palavras e dos acontecimentos essenciais, a fé teria perdido o seu fundamento. Por outro lado, como se disse, devido à própria natureza do conhecimento histórico, não se podem esperar provas de certeza absoluta. Por isso, tem grande importância para nós apurar se as convicções fundamentais da fé são historicamente possíveis e credíveis inclusive em face da seriedade dos conhecimentos exegéticos atuais.

Assim, há muitos detalhes que podem continuar em aberto. Mas o "*factum est*" do Prólogo de João (1,14) vale, como categoria cristã fundamental, não apenas para a Encarnação como tal, mas deve ser reivindicado também para a Última Ceia, a Cruz e a Ressurreição: a Encarnação de Jesus ordena-se para o sacrifício de Si mesmo pelos homens, e este para a Ressurreição; caso contrário, o cristianismo não seria verdadeiro. Como se disse, não podemos olhar para a verdade desse "*factum est*" sob a forma da certeza histórica absoluta, mas reconhecer a sua seriedade lendo de modo justo a Escritura como tal.

A certeza última, sobre a qual fundamos a nossa vida inteira, é-nos dada pela fé: pelo acreditar humilde juntamente com a Igreja de todos os séculos, guiada pelo Espírito Santo. Daqui, aliás, podemos ver tranquilamente as hipóteses exegéticas, que por sua vez se apresentam com uma certeza cheia de entusiasmo, que é apagado pelo próprio fato de serem continuamente propostas posições contrárias e com o mesmo ar de certeza científica.

Quero, a partir desses princípios metodológicos, procurar escolher, do conjunto da disputa, as questões essenciais para a fé. Isso será feito em quatro seções. Em primeiro lugar, é preciso refletir sobre o problema da data da celebração da Última Ceia de Jesus; um problema em que se trata essencialmente de esclarecer se ela foi uma ceia pascal ou não. Em segundo lugar, serão examinados os textos que nos dão informações sobre a Última Ceia de Jesus; com isso dever-se-á tratar a questão sobre a credibilidade histórica de tais narrações. Em terceiro lugar, quero tentar uma interpretação dos conteúdos teológicos essenciais da tradição relativa à Última Ceia. Finalmente, na quarta seção, teremos de lançar um olhar para além da tradição neotestamentária e refletir sobre a formação da celebração eucarística da Igreja, sobre aquele processo que Agostinho descreveu como a passagem do sacrifício vespertino ao "dom matutino" (cf. *En. in Ps.* 140,5).

1. A data da Última Ceia

O problema da datação da Última Ceia de Jesus assenta sobre o contraste a este respeito entre os evangelhos sinóticos, de um lado, e o Evangelho de João, do outro. Marcos, que Mateus e Lucas seguem essencialmente, oferece a esse propósito uma datação precisa. "No primeiro dia dos Ázimos, quando se imolava o cordeiro pascal, os seus discípulos perguntaram a Jesus: 'Onde queres que façamos os preparativos para comeres a Páscoa?' [...] Ao cair da tarde, Ele foi para lá com os Doze" (Mc 14,12.17). À tarde do primeiro dia dos Ázimos, quando no templo se imolavam os cordeiros pascais, é a vigília da Páscoa. Segundo a cronologia dos sinóticos, trata-se de uma quinta-feira.

Depois do ocaso, começava a Páscoa, e então era consumida a ceia pascal por Jesus com os seus discípulos, bem como por todos os peregrinos vindos a Jerusalém. Na noite de quinta para sexta-feira – sempre segundo a cronologia sinótica –, Jesus foi preso e apresentado ao tribunal; na manhã de sexta-feira foi condenado à morte por Pilatos e, sucessivamente, "pela terceira hora" (cerca das nove da manhã) foi crucificado. A morte de Jesus deu-se à hora nona (cerca das três horas da tarde). "E, já chegada a tarde, sendo dia da Preparação, isto é, a véspera do sábado, veio José, de Arimateia, [...] ousando entrar onde estava Pilatos, pediu-lhe o corpo de Jesus" (Mc 15,42-43). A sepultura devia fazer-se ainda antes do ocaso, porque depois começava o sábado. O sábado é o dia do repouso sepulcral de Jesus. A ressurreição tem lugar na manhã do "primeiro dia da semana", no domingo.

Essa cronologia vê-se comprometida pelo seguinte problema: o processo e a crucifixão de Jesus teriam acontecido na festa da Páscoa, que naquele ano calhava na sexta-feira. É verdade que muitos estudiosos procuraram demonstrar que o processo e a crucifixão eram compatíveis com as prescrições da Páscoa. Mas, não obstante toda a erudição, permanece problemático que, naquela festa muito importante para os judeus, fossem admissíveis e possíveis o processo diante de Pilatos e a crucifixão. Aliás, essa hipótese vê-se obstaculizada também por uma informação fornecida por Marcos. Afirma que, dois dias antes da festa dos Ázimos, os sumos sacerdotes e os escribas procuravam maneira de acusar Jesus à falsa fé para matá-Lo, mas a propósito declaravam: "não durante a festa, para não haver tumulto entre o povo" (14,2; cf. v. 1). Segundo a cronologia sinótica, porém, a execução capital de Jesus de fato teria tido lugar precisamente no dia da festa.

Vejamos agora a cronologia joanina. João tem o cuidado de não apresentar a Última Ceia como ceia pascal. Pelo contrário, as autoridades judaicas, que levam Jesus ao tribunal de Pilatos, evitam entrar no pretório "para não se contaminarem e poderem comer a Páscoa" (18,28). Por isso, a Páscoa começa apenas ao entardecer; durante o processo, está-se pensando ainda na ceia pascal; processo e crucifixão têm lugar no dia antes da Páscoa, na "*Parasceve* – Preparação", não na própria festa. Naquele ano, portanto, a Páscoa estende-se do ocaso de sexta-feira até o ocaso de sábado, e não do entardecer de quinta-feira até ao entardecer de sexta-feira.

Quanto ao resto, o desenrolar dos acontecimentos permanece o mesmo. Na tarde de quinta-feira, a Última Ceia de Jesus com os discípulos, que, porém, não é um ceia pascal; na sexta-feira, vigília da festa e não a própria festa, o processo e a execução capital; no sábado, o repouso no sepulcro; no domingo, a ressurreição. Com essa cronologia, Jesus morre na hora em que são imolados no templo os cordeiros pascais. Morre como o verdadeiro Cordeiro, que estava apenas preanunciado nos cordeiros.

Essa coincidência, teologicamente importante, de Jesus morrer contemporaneamente com a imolação dos cordeiros pascais, tem induzido muitos estudiosos a liquidarem a versão joanina como cronologia teológica. João teria mudado a cronologia para constituir essa coincidência teológica, que, todavia, no Evangelho não é explicitamente afirmada. Mas, hoje, vai-se vendo de maneira sempre mais clara que a cronologia joanina é historicamente mais provável que a sinótica, visto que – como se disse – processo e execução capital no dia de festa parecem pouco concebíveis. Por outro lado, a Última Ceia de Jesus aparece tão estreitamente ligada à tradição da Páscoa que a negação do seu caráter pascal redunda problemática.

Por isso, desde há muito tempo que se fazem tentativas para conciliar as duas cronologias. A tentativa mais importante e, em vários dos seus pormenores, fascinante de chegar a uma compatibilidade entre as duas tradições provém da estudiosa francesa Annie Jaubert, que desde 1953 tem desenvolvido a sua tese numa série de publicações. Dado que aqui não devemos entrar nos detalhes da sua proposta, limitamo-nos ao essencial.

A senhora Jaubert baseia-se principalmente sobre dois textos antigos que parecem apontar uma solução do problema. O primeiro é a indicação de um calendário sacerdotal antigo, presente no *Livro dos Jubileus*, que foi redigido em língua hebraica na segunda metade do século II antes de Cristo. Esse calendário não toma em consideração a translação da Lua, prevendo um ano de 364 dias, dividido em quatro estações de três meses, dois dos quais têm 30 dias e o outro, 31. Cada trimestre, sempre com 91 dias, contém exatamente treze semanas, e cada ano 52 semanas. Consequentemente, as festas litúrgicas de cada ano seriam sempre no mesmo dia da semana. Isso significa que, no caso da Páscoa, o 15 de nisã seria sempre na quarta-feira, sendo a ceia pascal consumada depois do ocaso na noite de terça-feira. Jaubert defende que Jesus teria celebrado a Páscoa segundo esse calendário, isto é, na terça-feira à noite, e teria sido preso nessa noite que dá para quarta-feira.

Desse modo, a estudiosa vê resolvidos dois problemas: por um lado, Jesus teria celebrado uma verdadeira ceia pascal, como referem os sinóticos; por outro, João teria razão, enquanto as autoridades judaicas, que se atinham ao seu calendário, teriam celebrado a Páscoa só depois do processo de Jesus e, por conseguinte, Ele teria sido justiçado na vigília da verdadeira Páscoa e não no dia mesmo da festa. Assim, a tradição sinótica e a joanina apresentam-se igualmente certas na base da diferença que há entre dois calendários diversos.

A segunda vantagem sublinhada por Annie Jaubert mostra, simultaneamente, o ponto fraco dessa tentativa de encontrar uma solução. Observa a estudiosa francesa que as cronologias referidas (nos sinóticos e em João) devem conjugar uma série de acontecimentos no reduzido espaço de poucas horas: o interrogatório na presença do Sinédrio, a transferência a Pilatos, o sonho da mulher de Pilatos, o envio a Herodes, o regresso a Pilatos, a flagelação, a condenação à morte, a *via crucis* e a crucifixão. Colocar tudo isso no arco de poucas horas parece – segundo Jaubert – quase impossível. A esse propósito, a sua solução proporciona um espaço temporal que vai da noite entre terça-feira e quarta-feira até a manhã de sexta-feira.

Naquele contexto, a estudiosa mostra que, em Marcos, nos dias de Domingo de Ramos, segunda-feira, terça-feira e quarta-feira, existe uma sequência concreta dos acontecimentos, mas depois salta diretamente para a ceia pascal. E, por conseguinte, segundo a datação referida, ficariam dois dias sobre os quais nada se refere. Por fim, recorda Jaubert que, desse modo, teria podido funcionar o projeto das autoridades judaicas de matar Jesus ainda antes da festa. Mas Pilatos, com a sua titubeação, teria depois adiado a crucifixão até sexta-feira.

Mas, contra a mudança da data da Última Ceia de quinta para terça-feira, fala a antiga tradição da quinta-feira, que em todo caso encontramos claramente já no século II. A isso objeta a senhora Jaubert, citando o segundo texto sobre o qual se assenta a sua tese: trata-se da chamada *Didascália dos Apóstolos*, um escrito do início do século III, que fixa a data da Ceia do Senhor na terça-feira. E a estudiosa procura demonstrar que esse livro teria recolhido uma tradição antiga, cujos vestígios poderiam se encontrar também em outros textos.

A isso, porém, é preciso responder que os vestígios da tradição encontrados são demasiado frágeis para poder convencer. A outra dificuldade consiste no fato de ser pouco verossímil o uso por parte de Jesus de um calendário difuso, principalmente em Qumran. Nas grandes festas, Jesus frequentava o templo. E, embora tenha predito o seu fim confirmando-o com um ato simbólico dramático, Ele seguiu o calendário judaico das festividades, como demonstra, sobretudo, o Evangelho de João. Poder-se-á, sem dúvida, admitir de acordo com a estudiosa francesa que o *Calendário dos Jubileus* não estava estritamente confinado a Qumran e aos essênios. Mas isso não basta para poder fazê-lo valer para a Páscoa de Jesus. Assim se explica por que a tese, à primeira vista fascinante, de Annie Jaubert é rejeitada pela maioria dos exegetas.

Ilustrei essa tese de maneira particularmente detalhada, porque ela deixa imaginar algo da multiplicidade e complexidade do mundo judaico no tempo de Jesus: um mundo que – não obstante o considerável aumento dos nossos conhecimentos das fontes – podemos reconstruir apenas de modo insuficiente. Portanto, não negaria a essa tese qualquer probabilidade, mas, tendo em consideração os seus problemas, não é possível pura e simplesmente acolhê-la.

Que dizer então? A avaliação mais cuidada de todas as soluções inventadas até agora eu a encontrei no livro sobre Jesus de John P. Meier, que, no final do seu primeiro volume, expôs um amplo estudo sobre a cronologia da vida de Jesus. E chega à conclusão de que é preciso escolher entre a cronologia sinótica e a joanina, demonstrando, com base no conjunto das fontes, que a decisão deve ser favorável a João.

João tem razão quando afirma que, no momento do processo de Jesus diante de Pilatos, as autoridades judaicas ainda não tinham comido a Páscoa e por isso deviam conservar-se cultualmente puras. Tem razão ao dizer que a crucifixão não teve lugar no dia da festa, mas na sua vigília. Isso significa que Jesus morreu na hora em que se imolavam no templo os cordeiros pascais. Que depois os cristãos tivessem visto nisso mais do que um puro acaso, que tivessem reconhecido Jesus como o autêntico Cordeiro, que precisamente assim tivessem encontrado o rito dos cordeiros elevado ao seu verdadeiro significado: tudo isso se apresenta como simplesmente normal.

Resta a pergunta: Mas, então, por que os sinóticos falam de uma ceia pascal? Sobre o que se baseia essa linha da tradição? Uma resposta verdadeiramente convincente a essa pergunta nem Meier pôde dar. Todavia, faz a tentativa, como, aliás, muitos outros exegetas, por meio da crítica redacional e literária; procura demonstrar que os textos de Mc 14,1a e 14,12-16 – os únicos lugares em que se fala da Páscoa em Marcos – teriam sido posteriormente inseridos. Na narração verdadeira e própria da Última Ceia, não seria mencionada a Páscoa.

Essa operação, apesar dos muitos nomes importantes que a sustentam, é artificial. Mas é justa a indicação de Meier segundo a qual, na narração da própria Ceia feita pelos sinóticos, o ritual pascal aparece tão pouco como em João. Assim se poderá, embora com alguma reserva, subscrever a afirmação: "Toda a tradição joanina [...] concorda plenamente com a tradição original dos sinóticos relativamente ao caráter da Ceia como não pertencendo à Páscoa" (*A Marginal Jew*, I, p. 398).

Mas, então, o que foi, verdadeiramente, a Última Ceia de Jesus? E como se chegou à concepção, seguramente muito antiga, do seu caráter pascal? A resposta de Meier é surpreendentemente simples e, sob muitos aspectos, convincente. Jesus estava consciente da sua morte iminente; sabia que não mais poderia comer a Páscoa. Nessa clara certeza, convidou os Seus para uma Última Ceia de caráter muito particular, uma Ceia que não pertencia a nenhum rito judaico determinado, mas era a sua despedida, na qual Ele dava algo de novo, isto é, dava-Se a Si mesmo como o verdadeiro Cordeiro, instituindo assim a *sua* Páscoa.

Em todos os evangelhos sinóticos, fazem parte dessa Ceia as profecias de Jesus sobre a sua morte e sobre a sua ressurreição. Em Lucas, têm uma forma particularmente solene e misteriosa: "Tenho ardentemente desejado comer convosco esta Páscoa, antes de padecer. Pois vos digo que não mais a comerei até que ela se realize plenamente no Reino de Deus" (22,15-16). A frase continua equívoca: pode significar que Jesus come, pela última vez, a Páscoa habitual com os Seus; porém, pode significar também que já não a come mais, mas encaminha-se para a nova Páscoa.

Um dado é evidente em toda a tradição: o essencial dessa Ceia de despedida não foi a Páscoa antiga, mas a novidade que Jesus realizou nesse contexto. Mesmo que esse banquete de Jesus com os Doze não tenha sido uma ceia pascal segundo as prescrições rituais do judaísmo, num olhar retrospectivo tornou-se, com a morte e a ressurreição de Jesus, evidente o significado intrínseco do todo: era a Páscoa de Jesus. E, nesse sentido, Ele celebrou a Páscoa e não a celebrou: os ritos antigos não podiam ser praticados; quando chegou o momento, Jesus já estava morto. Mas Ele entregara-Se a Si mesmo, e assim tinha celebrado com eles verdadeiramente a Páscoa. Dessa forma, o antigo não tinha sido negado, mas – e só assim o poderia ser – levado ao seu sentido pleno.

O primeiro testemunho dessa visão unificadora do novo e do antigo, que é operada pela nova interpretação da Ceia de Jesus em relação à Páscoa no contexto da sua morte e ressurreição, encontra-se em Paulo, em I Coríntios 5,7: "Purificai-vos do velho fermento para serdes nova massa, já que sois sem fermento. Pois nossa Páscoa, Cristo, foi imolada" (cf. Meier, *A Marginal Jew*, I, pp. 429s). Como em Marcos 14,1, também aqui se sucedem o primeiro dia dos Ázimos e a Páscoa, mas o sentido ritual de então é transformado em significado cristológico e existencial. Agora os ázimos "sem fermento" devem ser os próprios cristãos, libertados do fermento do pecado. Mas o Cordeiro imolado é Cristo. Nisso, Paulo concorda perfeitamente com a descrição joanina dos acontecimentos. Assim, para ele, morte e ressurreição de Cristo tornaram-se a Páscoa que permanece.

Com base nisso, pode-se compreender como a Última Ceia de Jesus – que não era só um prenúncio, mas nos dons eucarísticos compreendia também uma antecipação de cruz e ressurreição – acaba, bem depressa, por ser considerada como Páscoa, como a *sua* Páscoa. E o era verdadeiramente.

2. A instituição da Eucaristia

A chamada narração da instituição, isto é, as palavras e os gestos pelos quais Jesus Se deu a Si mesmo aos discípulos no pão e no vinho, constitui o núcleo da tradição da Última Ceia. Além dos três evangelhos sinóticos – Mateus, Marcos e Lucas –, a narração da instituição encontra-se também na Primeira Carta aos Coríntios de São Paulo (cf. 11,23-26). No seu núcleo, as quatro narrações são muito semelhantes, mas nos pormenores mostram algumas diferenças que se tornaram, compreensivelmente, objeto de amplas discussões exegéticas.

Podem-se distinguir dois modelos de fundo: por um lado, temos a narração de Marcos, com a qual concorda em grande parte o texto de Mateus; por outro, temos o texto de Paulo, ao qual se assemelha o de Lucas. A narração paulina é o texto mais antigo literariamente: a Primeira Carta aos Coríntios foi escrita pelo ano 56. O tempo da redação do Evangelho de Marcos é posterior, mas não há dúvida de que o seu texto se refere a uma tradição muito antiga. A discussão dos exegetas centra-se agora em qual dos dois modelos – o de Marcos ou o de Paulo – seria o mais antigo.

Com argumentos relevantes, Rudolf Pesch exprimiu-se a favor da tradição de Marcos como sendo a mais antiga, datável dos anos 30. Mas a narração de Paulo remonta ao mesmo decênio. Paulo, por sua vez, diz que transmite aquilo que ele mesmo tinha recebido como tradição que remonta ao Senhor. A narração da instituição e a tradição da ressurreição (cf. 1 Cor 15,3-8) ocupam uma posição particular nas cartas paulinas: são textos fixados em sua formulação que o Apóstolo já "recebeu" assim e, com cuidado, transmite literalmente. Nesses dois casos, diz ele que transmite aquilo que recebeu. Em I Coríntios 15, insiste explicitamente na forma textual, cuja fiel conservação seria necessária para a salvação. Disso se conclui que Paulo recebeu as palavras da Última Ceia, no seio da comunidade primitiva, de um modo que o tornava seguro de que elas provinham do próprio Senhor.

Pesch vê comprovada a precedência histórica da narração de Marcos no fato de esta ser ainda uma simples narração, enquanto I Coríntios 11 seria considerada como "etiologia cultual" (de proveniência cultual) e, por conseguinte, como um texto já formado liturgicamente e adaptado à liturgia (cf. *Markusevangelium,* II, pp. 364-377, sobretudo 369). Isso tem algo de verdade; mas parece-me que não há uma diferença decisiva entre a qualidade histórica e teológica dos dois textos.

É verdade que Paulo quer falar de forma normativa, tendo em vista a celebração da liturgia cristã; se *esse* é o sentido da expressão "etiologia cultual", então posso estar de acordo. Mas, segundo a convicção do Apóstolo, o texto é normativo precisamente porque refere o testamento do Senhor. Por isso, a orientação para o culto e uma formulação já existente para o culto não contrastam com a tradição rigorosa daquilo que o Senhor disse e quis. Pelo contrário, a formulação é normativa precisamente porque é verdadeira e originária. A esse propósito, a precisão na transmissão não exclui que se dê um realce ou se faça uma escolha. Todavia, a escolha e a formulação – tal é a convicção de Paulo

– não devem falsear aquilo que foi confiado aos discípulos pelo Senhor naquela noite.

Mas tal escolha e formulação tendo em vista a liturgia existem também no Evangelho de Marcos. Com efeito, essa "narração" também não pode prescindir do seu significado normativo para a liturgia da Igreja e, por sua vez, pressupõe uma tradição litúrgica já em uso. Ambos os modelos da tradição querem verdadeiramente transmitir-nos o testamento do Senhor. Juntos tornam possível reconhecer a riqueza das perspectivas teológicas do acontecimento e, ao mesmo tempo, mostram-nos a novidade inaudita que Jesus realizou naquela noite.

Um fato tão grandioso e único do ponto de vista teológico e da história das religiões, como é o ilustrado pelas narrações da Última Ceia, não podia deixar de sofrer algum questionamento pela teologia moderna: uma realidade tão inaudita não é compatível com a imagem do Rabi afável que muitos exegetas traçam de Jesus. Não se pode "crê-Lo capaz" disso. E naturalmente também não está de acordo com a imagem de Jesus como rebelde político. Desse modo, uma parte considerável da exegese atual contesta que as palavras da instituição remontem verdadeiramente a Jesus. Dado que se trata aqui do núcleo em absoluto do cristianismo e do aspecto central da figura de Jesus, devemos ver o assunto mais de perto.

A objeção principal contra a originalidade histórica das palavras e dos gestos da Última Ceia pode-se resumir assim: haveria uma contradição insolúvel entre a mensagem de Jesus sobre o reino de Deus e a ideia da sua morte expiatória em função vicária. Ora, o núcleo íntimo das palavras da Última Ceia é o "por vós – por muitos", a autodoação vicária de Jesus e conjuntamente a ideia da expiação. Enquanto João Batista, perante o juízo iminente, chamara à conversão, Jesus, como mensageiro de alegria, teria anunciado a proximidade do domínio de Deus e a vontade incondicionada de perdão, o domínio da bondade e da misericórdia de Deus. "A última palavra, que Deus pronuncia por meio do seu último mensageiro (o mensageiro da alegria depois do último mensageiro do juízo, João Batista), é uma palavra de salvação. O que caracteriza o anúncio de Jesus é a orientação claramente prioritária à promessa da salvação por parte de Deus, bem como a superação do Deus como juiz iminente pelo Deus da bondade já presente." Com essas palavras, Pesch resume o conteúdo essencial do raciocínio que sustenta a incompatibilidade da tradição sobre a Última Ceia com a novidade e a especificidade do anúncio de Jesus (*Abendmahl*, p. 104).

P. Fiedler desenvolve a lógica dessa visão de modo drástico, quando escreve que "Jesus anunciara o Pai que quer perdoar *incondicionalmente*", para observar em seguida: "Mas, na realidade, se Este [o Pai] insistia numa expiação, seria assim tão generoso ou mesmo superior na sua graça?" (*op. cit.*, p. 569; cf. Pesch, *Abendmahl*, pp. 16 e 106). Depois declara a ideia de uma expiação incompatível com a imagem que Jesus tem de Deus; e, nisso, já muitos exegetas e representantes da teologia sistemática concordam com ele.

De fato, encontra-se aqui o verdadeiro motivo por que uma boa parte dos teólogos modernos (e não só dos exegetas) se opõe a que as palavras da Ceia provenham de Jesus. A razão disso não está nos dados históricos, pois, como vimos, os textos eucarísticos pertencem à tradição mais antiga; olhando os dados históricos, não há nada de mais original do que precisamente a tradição da Ceia. Mas a ideia de uma expiação é algo inconcebível para a sensibilidade moderna. No seu anúncio do reino de Deus, Jesus deveria estar no polo oposto. Em jogo está nada mais do que a nossa imagem de Deus e do homem. Por isso, toda a discussão só aparentemente é um debate histórico.

Trata-se, antes, da questão: o que é a expiação? É compatível com uma imagem pura de Deus? Não se trata porventura de um nível do desenvolvimento religioso da humanidade que deve ser superado? Porventura Jesus, para ser o novo mensageiro de Deus, não deve contrapor-Se a essa ideia? Assim, o verdadeiro debate deverá se perguntar se os textos neotestamentários, lidos corretamente, nos revelam um conceito de expiação aceitável também para nós, contando que estejamos dispostos a ouvir integralmente a mensagem que vem ao nosso encontro.

Sobre essa questão, deveremos refletir de maneira conclusiva no capítulo relativo à morte de Jesus na cruz. Mas isso requer a disponibilidade pura e simples de não contrapor ao Novo Testamento de modo "crítico-racional" a nossa presunção, mas de aprender e deixar-nos guiar: a disponibilidade de não falsear os textos segundo os nossos conceitos, mas deixar purificar e aprofundar os nossos conceitos pela sua Palavra.

Entretanto, mesmo às apalpadelas, procuremos chegar à sua compreensão por meio de semelhante escuta. Temos em primeiro lugar a pergunta: existe realmente essa contradição entre a mensagem do reino de Deus na Galileia e o último pronunciamento de Jesus em Jerusalém?

Respeitáveis exegetas, como Rudolf Pesch, Gerhard Lohfink e Ulrich Wilckens, veem – é verdade – uma profunda diferença entre as duas posições, mas não um contraste insolúvel. Supõem que, no primeiro tempo, Jesus tenha feito a oferta generosa da mensagem do reino de Deus e do perdão dado sem condições, mas que, tomando conhecimento da falência dessa oferta, tenha depois identificado a sua missão com a do Servo de Iavé. Teria compreendido que, depois da rejeição da sua oferta, só restava o caminho da expiação vicária; isto é, devia tomar sobre Si a desventura que incumbia a Israel, para desse modo fazer chegar à multidão a salvação.

Que dizer sobre isso? De *per si*, uma evolução assim, ou seja, a entrada num caminho novo do amor depois da falência da primeira oferta, segundo a estrutura inteira da imagem bíblica de Deus e da história da salvação, certamente é possível. Dos caminhos da história de Deus com os homens, tal como nos são ilustrados no Antigo Testamento, faz parte precisamente a "flexibilidade" de Deus, que espera a decisão livre do homem e de cada "não" faz brotar um novo caminho do amor. Ao "não" de Adão, Ele responde com uma nova solicitude pelo homem. Ao "não" de Babel, Ele responde inaugurando, com a eleição de Abraão, uma nova abordagem da história. O pedido de um rei pelos israelitas, em primeiro tempo, aparece como uma obstinação contra Deus, que queria reinar sobre o seu povo de forma imediata; mas, na profecia dirigida a Davi, Ele transforma essa obstinação em caminho que leva depois diretamente a Cristo, o Filho de Davi. Desse modo, nas ações de Jesus, é sem dúvida possível um avanço semelhante em duas fases.

O capítulo 6 do Evangelho de João parece acenar a uma reviravolta tal no caminho de Jesus com os homens. Depois do seu discurso eucarístico, o povo e muitos dos seus discípulos vão-se embora. Com Ele, ficam apenas os Doze. Encontramos uma cisão semelhante no Evangelho de Marcos, quando Jesus, depois da segunda multiplicação dos pães e depois da confissão de Pedro (cf. 8,27-30), começa com as predições da paixão e Se encaminha para Jerusalém e para a sua última Páscoa.

Em 1929, Erik Peterson, no seu artigo sobre a Igreja – um artigo que ainda hoje vale absolutamente a pena ler –, defendeu a tese de que a Igreja existe apenas sobre a base do pressuposto de "que os judeus como povo eleito de Deus não acolheram a fé no Senhor". Se tivessem aceitado Jesus, "o Filho do homem teria já voltado e o Reino messiânico, onde os judeus teriam ocupado o lugar mais importante, teria tido início" (*Theologische Traktate*, p. 247). Romano Guardini, nas suas obras sobre Jesus, acolheu e modificou essa tese. Para ele, a mensagem de Jesus começa claramente com a oferta do Reino; o "não" de Israel teria suscitado a nova fase da história da salvação, de que faz parte a morte e a ressurreição do Senhor e a Igreja dos gentios.

Que dizer, então, a respeito de tudo isso? Primeiramente, que certo desenvolvimento na mensagem de Jesus com decisões novas é certamente possível. Todavia, o próprio Peterson não coloca a ruptura no âmbito da mensagem de Jesus, mas no período depois da Páscoa em que os discípulos, de fato, ao início lutavam ainda pelo "sim" de Israel. Só na medida em que se manifestou a falência dessa tentativa, é que eles se dirigiram para os pagãos. Esse segundo passo, podemos notá-lo claramente nos textos do Novo Testamento.

Progressos no caminho de Jesus, podemos presumi-los sempre com um grau maior ou menor de probabilidade, mas nunca depreendê-los com clareza. Seguramente não existe aquele contraste agudo entre o anúncio do Reino de Deus e a mensagem de Jerusalém, que se encontra nas teses de certos exegetas modernos. Há pouco registramos os indícios de certo progresso no caminho de Jesus. Porém, agora, devemos dizer (como, John P. Meier evidenciou claramente) que a estrutura dos evangelhos sinóticos não nos permite estabelecer uma cronologia do anúncio de Jesus. É certo que as acentuações sobre a necessidade da morte e da ressurreição se tornam mais claras com o avançar do caminho de Jesus; mas o conjunto inteiro do material não está organizado cronologicamente de tal modo que possamos distinguir claramente um antes e um depois.

São suficientes algumas indicações. Em Marcos, já no capítulo 2, na disputa sobre o jejum dos discípulos, encontra-se a predição de Jesus: "Dias virão, porém, em que o noivo lhes será tirado; e então jejuarão naquele dia" (2,20). Muito mais importante ainda é a definição da sua missão, que se esconde por trás do seu falar em parábolas; parábolas que ilustram aos homens a sua mensagem sobre o Reino de Deus. Jesus identifica a sua missão com a que foi confiada a Isaías depois do encontro com o Deus vivo no templo: fora dito ao profeta que, num primeiro tempo, a sua missão teria contribuído apenas para uma obstinação ainda maior, e só por meio desta é que poderia depois chegar a salvação. Aos discípulos, Jesus, já na primeira fase do seu anúncio, diz-lhes precisamente que aquela teria sido a estrutura do seu caminho (cf. Mc 4,10-12; veja-se também Is 6,9-10).

Mas, desse modo, todas as parábolas – a mensagem inteira do Reino – são colocadas sob o signo da cruz. Partindo da Última Ceia e da Ressurreição, poderemos afirmar precisamente que a cruz é a radicalização extrema do amor incondicionado de Deus: amor em que Ele, não obstante toda a negação por parte dos homens, Se dá a Si mesmo, toma sobre Si o "não" dos homens, atraindo-o desse modo para dentro do seu "sim" (cf. 2 Cor 1,19). Essa interpretação das parábolas e da sua mensagem sobre o Reino de Deus – interpretação segundo a teologia da cruz – encontra-se também nas parábolas paralelas dos outros sinóticos (cf. Mt 13,10-17; Lc 8,9-10).

A orientação da mensagem de Jesus segundo a perspectiva da cruz – uma orientação que vale desde o início – aparece, ainda de outro modo, também nos evangelhos sinóticos. Limito-me a acenar a dois elementos.

Em Mateus, no início do caminho de Jesus, encontra-se o Sermão da Montanha com o exórdio solene das Bem-aventuranças; estas, no seu conjunto, são caracterizadas pela perspectiva da cruz, que aparece depois com total nitidez na última: "Bem-aventurados os que são perseguidos por causa da justiça, porque deles é o reino dos Céus. Bem-aventurados sois quando vos injuriarem e vos perseguirem e, mentindo, disserem todo o mal contra vós, por causa de Mim. Alegrai-vos e regozijai-vos, porque será grande a vossa recompensa nos Céus, pois foi assim que perseguiram os profetas que vieram antes de vós" (Mt 5,10-12).

E é preciso recordar, ainda, que Lucas põe, no início da sua descrição do caminho de Jesus, a rejeição por Ele sofrida em Nazaré (cf. 4,16-29). Jesus anuncia que se cumpriu a promessa de um ano de graça do Senhor, presente em Isaías: O Espírito do Senhor "Me ungiu para evangelizar os pobres; enviou-Me para proclamar a remissão aos presos e aos cegos a recuperação da visão, para restituir a liberdade aos oprimidos..."

(4,18). Mas os seus conterrâneos, ouvindo a sua pretensão, não tardam a enfurecer-se e expulsam-No da cidade. "Conduziram-No até o cimo da colina sobre a qual a cidade estava construída, com a intenção de precipitá-Lo de lá" (4,29). Precisamente com a mensagem da graça, que Jesus traz, inaugura-se a perspectiva da cruz. Lucas, que redigiu o seu Evangelho com muito cuidado, foi com plena consciência que colocou essa cena como uma espécie de título sobre toda a atividade de Jesus.

Não existe contradição entre a jubilosa mensagem de Jesus e a sua aceitação da cruz enquanto morte pela multidão; antes pelo contrário: só na aceitação e na transformação da morte é que o feliz anúncio atinge toda a sua profundidade. Aliás, a ideia de que a Eucaristia se tivesse formado no âmbito da "comunidade" é, mesmo do ponto de vista histórico, absolutamente absurda. Quem poderia permitir-se conceber tal pensamento, criar uma realidade tal? Como teria sido possível que os primeiros cristãos – evidentemente já nos anos 30 – aceitassem semelhante invenção sem levantar objeções?

A esse propósito diz Pesch, com razão, "que até agora não foi possível apresentar nenhuma explicação secundária convincente da tradição da Ceia" (*Abendmahl*, p. 21). Não existe. Isso só podia nascer da peculiar consciência pessoal de Jesus; só Ele era capaz de entrelaçar, tão soberanamente, na unidade os fios da Lei e dos Profetas – totalmente na fidelidade à Escritura e totalmente na novidade do seu ser de Filho. Só porque Ele mesmo o tinha dito e feito é que a Igreja, nas suas diversas correntes e logo desde o princípio, pudera "partir o pão" como Jesus tinha feito na noite da traição.

3. A teologia das palavras da instituição

Depois de todas essas reflexões sobre o quadro histórico e sobre a credibilidade histórica das palavras da instituição de Jesus, é tempo de fixar a atenção na mensagem que elas contêm. Antes de mais nada, convém recordar que, nas quatro narrações sobre a Eucaristia, encontramos dois tipos de tradição com diferenças características, que aqui não temos de examinar nos detalhes; todavia, devem-se mencionar brevemente as diferenças mais importantes.

Enquanto em Marcos (14,22) e Mateus (26,26) a frase sobre o pão declara apenas: "Isto é o meu Corpo", em Paulo lê-se: "Isto é o meu Corpo, que é para vós" (1 Cor 11,24), e Lucas completa, segundo o sentido, escrevendo: "Isto é o meu Corpo que é dado por vós" (22,19). Em Lucas e Paulo, logo a seguir a isso, aparece a ordem da repetição: "Fazei isto em Minha memória", que falta em Mateus e Marcos. A frase sobre o cálice, segundo Marcos, soa assim: "Isto é o meu Sangue, o 'Sangue de Aliança', que é derramado em favor de muitos" (14,24); Mateus acrescenta ainda: "[...] por muitos, para a remissão dos pecados" (26,8). Segundo São Paulo, diversamente, Jesus disse: "Este cálice é a Nova Aliança em meu Sangue. Todas as vezes que dele beberdes, fazei-o em memória de Mim" (1 Cor 11,25). Lucas formula de maneira semelhante, mas com pequenas diferenças: "Este cálice é a nova Aliança em meu Sangue, que é derramado em favor de vós" (22,20). Falta a segunda ordem de repetição.

São importantes, porém, duas diferenças claras entre Paulo/Lucas, por um lado, e Marcos/Mateus, por outro: em Marcos e Mateus, "sangue" é o sujeito: "Isto é o meu Sangue", enquanto Paulo e Lucas dizem: Esta é "a Nova Aliança no meu Sangue". Muitos veem aqui uma deferência para com os judeus, sabendo da sua repulsa quanto à ingestão de sangue: como conteúdo direto da bebida, não se indica "o sangue", mas "a Nova Aliança". E desse modo chegamos já à segunda diferença: enquanto Marcos e Mateus falam simplesmente de "sangue da Aliança", aludindo com isso a Êxodo 24,8, ou seja, à estipulação da Aliança no Sinai, Paulo e Lucas falam da Nova Aliança, referindo-se agora a Jeremias 31,31. Por conseguinte, há em cada caso um cenário veterotestamentário diferente. Além disso, Marcos e Mateus falam do derramamento do sangue "por muitos", aludindo desse modo a Isaías 53,12, enquanto Paulo e Lucas dizem "em favor de vós", levando assim a pensar imediatamente na comunidade dos discípulos.

Compreensivelmente existe, na exegese, ampla discussão sobre quais possam ser, por conseguinte, as palavras originais de Jesus. Rudolf Pesch mostrou que aparecem, num primeiro tempo, 46 possibilidades, que podem ainda duplicar, caso se cruzem entre si as diversas introduções (cf. *Das Evangelium in Jerusalem*, pp. 134ss). Tais esforços têm a sua importância, mas não podem entrar nos objetivos deste livro.

Partimos do pressuposto de que a transmissão das palavras de Jesus não existe sem a sua recepção pela Igreja nascente, que se sentia severamente comprometida na fidelidade ao essencial, mas estava ciente também de que a gama de ressonância das palavras de Jesus com as relativas alusões sutis a textos da Escritura permitia alguma modelação nos matizes. Desse modo, podia-se ouvir ressoar nas palavras de Jesus tanto Êxodo 24 como Jeremias 31 e acentuar mais um conteúdo ou outro, sem com isso faltar à fidelidade para com aquelas palavras que, de maneira quase imperceptível, mas de modo inequívoco, acolhiam em si a Lei e os Profetas. Com isso, porém, passamos já à interpretação das palavras do Senhor.

As narrações da instituição, em todos os quatro textos, começam com duas afirmações relativas às ações de Jesus que adquiriram um significado essencial na sua recepção pela Igreja inteira. Lá se diz que Jesus tomou o pão, pronunciou a oração de bênção e de agradecimento e, depois, partiu o pão. No princípio, temos a *eucharistia* (Paulo/Lucas) ou então a *eulogia* (Marcos/Mateus): ambos os termos significam a *berakha*, a grande oração de agradecimento e de bênção da tradição judaica, que faz parte tanto do ritual pascal como de outras refeições. Não se come o alimento sem agradecer a Deus pelo dom que Ele oferece: pelo pão, que Ele faz despontar e crescer da terra, bem como pelo fruto da videira.

As duas palavras diferentes, que usam Marcos/Mateus por um lado e Paulo/Lucas por outro, indicam as duas direções intrínsecas a essa oração: é agradecimento e louvor pelo dom de Deus; mas esse louvor retorna em forma de bênção sobre o dom, como se lê em 1 Tm 4,4-5: "Tudo o que Deus criou é bom, e nada é desprezível, se tomado com ação de graças (*eucharistia*), porque é santificado pela palavra de Deus e pela oração". Jesus, na Última Ceia (como fizera na multiplicação dos pães: Jo 6,11), acolheu essa tradição. As palavras da instituição situam-se nesse contexto de oração; nelas o agradecimento torna-se bênção e transformação.

Desde os seus primeiros inícios, a Igreja compreendeu as palavras de consagração não simplesmente como uma espécie de ordem quase mágica, mas como parte da oração feita juntamente com Jesus; como parte central do louvor repleto de gratidão pelo qual o dom terreno nos é devolvido por Deus como corpo e sangue de Jesus, como autodoação de Deus no amor acolhedor do Filho. Louis Bouyer procurou delinear o desenvolvimento da *eucharistia* cristã – do "cânon" – a partir da *berakha* judaica. Desse modo, é possível compreender por que o termo "Eucaristia" se tornou a designação do conjunto do novo evento cultual dado por Jesus. Sobre esse assunto, havemos de voltar ainda na quarta seção deste capítulo.

Em segundo lugar, diz-se que Jesus "partiu o pão". Partir o pão para todos é, em primeiro lugar, a função do pai de família, que nisto representa de algum modo também Deus Pai que, pela fertilidade da terra, distribui para todos nós o necessário para a vida. Depois, é também o gesto da hospitalidade, pelo qual se faz participar o estrangeiro das coisas próprias, acolhendo-o na comunhão do banquete. Partir e partilhar: é precisamente a partilha que cria comunhão. Esse gesto humano primordial de dar, de partilhar e unir obtém, na Última Ceia de Jesus, uma profundidade inteiramente nova: Ele dá-Se a Si mesmo. A bondade de Deus, que se manifesta no distribuir, torna-se totalmente radical no momento em que o Filho, no pão, Se comunica e distribui a Si mesmo.

O gesto de Jesus tornou-se assim o símbolo de todo o mistério da Eucaristia: nos Atos dos Apóstolos e no cristianismo primitivo em geral, "partir o pão" é a designação da Eucaristia. Nela nos beneficiamos da hospitalidade de Deus, que, em Jesus Cristo crucificado e ressuscitado, Se entrega a nós. Por isso, o partir e o distribuir o pão – o ato de amorosa atenção por aquele que precisa de mim – é uma dimensão intrínseca da própria Eucaristia.

"*Caritas*", a solicitude pelo outro, não é um segundo setor do cristianismo ao lado do culto, mas está radicada precisamente nele e faz parte dele. Na Eucaristia, no ato de "partir o pão", estão indivisivelmente ligadas as dimensões horizontal e vertical. Nessa dupla afirmação sobre o agradecer e o repartir no início da narração da instituição, torna-se evidente a natureza do novo culto fundado por Cristo na Última Ceia, na cruz e na ressurreição; desse modo, o antigo culto do templo é abolido e, ao mesmo tempo, levado à sua perfeição.

Chegamos agora à frase pronunciada sobre o pão. Segundo Marcos e Mateus diz simplesmente: "Isto é o meu Corpo"; Paulo e Lucas acrescentam: "que é dado por vós", evidenciando assim aquilo que, por si, está contido no gesto do distribuir. Quando Jesus fala do seu corpo, obviamente este não quer dizer o corpo distinto da alma e do espírito, mas toda a pessoa em carne e osso. Nesse sentido, Rudolf Pesch comenta justamente: Jesus, "na sua interpretação do pão, pressupõe o significado particular da sua pessoa. Os discípulos podiam entender: Este sou Eu, o Messias" (*Markusevangelium*, II, p. 357).

Mas como pode realizar-se isto? De fato, Jesus encontra-Se no meio dos seus discípulos; e o que faz? Cumpre aquilo que dissera no discurso do Bom Pastor: "Ninguém Me tira a vida, sou Eu que a dou livremente" (Jo 10,18). A vida ser-Lhe-á tirada na cruz, mas já desde agora a oferece por Si mesmo. Transforma a sua morte violenta em ato livre de autodoação aos outros e pelos outros.

E Jesus sabe: "Tenho o poder de dar a vida e o poder de retomá-la" (Jo 10,18). Dá a vida, sabendo que precisamente deste modo a retoma. No ato de dar a vida, está incluída a ressurreição. Por isso pode, de antemão, distribuir-Se a Si mesmo já agora, porque já agora oferece a vida, oferece-Se a Si mesmo e desse modo readquire-a já agora. Assim, pode instituir agora o Sacramento, onde Se torna o grão de trigo que morre e onde, através dos tempos, Se distribui a Si mesmo aos homens na verdadeira multiplicação dos pães.

A frase relativa ao cálice, sobre a qual concentramos agora a nossa atenção, é de uma densidade teológica extraordinária. Como já se acenou atrás, nas poucas palavras dela estão entrelaçados juntamente três textos veterotestamentários, de tal modo que toda a história da salvação anterior está resumida e feita presente na palavra dita sobre o cálice.

Temos, em primeiro lugar, Êxodo 24,8, com a estipulação da Aliança no Sinai; depois Jeremias 31,31, com a promessa da Nova Aliança no meio da crise da história da Aliança, uma crise cujas expressões mais relevantes eram a destruição do templo e o exílio de Babilônia; finalmente, Isaías 53,12, com a misteriosa promessa do Servo de Iavé, que carrega o pecado de muitos e, desse modo, obtém para eles a salvação.

Procuremos agora compreender esses três textos, cada qual no seu próprio significado e no seu novo contexto. A Aliança do Sinai, segundo a descrição de Êxodo 24, baseava-se sobre dois elementos: por um lado, sobre o "sangue da Aliança", o sangue de animais sacrificados, com o qual eram aspergidos o altar – como símbolo de Deus – e o povo, e, por outro, sobre a Palavra de Deus e a promessa da obediência de Israel. "Este é o sangue da Aliança que o Senhor fez convosco, por meio de todas essas cláusulas": dissera solenemente Moisés depois do rito da aspersão. Imediatamente antes, o povo tinha respondido à leitura do livro da Aliança: "Tudo o que o Senhor falou, nós o faremos e obedeceremos" (Ex 24,8.7).

Essa promessa de obediência, que era elemento constitutivo da aliança, acabava quebrada logo a seguir com a adoração do vitelo de ouro, quando Moisés se encontrava no monte. Toda a história que se segue é uma história de incessantes violações da promessa de obediência, como manifestam quer os livros históricos do Antigo Testamento quer os livros dos profetas. A ruptura parece irremediável no momento em que Deus abandona o seu povo ao exílio, e o templo à destruição.

Naquela hora, surge a esperança da "Nova Aliança", já não baseada sobre a fidelidade sempre frágil da vontade humana, mas inscrita de modo indestrutível nos próprios corações (cf. Jr 31,33). Por outras palavras, a Nova Aliança deve basear-se sobre uma obediência que seja irrevogável e inviolável. Fundada agora na raiz do ser humano, essa obediência é a do Filho que Se fez servo e, na sua obediência até a morte, absorve toda a desobediência humana, sofre-a até o fundo e vence-a.

Deus não pode pura e simplesmente ignorar toda a desobediência dos homens, todo o mal da história, não pode tratá-lo como algo irrelevante e insignificante. Uma tal espécie de "misericórdia", de "perdão incondicionado" seria aquela "graça a baixo preço" contra a qual se pronunciou com razão Dietrich Bonhoeffer, diante do abismo do mal do seu tempo. A injustiça, o mal real não pode pura e simplesmente ser ignorado, ser deixado simplesmente em si. Deve ser transformado, vencido. Só esta é a verdadeira misericórdia. Que agora, dado que os homens não são capazes, o faça o próprio Deus; esta é a bondade "incondicionada" de Deus, uma bondade que não pode jamais estar em contradição com a verdade e – associada a ela – a justiça. "Se Lhe somos infiéis, Ele permanece fiel, pois não pode renegar-Se a Si mesmo": escreve Paulo a Timóteo (2 Tm 2,13).

Essa sua fidelidade consiste no fato de Ele agora agir não apenas como Deus diante dos homens, mas também como homem diante de Deus, fundando assim a Aliança de modo irrevogavelmente estável. Por isso a figura do Servo de Deus, que carrega o pecado de muitos (cf. Is 53,12), deve ser ligada com a promessa da Nova Aliança fundada de maneira indestrutível. Esse enxerto da Aliança agora indestrutível no coração do homem, da própria humanidade, realiza-se no sofrimento vicário do Filho que Se fez servo. Desde então, a toda a maré sórdida do mal contrapõe-se a obediência do Filho, no Qual sofreu o próprio Deus e cuja obediência, por conseguinte, é sempre infinitamente maior do que a massa crescente do mal (cf. Rm 5,16-20).

O sangue dos animais não pudera "expiar" o pecado, nem unir Deus e os homens. Podia ser apenas um sinal da esperança e da expectativa de uma obediência maior e verdadeiramente salvífica. Na frase de Jesus sobre o cálice, tudo isto está compendiado e feito realidade: Ele dá a "Nova Aliança no seu sangue". O "seu sangue", isto é, o dom total de Si mesmo, no qual Ele sofre até o fundo todo o mal da humanidade, transforma toda a traição absorvendo-a na sua fidelidade incondicionada. Este é o novo culto, que Ele institui na Última Ceia: atrair a humanidade, na sua obediência vicária. Participação no Corpo e no Sangue de Cristo significa que Ele está ali "por muitos" – por nós – e, no Sacramento, acolhe-nos no número destes "muitos".

Nas palavras da instituição de Jesus, falta agora explicar uma expressão que recentemente suscitou variadas discussões. Segundo Marcos e Mateus, Jesus disse que o seu sangue havia de ser derramado "por muitos", aludindo desse modo precisamente a Isaías 53, enquanto em Paulo e Lucas se fala de dar, ou melhor, derramar "por vós".

A teologia recente sublinhou, com razão, a palavra "por", comum a todas as quatro narrações; um termo que se pode considerar como palavra-chave não só das narrações da Última Ceia, mas da própria figura de Jesus em geral. Toda a sua índole é qualificada com a expressão "pró-existência", um existir não para Si mesmo, mas para os outros; e isso não apenas como uma dimensão qualquer desta existência, mas como aquilo que constitui o seu aspecto mais íntimo e abrangente. O seu ser como tal é um "ser para". Se conseguirmos entender isso, teremos então nos aproximado verdadeiramente do mistério de Jesus, saberemos então também o que significa seguimento.

Mas que significa "derramado por muitos"? Na sua obra fundamental, *Die Abendmahlsworte Jesu* (1935), Joachim Jeremias procurou mostrar que a palavra "muitos" nas narrações da instituição seria um semitismo e, por conseguinte, deveria ser lida não a partir do significado da palavra grega, mas com base nos textos veterotestamentários correspondentes. Procura demonstrar que a palavra "muitos" no Antigo Testamento significa "a totalidade" e, por isso, na realidade, dever-se-ia traduzir por "todos". Depressa se afirmou então essa tese, e tornou-se uma convicção teológica comum. Com base nela, nas palavras da consagração, "muitos" foi traduzido em diversas línguas por "todos". "Derramado por vós e por todos": é assim que, em diversos países, os fiéis ouvem hoje, durante a celebração eucarística, as palavras de Jesus.

Entretanto, rompeu-se de novo esse consenso entre os exegetas. Hoje a opinião prevalecente tende para a explicação de que "muitos", em Isaías 53 e ainda em outros pontos, apesar de significar totalidade, não se poderia pura e simplesmente equiparar a "todos". Inclinando-se para a linguagem de Qumran, agora se supõe principalmente que "muitos" em Isaías e em Jesus signifique a "totalidade" de Israel (cf. Pesch,

Abendmahl, pp. 99s; Wilckens, I/2, p. 84). Só com a passagem do Evangelho aos pagãos é que se teria tornado evidente o horizonte universal da morte de Jesus e da sua expiação, que engloba igualmente judeus e pagãos.

Ultimamente, o jesuíta Norbert Baumert, de Viena, juntamente com Maria-Irma Seewann, apresentou uma interpretação da expressão "por muitos" que, na sua linha principal, fora já desenvolvida em 1947 por Joseph Pascher no seu livro *Eucharistia*. O núcleo da tese é este: segundo a estrutura linguística do texto, o "ser derramado" não se refere ao sangue, mas ao cálice; "tratar-se-ia, por conseguinte, de um ativo 'derramar' do sangue do cálice, um ato em que a própria vida divina é dada abundantemente, sem nenhuma alusão ao agir dos algozes" (*Gregorianum*, 89, p. 507). Dessa maneira, a frase sobre o cálice não aludiria ao acontecimento da morte na cruz e seu efeito, mas ao ato sacramental, e assim ficaria esclarecida também a palavra "muitos": enquanto a morte de Jesus vale "para todos", o alcance do Sacramento é mais limitado; este alcança muitos, mas não todos (cf. sobretudo p. 511).

No aspecto estritamente filológico, essa solução pode revelar-se verdadeira para o texto de Marcos 14,24. Se não se atribuir qualquer originalidade ao texto de Mateus relativamente a Marcos, a solução poderia ser qualificada como convincente para as palavras da Última Ceia. Em todo o caso, a assinalação da diferença entre o alcance da Eucaristia e o alcance universal da morte de Jesus na cruz é preciosa e pode fazer avançar a investigação. Desse modo, porém, o problema da palavra "muitos" explica-se apenas parcialmente.

De fato, permanece a explicação fundamental que Jesus dá da sua missão em Marcos 10,45, quando aparece também a palavra "muitos": "Pois o Filho do homem não veio para ser servido, veio para servir e dar a Sua vida em resgate por muitos". Aqui se fala claramente da doação da vida como tal, e é evidente que dessa maneira Jesus retoma a profecia do Servo de Iavé em Isaías 53 e associa-a à missão do Filho do homem, assumindo consequentemente um novo significado.

Então, que devemos dizer? Parece-me presunçoso e ao mesmo tempo insensato querer perscrutar a consciência de Jesus e explicá-la com base naquilo que Ele, segundo o nosso conhecimento daqueles tempos e das suas concepções teológicas, possa ter pensado ou não. Podemos dizer apenas que Ele sabia que, na sua pessoa, se cumpriam a missão do Servo de Iavé e a do Filho do homem; ora, a união desses dois motivos comportava ao mesmo tempo superação dos limites da missão do Servo de Iavé, universalização que indica nova amplidão e profundidade.

Depois, podemos observar como, entretanto, cresce lentamente a compreensão da missão de Jesus no caminho da Igreja nascente e como o "recordar" dos discípulos, sob a guia do Espírito de Deus (cf. Jo 14,26), começa pouco a pouco a perceber todo o mistério presente por trás das palavras de Jesus. Em 1 Tm 2,6, fala-se de Jesus como o único mediador entre Deus e os homens, "que Se deu em resgate por *todos*". O significado salvífico universal da morte de Jesus aparece expresso aqui com clareza cristalina.

Em Paulo e João, podemos encontrar respostas historicamente distintas e na substância plenamente concordes para a questão acerca do alcance da obra salvífica de Jesus; são respostas indiretas ao problema "muitos/todos". Paulo escreve, aos Romanos, que os pagãos "na sua totalidade" (*plērōma*) devem alcançar a salvação e que todo o Israel será salvo (cf. 11,25-26). João diz que Jesus seria morto "pelo povo" (os judeus), todavia "não só pela nação, mas também para congregar na unidade todos os filhos de Deus que andavam dispersos" (11,50.52). A morte de Jesus vale para os judeus e para os pagãos, para a humanidade no seu conjunto.

Se aquele "muitos", em Isaías, podia significar essencialmente a totalidade de Israel, na resposta crente que a Igreja dá ao uso novo da palavra por parte de Jesus torna-se cada vez mais evidente que Ele de fato morreu por todos.

Em 1921, o teólogo protestante Ferdinand Kattenbusch procurou mostrar que as palavras da instituição de Jesus durante a Última Ceia constituiriam o ato verdadeiro e próprio de fundação da Igreja. Desse modo, Jesus teria dado aos seus discípulos aquela novidade que os unia e fazia deles uma comunidade. Kattenbusch tinha razão: com a Eucaristia, foi instituída a própria Igreja. Esta se torna uma unidade, torna-se o que é a partir do corpo de Cristo e conjuntamente, a partir da sua morte, fica aberta à vastidão do mundo e da história.

A Eucaristia é o processo visível do reunir-se, um processo que, em cada lugar e por meio de todos os lugares, é um entrar em comunhão com o Deus vivo, que aproxima, a partir de dentro, os homens uns dos outros. A Igreja forma-se a partir da Eucaristia. Dela recebe a sua unidade e a sua missão. A Igreja deriva da Última Ceia, mas por isso mesmo deriva da morte e ressurreição de Cristo, por Ele antecipadas no dom do seu corpo e do seu sangue.

4. Da Ceia à Eucaristia da manhã de Domingo

Em Paulo e Lucas, depois da frase "isto é o meu Corpo, que é dado por vós" temos a ordem da repetição: "Fazei isto em memória de Mim". Essa ordem, Paulo refere-a de novo, mas de forma mais ampla, depois das palavras sobre o cálice. Marcos e Mateus não nos transmitem essa ordem; mas, dado que a forma concreta das suas narrações traz o cunho da prática litúrgica, é evidente que também eles interpretaram essa palavra como uma instituição: aquilo que se deu lá pela primeira vez devia continuar na comunidade dos discípulos.

Mas surge a pergunta: O que é que o Senhor mandou, concretamente, repetir? Seguramente não foi a ceia pascal (no caso da Última Ceia de Jesus ter sido uma ceia pascal). A Páscoa era uma festividade anual, cuja celebração habitual em Israel estava claramente regulada pela tradição sagrada e ligada a uma data concreta. Mesmo que, naquela noite, não se tivesse tratado de uma verdadeira ceia pascal segundo o direito judaico, mas de um derradeiro banquete terreno antes da morte, isso não é o objetivo da ordem de repetição.

Portanto, a ordem diz respeito apenas àquilo que constituía uma novidade nas ações de Jesus naquela noite: o partir o pão, a oração de bênção e agradecimento e, com ela, as palavras da transubstanciação do pão e do vinho. Poderemos dizer que, por meio daquelas palavras, o nosso momento atual é atraído para dentro do momento de Jesus. Verifica-se aquilo que Jesus anunciou em João 12,32: da cruz, Ele atrai todos a Si, para dentro de Si.

Assim, é verdade que o elemento essencial do novo "culto" tinha sido dado com as palavras e os gestos de Jesus, mas não fora ainda preestabelecida uma forma litúrgica definitiva. Esta havia de desenvolver-se na vida da Igreja. Era óbvio que, segundo o modelo da Última Ceia, primeiro ceavam juntos, e depois acrescentava-se a Eucaristia. Rudolf Pesch demonstrou que nesse banquete, vista a estrutura social da Igreja nascente e seus hábitos de vida, provavelmente havia só pão, sem outros alimentos.

Na Primeira Carta aos Coríntios (11, 20-22, 34), vemos como, numa sociedade diferente, as coisas se davam diversamente: as pessoas abastadas levavam consigo a sua refeição e comiam abundantemente, enquanto as pessoas pobres deviam contentar-se, também lá, só com pão. Bem depressa experiências desse gênero levaram a separar a Ceia do Senhor do banquete normal e, ao mesmo tempo, aceleraram a formação de uma estrutura litúrgica específica. Entretanto, em nenhum caso devemos pensar que, na "Ceia do Senhor", se limitassem simplesmente a recitar as palavras de consagração. A partir do próprio Jesus, estas aparecem como uma parte da sua *berakha*, da sua oração de agradecimento e de bênção.

O que é que Jesus agradeceu? Agradeceu "por ter sido atendido" (cf. Hb 5,7). Agradeceu de antemão pelo fato de que o Pai não O abandonaria na morte (cf. Sl 16,10). Agradeceu pelo dom da ressurreição e, com base nela, já desde aquele momento, podia dar, no pão e no vinho, o seu corpo e o seu sangue como penhor da ressurreição e da vida eterna (cf. Jo 6,53-58).

Podemos pensar no esquema dos Salmos votivos, em que o oprimido anuncia que, uma vez salvo, agradecerá ao Senhor e proclamará a ação salvífica de Deus na presença da grande assembleia. O Salmo 22, aplicado à paixão, que começa com as palavras: "Meu Deus, meu Deus, por que me abandonastes?", termina com uma promessa que supõe antecipadamente o ser atendido: "De Ti vem o meu louvor na grande assembleia, cumprirei meus votos frente àqueles que O temem. Os pobres comerão e ficarão saciados; louvarão o Senhor aqueles que O buscam" (vv. 26-27). Agora, de fato, realiza-se isto: "Os pobres comerão". O que recebem é mais do que um alimento terreno; recebem o verdadeiro maná, a comunhão com Deus em Cristo ressuscitado.

Naturalmente, só pouco a pouco é que essas ligações se foram tornando claras para os discípulos. Mas, a partir das palavras de agradecimento de Jesus, que conferem à *berakha* judaica um novo centro, a oração de agradecimento – a *eucaristia* – revela-se cada vez mais como o verdadeiro modelo influente, como a forma litúrgica na qual as palavras de instituição têm o seu sentido, e se apresenta o culto novo que substitui os sacrifícios do templo: glorificação de Deus na palavra, mas na Palavra que em Jesus Se fez carne e agora, a partir deste Corpo de Jesus que atravessou a morte, abrange o homem inteiro, toda a humanidade: torna-se o início de uma nova criação.

Josef Andreas Jungmann, o grande estudioso da história da celebração eucarística e um dos arquitetos da reforma litúrgica, resume tudo isso dizendo: "A forma fundamental é a oração de agradecimento sobre o pão e sobre o vinho. Foi da oração de agradecimento, depois do banquete da última noite, que a liturgia da Missa teve o seu início, não do próprio banquete. Este último era considerado tão pouco essencial e tão facilmente separável que ficou omitido já na Igreja primitiva. Ao contrário, a liturgia e todas as liturgias desenvolveram a oração de agradecimento pronunciada sobre o pão e sobre o vinho [...]. Aquilo que a Igreja celebra na Missa não é a Última Ceia, mas o que o Senhor, durante a Última Ceia, instituiu e confiou à Igreja: o memorial da sua morte sacrificial" (*Messe im Gottesvolk*, p. 24).

Está de acordo com isso a constatação histórica de que, "em toda a tradição do cristianismo, depois da separação da Eucaristia de um verdadeiro banquete (quando aparece 'partir o pão' e 'Ceia do Senhor') até a Reforma do século XVI, nunca se usou, para a celebração da Eucaristia, um nome que significasse 'banquete'" (p. 23, nota 73).

Mas, para a formação do culto cristão, é determinante ainda outro elemento. Com base na sua certeza de ser atendido, já na Última Ceia o Senhor dera aos discípulos o seu corpo e o seu sangue como dom da ressurreição: cruz e ressurreição fazem parte da Eucaristia, que não seria ela mesma sem aquelas. Mas, visto que o dom de Jesus é essencialmente um dom radicado na ressurreição, na celebração do sacramento devia necessariamente estar a memória da ressurreição. O primeiro encontro com o Ressuscitado aconteceu na manhã do primeiro dia da semana – o terceiro dia depois da morte de Jesus – e, por conseguinte, na manhã de domingo. Assim, a manhã do primeiro dia tornava-se espontaneamente o momento do culto cristão, o domingo, o "Dia do Senhor".

Essa determinação cronológica da liturgia cristã, que ao mesmo tempo define a sua natureza íntima e a sua forma, teve lugar muito cedo. Assim, em Atos 20,6-11, a narração de uma testemunha ocular fala-nos da viagem de São Paulo e seus companheiros para Tróade e diz: "No primeiro dia da semana, estando nós reunidos para a divisão do pão..." (20,7). Isso significa que, já no período dos Apóstolos, a "divisão do pão" tinha sido fixada na manhã do dia da ressurreição: a Eucaristia era celebrada como encontro com o Ressuscitado.

Nesse contexto, há que colocar também a decisão de Paulo de efetuar a coleta para Jerusalém sempre no "primeiro dia da semana" (cf. 1 Cor 16,2). É verdade que aqui não se fala da celebração eucarística, mas obviamente o domingo é o dia da assembleia da comunidade de Corinto e, assim, evidentemente, também o dia do seu culto. Finalmente, em Apocalipse 1,10, encontramos pela primeira vez a expressão "Dia do Senhor" para designar o domingo. A nova articulação cristã da semana aparece claramente modelada. O dia da ressurreição é o Dia do Senhor e, desse modo, também o dia dos seus discípulos, da Igreja. No fim do século I, a tradição já está claramente fixada, quando, por exemplo, a *Didachē* (pelo ano 100), como se de uma coisa totalmente óbvia se tratasse, afirma: "No Dia do Senhor reuni-vos, parti o pão e dai graças, depois de ter primeiro confessado os pecados" (14,1). Para Inácio de Antioquia († aprox. 110), a vida "segundo o Dia do Senhor" já é a característica distintiva dos cristãos em face daqueles que celebram o sábado (*Ad Magn.* 9,1).

Era lógico que se ligasse à celebração eucarística a liturgia da Palavra – leitura da Escritura, explicação e oração –, inicialmente realizada ainda na sinagoga. E assim, no início do século II, a formação do culto cristão, nas suas componentes essenciais, estava concluída. Esse processo de desenvolvimento faz parte da própria instituição. Como se disse, a instituição pressupõe a ressurreição e, desse modo também, a comunidade viva, que, sob a guia do Espírito de Deus, dá ao dom do Senhor a sua forma na vida dos fiéis.

Um arcaísmo, que quisesse regressar ao tempo antes da ressurreição e da sua dinâmica e imitar apenas a Última Ceia, não corresponderia de forma alguma à natureza do dom, que o Senhor deixou aos discípulos. O dia da ressurreição é o lugar exterior e interior do culto cristão, e a ação de graças como antecipação criadora da ressurreição por parte de Jesus é a maneira como o Senhor faz de nós pessoas que dão graças com Ele, a maneira como Ele, no dom, nos abençoa e envolve na transformação, que a partir dos dons deve alcançar-nos e expandir-se no mundo, "até que Ele venha" (1 Cor 11,26).

CAPÍTULO 6

Getsêmani

1. A caminho do monte das Oliveiras

"Depois de terem cantado o salmo, saíram para o monte das Oliveiras": com essas palavras, Mateus e Marcos concluem as suas narrações da Última Ceia (Mt 26,30; Mc 14,26). A última refeição de Jesus – ceia pascal ou não – é sobretudo um fato cultual. No centro dele está a oração de agradecimento e louvor e, no fim, ele desemboca novamente na oração. Tendo rezado, Jesus sai com os Seus na noite, que recorda de perto aquela noite em que foram mortos os primogênitos do Egito e Israel foi salvo graças ao sangue do cordeiro (cf. Ex 12), sai na noite em que Ele deve assumir sobre Si o destino do cordeiro.

Supõe-se que Jesus, na perspectiva da Páscoa que Ele acabava de celebrar a seu modo, tenha cantado talvez alguns Salmos do *hallèl* (113-118 e 136), nos quais se agradece a Deus pela libertação de Israel do Egito; mas neles se fala também da pedra rejeitada pelos construtores, que agora prodigiosamente se tornou pedra angular. Nesses Salmos, a história passada torna-se sempre de novo realidade presente. O agradecimento pela libertação é simultaneamente uma imploração de ajuda no meio de tribulações e ameaças sempre novas; e, na afirmação acerca da pedra rejeitada, tornam-se presentes conjuntamente a escuridão e a promessa daquela noite.

Jesus recita com os seus discípulos os Salmos de Israel: trata-se de um dado fundamental para a compreensão não só da figura de Jesus, mas também dos próprios Salmos, que, em certo aspecto, n'Ele ganham um novo sujeito, um novo modo de presença e, ao mesmo tempo, um alargamento além de Israel, em direção à universalidade.

Como veremos, surge aqui também uma nova visão da figura de Davi: no Saltério canônico, Davi é considerado o autor principal dos Salmos. Desse modo aparece como aquele que guia e inspira a oração de Israel, aquele que assume todos os sofrimentos e as esperanças de Israel, carrega-as consigo e transforma-as em oração. Por isso, Israel pode continuamente rezar com ele e exprimir-se a si mesmo nos Salmos, dos quais, em cada escuridão, não cessa de receber também nova esperança. Na Igreja nascente, rapidamente se começa a considerar Jesus como o novo, o verdadeiro Davi; e, assim, os Salmos, sem ruptura e, todavia, de modo novo, podiam ser recitados como oração em comunhão com Jesus Cristo. Essa maneira cristã de rezar com os Salmos – uma maneira que se desenvolveu rapidamente – foi explicada de forma perfeita por Agostinho, ao dizer que, nos Salmos, é sempre Cristo que fala, umas vezes como Cabeça outras como Corpo (veja-se, por exemplo, *En. in Ps.* 60,1s; 61,4; 85,1.5). Mas, por intermédio d'Ele – Jesus Cristo –, somos agora um único sujeito e podemos assim, juntamente com Ele, falar verdadeiramente com Deus.

Esse processo da assunção e da transposição, que tem início com a oração dos Salmos por parte de Jesus, é característico para a unidade dos dois Testamentos, como Ele no-la ensina. Jesus reza em perfeita comunhão com Israel e, contudo, Ele mesmo é Israel de um modo novo: a Páscoa antiga aparece agora como um grande esboço antecipado. De fato, a nova Páscoa é o próprio Jesus e a verdadeira "libertação" realiza--se agora por meio do seu amor, que abraça a humanidade inteira.

Essa simbiose de fidelidade e novidade, que pudemos verificar na figura de Jesus ao longo de todos os capítulos deste livro, manifesta--se também em outro detalhe da narração do monte das Oliveiras. Nas noites anteriores, Jesus retirara-Se para Betânia; mas nessa noite, que celebra como a sua noite de Páscoa, respeita a prescrição de não abandonar o território da cidade de Jerusalém, cujos confins para tal noite tinham sido ampliados para dar a todos os peregrinos a possibilidade de serem fiéis a essa lei. Jesus observa a norma, mas precisamente desse modo vai conscientemente ao encontro do traidor e da hora da Paixão.

Se desse ponto lançarmos retrospectivamente um olhar sobre o caminho inteiro de Jesus, vemos também aqui o mesmo entrelaçamento de fidelidade e total novidade: Jesus é "observante". Celebra, com os outros, as festas judaicas; reza no templo; atém-Se a Moisés e aos profetas. Mas ao mesmo tempo tudo se faz novo: desde a sua explicação do Sábado (cf. Mc 2,27; a esse propósito, ver pp. 104-109 da Parte I), passando pelas prescrições relativas à pureza ritual (cf. Mc 7), pela nova interpretação do Decálogo no Sermão da Montanha (cf. Mt 5,17-48), até a purificação do templo (cf. Mt 21,12-13 e paralelos), que antecipa o fim do templo de pedra e anuncia o novo templo, a nova adoração "em espírito e verdade" (Jo 4,24).

Vimos que isso está em profunda continuidade com a vontade originária de Deus e, ao mesmo tempo, é a reviravolta decisiva da história das religiões, reviravolta que se torna realidade na cruz. Ora, foi precisamente a última intervenção – a purificação do templo – que contribuiu de maneira essencial para a sua condenação à morte na cruz, e desse modo concreto se cumpriu a sua profecia, teve início o culto novo.

"E foram a um lugar cujo nome é Getsêmani. E Ele disse a Seus discípulos: 'Sentai-vos aqui, enquanto vou orar'" (Mc 14,32). A esse respeito, observa Gerhard Kroll: "No tempo de Jesus, encontrava-se nesta porção da encosta do monte das Oliveiras uma quinta com um lagar onde se espremiam as azeitonas [...]. Este dava à quinta o nome de Getsêmani [...]. Muito perto havia uma grande caverna natural, que podia proporcionar a Jesus e aos seus discípulos um abrigo seguro, embora não muito cômodo para a noite" (p. 404). Já no fim do século IV, a peregrina Egéria encontrava aqui uma "magnífica igreja", que, na sucessão tempestuosa dos tempos, foi à ruína, tendo sido redescoberta pelos franciscanos no século XX. "A atual igreja da agonia de Jesus, completada em 1924, engloba, de novo, juntamente com o espaço da '*ecclesia elegans*' [a igreja da peregrina Egéria] a rocha sobre a qual, segundo a tradição, [...] orou Jesus" (Kroll, p. 410).

Trata-se de um dos lugares mais veneráveis do cristianismo. Certamente as árvores não remontam ao tempo de Jesus; durante o cerco de Jerusalém, Tito fez abater todas as árvores dos arredores da cidade. Mas o monte das Oliveiras é o mesmo de então. Quem lá se detém, encontra-se diante de um ápice dramático do mistério do nosso Redentor: aqui Jesus experimentou a solidão extrema, toda a tribulação de ser homem. Aqui o abismo do pecado e de todo o mal penetrou até o mais fundo da sua alma. Aqui foi assaltado pela turvação da morte iminente. Aqui, beijou-O o traidor. Aqui todos os discípulos O abandonaram. Aqui Ele lutou também por mim.

São João retoma todas essas experiências e dá ao lugar uma interpretação teológica, dizendo: "Do outro lado da torrente do Cédron, havia ali um jardim" (18,1). A mesma palavra-chave aparece de novo no fim da narração da Paixão: "Havia um jardim, no lugar onde Ele fora crucificado e, no jardim, um sepulcro novo, no qual ninguém fora ainda colocado" (19,41). É evidente que João, com a palavra "jardim", alude à narração do Paraíso e do pecado original. Quer dizer-nos que aquela história é retomada aqui. No "jardim" acontece a traição, mas o jardim é também o lugar da ressurreição. De fato, no jardim, Jesus aceitou completamente a vontade do Pai, assumiu-a e assim inverteu a história.

Depois da oração comum dos Salmos, ainda no caminho para o lugar do repouso noturno, Jesus faz três profecias.

Aplica a Si mesmo a profecia de Zacarias, que dissera que o "pastor" haveria de ser ferido, isto é, morto, e, como consequência, as ovelhas se dispersariam (cf. Zc 13,7; Mt 26,31). Numa misteriosa visão, Zacarias aludira a um Messias que sofre a morte e a uma consequente nova dispersão de Israel. Só por meio dessas tribulações extremas é que ele esperava a salvação da parte de Deus. A essa visão, em si mesma obscura e orientada para um futuro incógnito, Jesus dá uma forma concreta: sim, o Pastor é ferido. O próprio Jesus é o Pastor de Israel, o Pastor da humanidade. E Ele toma sobre Si a injustiça, a carga devastadora da culpa. Deixa-Se ferir. Coloca-Se da parte dos vencidos da história. Mas isso significa que, naquela hora, também a comunidade dos discípulos se dispersa, que essa nova família de Deus, acabada de nascer, se esfacela ainda antes de ter começado verdadeiramente a estabelecer-se. "O bom Pastor dá Sua vida pelas Suas ovelhas" (Jo 10,11). Essa palavra de Jesus, com base em Zacarias, aparece numa nova luz: chegou a hora da sua realização.

Mas, à profecia de desgraça segue-se imediatamente a promessa de salvação: "Mas, depois que Eu ressurgir, Eu vos precederei na Galileia" (Mc 14,28). "Preceder" é uma palavra típica da linguagem dos pastores. Jesus, depois de passar pela morte, de novo viverá. Como Ressuscitado, Ele é plenamente aquele Pastor que, por meio da morte, conduz pela estrada da vida. As duas coisas pertencem ao Bom Pastor: dar a própria vida e ir à frente. Aliás, o dar a vida constitui o ir à frente. Precisamente por meio desse dar a vida é que Ele nos conduz. Precisamente, por meio desse "dar", Ele abre a porta para a vastidão da realidade. Por meio da dispersão, verifica-se a reunião definitiva das ovelhas. Por conseguinte, no início da noite no monte das Oliveiras, acha-se a palavra obscura do ferir e do dispersar-se, mas também a promessa de que é precisamente assim que Jesus Se manifestará como o verdadeiro Pastor, reunirá os dispersos e os conduzirá para Deus introduzindo-os na vida.

A terceira profecia é uma nova variação das discussões com Pedro que ocorreram na Última Ceia. Pedro não presta atenção à profecia da ressurreição. Fixa apenas o anúncio da morte e dispersão, e isso lhe dá ocasião de exibir a sua coragem inabalável e a sua fidelidade radical em relação a Jesus. Dado que é contrário à cruz, não pode compreender a palavra sobre a ressurreição, e queria – como já se viu em Cesareia de Filipe – o sucesso sem a cruz. Confia nas suas próprias forças.

Quem poderia negar que o seu comportamento espelhe a tentação contínua dos cristãos, aliás, mesmo da Igreja: chegar ao sucesso sem a cruz? Assim, é preciso anunciar-lhe a sua fragilidade, a tríplice negação. Ninguém, por si mesmo, é suficientemente forte para percorrer o caminho da salvação até o fim. Todos pecaram. Todos precisam da misericórdia do Senhor, do amor do Crucificado (cf. Rm 3,23-24).

2. A oração do Senhor

Segue-se agora a oração no monte das Oliveiras, da qual temos cinco versões: primeiramente, as três dos evangelhos sinóticos (cf. Mt 26,36-46; Mc 14,32-42; Lc 22,39-46); juntam-se a elas um breve texto no Evangelho de João, embora inserido pelo evangelista na coleção dos discursos proferidos no templo durante o Domingo de Ramos (cf. 12,27-28); e, por fim, um texto da Carta aos Hebreus, baseado em uma tradição particular (cf. 5,7-10). Procuremos agora, numa observação conjunta dos textos, aproximar-nos na medida do possível do mistério daquela hora de Jesus.

Depois da recitação ritual dos Salmos em comum, Jesus reza sozinho, como tantas noites o fizera antes. Todavia deixa perto de Si o grupo dos três (já conhecido de outros contextos, particularmente da narração da Transfiguração): Pedro, Tiago e João. Assim, eles, apesar de repetidamente dominados pelo sono, tornam-se testemunhas da sua luta noturna. Marcos conta-nos que Jesus começa a "apavorar-se e angustiar-se". O Senhor diz aos discípulos: "A minha alma está triste até a morte. Permanecei aqui e vigiai" (14,33-34).

O apelo à vigilância constituiu um tema fundamental já no anúncio em Jerusalém, e agora aparece com uma urgência muito imediata. Mas, apesar de se referir precisamente àquela hora, tal apelo remete de antemão para a história futura do cristianismo. A sonolência dos discípulos permanece, ao longo dos séculos, a ocasião favorável para o poder do mal. Essa sonolência é um entorpecimento da alma, que não se alarma com o poder do mal no mundo, com toda a injustiça e com todo o sofrimento que devastam a terra. É um embotamento que prefere não se dar conta de tudo isso; tranquiliza-se com o pensamento de que tudo, no fundo, não é assim tão grave, podendo desse modo continuar a se autocomprazer na sua própria vida saturada. Mas esse embotamento das almas, essa falta de vigilância, seja quanto à proximidade de Deus, seja quanto à força ameaçadora do mal, confere ao maligno um poder no mundo. Diante dos discípulos sonolentos e não propensos a alarmar-se, o Senhor diz de Si mesmo: "A minha alma está triste até a morte". Trata-se de uma palavra do Salmo 43,5, na qual ressoam outras expressões dos Salmos.

Mesmo na sua Paixão – tanto no monte das Oliveiras como na cruz – Jesus fala de Si e fala a Deus Pai com palavras dos Salmos. Mas essas palavras, tiradas dos Salmos, tornaram-se totalmente pessoais, palavras absolutamente próprias de Jesus na sua tribulação: Ele é realmente o verdadeiro orante desses Salmos, o seu verdadeiro sujeito. Aqui se identificam a oração muito pessoal e o rezar com as palavras de súplica do Israel crente e sofredor.

Depois dessa exortação à vigilância, Jesus afasta-Se um pouco. Começa verdadeira e propriamente a oração do monte das Oliveiras. Mateus e Marcos dizem-nos que Jesus caiu de rosto por terra: é a posição de oração que exprime a extrema submissão à vontade de Deus, o abandono mais radical a Ele; uma posição que a liturgia ocidental prevê ainda na Sexta-Feira Santa, na Profissão Monástica e também na Ordenação Diaconal e nas Ordenações Presbiteral e Episcopal.

Diversamente, Lucas diz que Jesus reza de joelhos. Desse modo, tomando por base a posição de oração, insere essa luta noturna de Jesus no contexto da história da oração cristã: Estêvão, durante a lapidação, dobra os joelhos e reza (cf. At 7,60); Pedro ajoelha-se antes de ressuscitar Tabita da morte (cf. At 9,40); Paulo ajoelha-se, quando se despede dos anciãos de Éfeso (cf. At 20,36), e outra vez quando os discípulos lhe dizem para não subir a Jerusalém (cf. At 21,5). A propósito, diz A. Stöer: "Todos eles, perante a morte, rezam de joelhos; o martírio não pode ser superado senão pela oração. Jesus é o modelo dos mártires" (*Das Evangelium nach Lukas*, p. 247).

Segue-se a oração verdadeira e propriamente dita, na qual está presente todo o drama da nossa redenção. Marcos começa por dizer, numa espécie de sumário, que Jesus orava para que, "se possível, passasse d'Ele a hora" (14,35). Depois cita assim a frase essencial da oração de Jesus: "Abba! Ó Pai! Tudo é possível para Ti: afasta de Mim este cálice; porém não o que Eu quero, mas o que Tu queres" (14,36).

Nessa oração de Jesus, podemos distinguir três elementos. Primeiro, a experiência primitiva do medo, a turvação diante do poder da morte, o pavor perante o abismo do nada, que O faz tremer, ou melhor, segundo Lucas, que O faz suar gotas de sangue (cf. 22,44). Em João (cf. 12,27), essa turvação é expressa, como nos sinóticos, aludindo ao Salmo 43,5, mas com uma palavra que torna particularmente evidente o caráter abissal do medo de Jesus: *tetáraktai* – é a mesma palavra, *tarássein*, que João usa para descrever a perturbação profunda de Jesus perante o túmulo de Lázaro (cf. 11,33) e também a sua perturbação interior no Cenáculo ao anunciar a traição de Judas (cf. 13,21).

Ao dizer isso, não há dúvida de que João exprime a angústia primitiva da criatura diante da morte que se aproxima, mas trata-se de algo mais: é a turvação particular d'Aquele que é a própria Vida diante do abismo de todo o poder da destruição, do mal, daquilo que se opõe a Deus e que agora Lhe cai diretamente em cima, que Ele de modo imediato deve agora tomar sobre Si, ou melhor, deve acolher dentro de Si até o ponto de ser pessoalmente "feito pecado" (2 Cor 5,21).

Precisamente porque é o Filho, vê com extrema clareza toda a amplitude da maré imunda do mal, todo o poder da mentira e da soberba, toda a astúcia e a atrocidade do mal, que se apresenta com a máscara da vida, mas serve continuamente à destruição do ser, à deturpação e ao aniquilamento da vida. Precisamente porque é o Filho, sente profundamente o horror, toda a imundície e perfídia que deve beber naquele "cálice" que Lhe está destinado: todo o poder do pecado e da morte. Ele tem de acolher tudo isso dentro de Si mesmo, para que n'Ele fique despojado de poder e superado.

Com razão diz Bultmann: aqui, Jesus é "não só o protótipo no qual se torna visível de modo exemplar a conduta exigida do homem [...], mas também, sobretudo, o revelador, cuja decisão, enfim, torna possível ao ser humano decidir-se por Deus, numa hora como esta" (p. 328). A angústia de Jesus é algo de muito mais radical que a angústia que assalta todo homem face à morte: é o próprio duelo entre luz e trevas, entre vida e morte – o verdadeiro drama da escolha que caracteriza a história humana. Nesse sentido, como fez Pascal, podemos aplicar também a nós, de modo muito pessoal, o sucedido no monte das Oliveiras: também o meu pecado estava presente naquele cálice pavoroso. "Aquelas gotas de sangue, derramei-as por ti": são as palavras que Pascal ouve dirigidas a si pelo Senhor em agonia no monte das Oliveiras (cf. *Pensées*, VII, 553).

As duas partes da oração de Jesus apresentam-se como a contraposição de duas vontades: há a "vontade natural" do homem Jesus, que se insurge contra o aspecto monstruoso e fatal do acontecimento e quer pedir que o cálice "passe ao largo"; e há a "vontade do Filho", que Se abandona totalmente à vontade do Pai. Se quisermos procurar compreender o mais possível esse mistério das "duas vontades", é útil lançar de novo um olhar à versão joanina daquela oração. Em João, encontramos também os dois pedidos de Jesus: "Pai, salva-Me desta hora" e "Pai, glorifica o Teu nome" (12,27.28).

Em João, a relação entre os dois pedidos não é fundamentalmente diferente da que encontramos nos sinóticos. A tribulação da alma humana de Jesus ("Minha alma está agora conturbada"; Bultmann traduz "tenho medo", p. 327) impele-O a pedir para ser salvo daquela hora. Mas a consciência que tem da sua missão, isto é, o fato de Ele ter vindo precisamente para aquela hora, O faz pronunciar o segundo pedido, ou seja, que Deus glorifique o seu nome: precisamente a cruz, a aceitação da sua realidade horrível, o entrar na ignomínia do aniquilamento da dignidade pessoal, na ignomínia de uma morte infame é que se torna a glorificação do nome de Deus. De fato, é precisamente assim que Deus Se torna manifesto naquilo que é: o Deus que, no abismo do seu amor, doando-Se a Si mesmo, contrapõe a todas as forças do mal o verdadeiro poder do bem. Jesus pronunciou ambos os pedidos, mas o primeiro, ou seja, o de ser "salvo", está amalgamado com o segundo, que pede a glorificação de Deus na realização da sua vontade; desse modo, o contraste no íntimo da existência humana de Jesus é conduzido à unidade.

3. A vontade de Jesus e a vontade do Pai

Mas que quer dizer isso? Que significa "minha" vontade contraposta à "tua" vontade? Quem são aqueles que se enfrentam? O Pai e o Filho? Ou o Homem Jesus e Deus, o Deus trinitário? Em nenhuma outra parte de Sagrada Escritura, sondamos tão profundamente dentro do mistério interior de Jesus como na oração do monte das Oliveiras. Por isso, não foi por acaso que a apaixonada busca da Igreja antiga, para compreender a figura de Jesus Cristo, encontrou a sua forma conclusiva na reflexão, guiada pela fé, sobre a oração do monte das Oliveiras.

Neste ponto, convém talvez lançar um olhar muito rápido sobre a cristologia da Igreja antiga, para compreender a sua ideia da ligação entre vontade humana e divina na figura de Jesus Cristo. O Concílio de Niceia (325) esclarecera o conceito cristão de Deus. As três Pessoas – Pai, Filho e Espírito Santo – são uma coisa só na única "substância" de Deus. Mais de cem anos depois, o Concílio de Calcedônia (451) procurou fixar conceitualmente a união da divindade e da humanidade em Jesus Cristo com a formulação de que, n'Ele, a única Pessoa do Filho de Deus abraça e sustenta as duas naturezas – a humana e a divina – "sem confusão nem separação".

Assim, mantém-se a infinita diferença entre Deus e homem, Criador e criatura: a humanidade continua humanidade e a divindade continua divindade. Em Jesus, a humanidade não é absorvida ou reduzida pela divindade. A humanidade existe inteiramente como tal e, todavia, é sustentada pela Pessoa divina do *Logos*. Ao mesmo tempo, na diversidade não anulada das naturezas, exprime-se, por meio da expressão "*única* Pessoa", a unidade radical na qual Deus, em Cristo, entrou com o homem. Esta fórmula – duas naturezas, uma única Pessoa – foi criada pelo papa Leão Magno com uma intuição que ultrapassava em muito aquele momento histórico e logo encontrou o assentimento entusiasta dos padres conciliares.

Mas essa fórmula constituía uma antecipação: o seu significado concreto não fora ainda sondado até o fundo. Que quer dizer "natureza"? E, sobretudo, que quer dizer "pessoa"? Dado que isso não fora de modo algum esclarecido, depois de Calcedônia, muitos bispos disseram que preferiam a maneira de pensar dos pescadores à de Aristóteles; a fórmula permaneceu obscura. Por isso, a recepção de Calcedônia avançou de modo muito intrincado e por entre renhidos litígios. No fim, ficou a divisão: só as Igrejas de Roma e de Bizâncio é que aceitaram definitivamente o Concílio e a sua fórmula. Alexandria (Egito) preferia manter a fórmula "uma natureza divinizada" (monofisismo); no Oriente, a Síria permaneceu cética diante do conceito "uma única pessoa", já que parecia comprometer a humanidade real de Jesus (nestorianismo). Mais do que os conceitos, porém, influenciavam certos tipos de devoção, que se opunham uns aos outros e acentuavam o contraste com o ímpeto dos sentimentos religiosos, tornando-o assim insolúvel.

O Concílio ecumênico de Calcedônia permanece, para a Igreja de todos os tempos, a indicação vinculativa do caminho que introduz no mistério de Jesus Cristo. Mas deve ser acolhido novamente no contexto do nosso pensamento, em que os conceitos de natureza e de pessoa assumiram um significado diferente do de então. Esse esforço por um novo acolhimento deve caminhar lado a lado com o diálogo ecumênico que se deve promover com as Igrejas pré-calcedonenses para reencontrar a unidade perdida precisamente no centro da fé, na confissão de Deus que Se fez homem em Jesus Cristo.

Na grande luta que se desenvolveu depois de Calcedônia, sobretudo em ambiente bizantino, tratava-se essencialmente desta questão: se em

Jesus há apenas uma única pessoa divina que abraça as duas naturezas, então em que situação se encontra a natureza humana? Pode esta, sustentada pela única pessoa divina, subsistir verdadeiramente como tal na sua particularidade e essencialidade? Não deve porventura ser necessariamente absorvida pelo divino, pelo menos na sua parte mais elevada, a vontade? E assim a última das grandes heresias cristológicas chama-se "monotelismo". Diz: por causa da unidade da pessoa, só pode existir *uma única* vontade; uma pessoa com duas vontades seria esquizofrênica. No fim de contas, a pessoa manifesta-se na vontade, e se há uma pessoa só, então não pode haver senão *uma só* vontade. Mas contra isso surge a questão: que homem é aquele que não possui uma vontade humana própria? Um homem sem vontade é verdadeiramente homem? Deus ter-se-ia verdadeiramente feito homem em Jesus, se este homem depois não tivesse uma vontade?

O grande teólogo bizantino Máximo, o Confessor († 662), elaborou a resposta a essa pergunta durante o esforço por compreender a oração de Jesus no monte das Oliveiras. Máximo é em primeiro lugar e sobretudo um decidido adversário do monotelismo: a natureza humana de Jesus não fica amputada por causa da sua unidade com o *Logos*, mas continua completa. E a vontade faz parte da natureza humana. Mas essa dualidade indispensável em Jesus, um querer humano e um querer divino, não deve levar à esquizofrenia de uma dupla personalidade. Por isso, natureza e pessoa devem ser vistas cada qual no seu próprio modo de ser. Isso significa: existe em Jesus a "vontade natural" da natureza humana, mas há *uma só* "vontade da pessoa", que acolhe em si mesma a "vontade natural". E isso é possível sem a destruição do elemento essencialmente humano, porque, a partir da criação, a vontade humana está orientada para a divina. Quando adere à vontade divina, a vontade humana encontra a sua realização e não a sua destruição. A propósito, Máximo diz que a vontade humana, segundo a criação, tende para a sinergia (a cooperação) com a vontade de Deus, mas, por causa do pecado, a sinergia transformou-se em oposição. O homem, cuja vontade se realiza aderindo à vontade de Deus, agora sente a sua liberdade ameaçada pela vontade de Deus. Vê, no "sim" à vontade de Deus, não a possibilidade de ser plenamente ele mesmo, mas a ameaça para a sua liberdade, contra a qual opõe resistência.

O drama do monte das Oliveiras consiste no fato de a vontade natural do homem ser reconduzida por Jesus da oposição à sinergia, e assim restabelece o homem na sua grandeza. Na vontade humana natural de Jesus está, por assim dizer, presente n'Ele mesmo toda a resistência da natureza humana contra Deus. A obstinação de todos nós, toda a oposição contra Deus está presente, e Jesus, lutando, arrasta a natureza recalcitrante para o alto na direção da sua verdadeira essência.

A esse respeito, Christoph Schönborn diz que "a passagem do contraste entre as duas vontades à sua comunhão se dá por meio da cruz da obediência. Na agonia do Getsêmani, realiza-se essa passagem" (*Christus-Ikone*, p. 131). Assim, a oração "não se faça a minha vontade, mas a Tua" (Lc 22,42) é verdadeiramente uma oração do Filho ao Pai, na qual a vontade humana natural foi totalmente arrastada para dentro do Eu do Filho, cuja essência se exprime precisamente no "não Eu, mas Tu", no abandono total do Eu ao Tu de Deus Pai. Mas, este "Eu" acolheu em Si a oposição da humanidade e transformou-a, de tal modo que agora, na obediência do Filho, estamos presentes todos nós, somos todos arrastados para dentro da condição de filhos.

Desse modo, chegamos ao último ponto dessa oração, à sua verdadeira chave de compreensão, à invocação: "Abba! Ó Pai" (Mc 14,36). Em 1966, Joachim Jeremias escreveu um livro importante sobre essa palavra de oração de Jesus, um livro do qual quero citar dois pensamentos essenciais: "Enquanto na literatura judaica de oração não existe qualquer prova da invocação *Abba* dirigida a Deus, Jesus – à exceção do grito lançado da cruz (ver Mc 15,34 e paralelos) – chamou Deus sempre assim. Estamos, pois, diante de um sinal absolutamente evidente da *ipsissima vox Iesu*" (*Abba*, p. 59). Além disso, Jeremias demonstra que esta palavra "*Abba*" pertence à linguagem das crianças: é o modo como, em família, a criança se dirige ao pai. "Para a sensibilidade judaica, teria sido irreverente e, por conseguinte, impensável dirigir-se a Deus com essa palavra familiar. Era uma coisa nova e inaudita que Jesus ousasse dar esse passo. Ele falava com Deus assim como a criança fala com o pai. [...] O *Abba* da invocação usada por Jesus para Deus revela a essência íntima da sua relação com Deus" (p. 63). Por isso é absolutamente absurdo que alguns teólogos pensem que, na oração do monte das Oliveiras, o Homem Jesus Se tenha dirigido ao Deus trinitário. Não, aqui fala precisamente o Filho, que assumiu em Si mesmo toda a vontade humana e transformou-a em vontade do Filho.

4. A oração de Jesus no monte das Oliveiras, segundo a Carta aos Hebreus

Por último, devemos ainda debruçar-nos sobre o texto da Carta aos Hebreus que diz respeito ao monte das Oliveiras. Lê-se nela: "Nos dias da sua vida mortal, Cristo dirigiu preces e súplicas, com um forte brado e com lágrimas, Àquele que O podia livrar da morte e, por causa da sua piedade, foi atendido" (5,7). Nesse texto, é possível reconhecer uma tradição autônoma sobre o acontecimento do Getsêmani, já que, nos Evangelhos, não se fala de forte brado e de lágrimas.

Com certeza, devemos ter presente que o autor não se refere, obviamente, apenas à noite do Getsêmani, mas ao caminho inteiro da Paixão de Jesus até a crucifixão, portanto até aquele momento em que, segundo nos dizem Mateus e Marcos, Jesus proclamou "com voz forte" as palavras iniciais do Salmo 22. Ambos os evangelistas nos dizem também que Jesus expirou com um forte brado; Mateus usa explicitamente a palavra "brado" (27,50). Das lágrimas de Jesus, fala João por ocasião da morte de Lázaro e o faz em relação à "turvação" de Jesus, que aparece descrita com a mesma palavra usada na narração do monte das Oliveiras para a sua angústia, de que fala João no contexto do Domingo de Ramos.

Trata-se sempre do encontro de Jesus com as forças da morte, cujo abismo Ele, sendo o Santo de Deus, percebe em toda a sua profundidade e hediondez. Assim, a Carta aos Hebreus vê toda a Paixão de Jesus, desde o monte das Oliveiras até o último brado na cruz, permeada pela oração, como uma única e ardente súplica a Deus pela vida contra o poder da morte.

Dessa maneira, se a Carta aos Hebreus considera a Paixão inteira de Jesus como uma luta, na oração, com Deus Pai e simultaneamente com a natureza humana, manifesta de modo novo a profundidade teológica da oração no monte das Oliveiras. Para a Carta, esse bradar e suplicar constitui a realização do Sumo Sacerdócio de Jesus. É precisamente no seu bradar, chorar e rezar que Jesus faz o que é próprio do Sumo Sacerdote: Ele leva o tormento de ser homem para o alto rumo a Deus. Leva o homem à presença de Deus.

Com duas palavras, o autor da Carta aos Hebreus evidenciou essa dimensão da oração de Jesus. A palavra "levar" (*prosphérein*: levar diante de Deus, levar para o alto – cf. Hb 5,1) é uma expressão da terminologia do culto sacrificial. Com isso, Jesus realiza o que de mais fundo acontece no ato do sacrifício. "Ofereceu-Se para fazer a vontade do Pai": comenta Albert Vanhoye (*Accogliamo Cristo*, p. 71). A segunda palavra, importante aqui, diz que Jesus aprendeu a obediência daquilo que sofreu e desse modo "Se tornou perfeito" (cf. Hb 5,8-9). Vanhoye observa que o termo "tornar perfeito" (*teleioũn*) no Pentateuco – os cinco livros de Moisés – é usado exclusivamente no significado de "consagrar sacerdote" (p. 75). A Carta aos Hebreus adota essa terminologia (cf. 7,11.19.28). Portanto, esse texto diz que a obediência de Cristo, o "sim" extremo ao Pai, a que Ele chega, na luta interior no monte das Oliveiras, por assim dizer O "consagrou sacerdote"; nisso mesmo, na sua autodoação, no levar a humanidade para o alto rumo a Deus, Cristo tornou-Se sacerdote no verdadeiro sentido "segundo a ordem de Melquisedec" (cf. Hb 5,9-10; ver Vanhoye, *Accogliamo Cristo*, pp. 74-75).

Mas agora devemos embrenhar-nos na afirmação central da Carta aos Hebreus quanto à oração do Senhor no sofrimento. O texto diz que Jesus dirigiu súplicas Àquele que O podia salvar da morte e, "por causa da sua piedade, foi atendido" (5,7). Mas Ele foi verdadeiramente atendido? Na verdade, morreu na cruz! Assim, Harnack defendeu que aqui deveria ter-se perdido um "não"; e Bultmann segue-o. Mas a explicação que vira o texto ao contrário não é uma explicação. Em vez disso, devemos procurar compreender esse modo misterioso de "atendimento", para, assim, aproximarmo-nos também do mistério da nossa salvação.

Podem-se individuar diversas dimensões de tal atendimento. Uma possível tradução desse texto seria: "Foi atendido e liberto da sua angústia". Isso corresponderia ao texto de Lucas, segundo o qual veio um anjo e confortava-O (cf. 22,43). Nesse caso, tratar-se-ia da força interior que foi dada a Jesus na oração, de tal modo que depois Ele foi capaz de enfrentar decididamente a prisão e a Paixão. Obviamente, porém, o texto significa mais do que isto: o Pai levantou-O da noite da morte. Na ressurreição, salvou-O definitivamente da morte para sempre: Jesus não morre mais (cf. Vanhoye, pp. 71-72). Mas provavelmente o texto significa *ainda* mais. A ressurreição não é apenas a salvação pessoal de Jesus da morte. De fato, Ele não Se encontrou nesta morte só para Si. A sua morte foi um morrer "pelos outros"; tratou-se da superação da morte como tal.

Seguramente, desse modo pode-se compreender o atendimento também a partir do texto paralelo em João 12,27-28, na qual à oração de Jesus "Pai, glorifica o Teu nome", a voz do Céu responde: "Eu O glorifiquei e O glorificarei novamente". A própria cruz tornou-se glorificação de Deus, manifestação da glória de Deus no amor do Filho. Essa glória ultrapassa o momento e permeia a história na sua vastidão inteira. Essa glória é vida. Na própria cruz aparece, de modo velado e todavia insistente, a glória de Deus, a transformação da morte em vida.

Da cruz, vem ao encontro dos homens uma vida nova. Na cruz, Jesus torna-Se fonte de vida para Si mesmo e para todos. Na cruz, a morte é vencida. O atendimento de Jesus diz respeito à humanidade no seu todo: a sua obediência torna-se vida para todos. E assim esse texto da Carta aos Hebreus conclui, coerentemente, com estas palavras: Jesus "tornou-Se, para todos aqueles que Lhe obedecem, causa de salvação eterna, Ele, que foi proclamado por Deus sumo sacerdote segundo a ordem de Melquisedec" (5,9; cf. Sl 110,4).

CAPÍTULO 7

O processo de Jesus

Segundo a narração dos quatro Evangelhos, a oração noturna de Jesus terminou quando, guiada por Judas, chegou uma milícia armada, às ordens das autoridades do templo, e prendeu Jesus, enquanto os discípulos não foram molestados.

Como se chegou a essa prisão, obviamente decretada pelas autoridades do templo, em última análise pelo sumo sacerdote Caifás? Como se chegou à entrega de Jesus ao tribunal do governador romano Pilatos e à condenação à morte na cruz?

Os Evangelhos permitem-nos distinguir três etapas no caminho que levou à sentença jurídica de condenação à morte: uma reunião do conselho na casa de Caifás, o interrogatório diante do Sinédrio e, por fim, o processo na presença de Pilatos.

1. Discussão preliminar no Sinédrio

No início, obviamente, a aparição de Jesus e o movimento que se ia formando ao seu redor suscitaram pouco interesse das autoridades do templo; parecia tratar-se mais de um fenômeno de província: um daqueles movimentos que de vez em quando se formavam na Galileia e não mereciam particular atenção. A situação mudava com o Domingo de Ramos: a homenagem messiânica prestada a Jesus por ocasião da sua entrada em Jerusalém; a purificação do templo, com a palavra interpretativa que parecia anunciar o fim do templo enquanto tal e uma mudança radical do culto em contraste com os ordenamentos dados por Moisés; os discursos de Jesus no templo, em que se podia perceber uma reivindicação de autoridade plena, que parecia dar à esperança messiânica de Israel uma nova forma que ameaçava o monoteísmo; os milagres que Jesus realizava em público e o afluxo cada vez maior de pessoas que vinham ter com Ele: todos esses fatos já não podiam ser ignorados.

Nos dias próximos da Páscoa, quando a cidade estava repleta de peregrinos e as esperanças messiânicas podiam facilmente transformar-se em miscelânea explosiva de caráter político, a autoridade do templo devia estar ciente da própria responsabilidade e, acima de tudo, esclarecer como se deveria avaliar o conjunto e o modo com que era preciso reagir. João é o único que se refere mais de perto a uma reunião do Sinédrio visando a um mútuo esclarecimento de ideias e uma deliberação sobre o "caso" Jesus (cf. 11,47-53). Coloca-a, aliás, antes do Domingo de Ramos e teria como motivo imediato o movimento popular surgido depois da ressurreição de Lázaro. Sem essa deliberação anterior, torna-se impensável a prisão de Jesus na noite do Getsêmani. Evidentemente, João conservou aqui uma notícia histórica de que, brevemente, falam também os sinóticos (cf. Mc 14,1 e paralelos).

Segundo João, reuniram-se conjuntamente os chefes dos sacerdotes e os fariseus, os dois grupos (em contraste entre si sobre muitos pontos) que dominavam no tempo de Jesus. A sua preocupação comum era esta: "Os romanos virão, destruindo o nosso lugar santo (isto é, o templo, o lugar sagrado da veneração de Deus) e a nação" (11,48). Tentou-se afirmar que o motivo para proceder contra Jesus teria sido uma preocupação política na qual se viram aglutinados, de pontos de partida diversos, a aristocracia sacerdotal e os fariseus. Mas, com esse modo de ver de uma ótica política a figura e a ação de Jesus, foi ignorado precisamente aquilo que havia de essencial e novo n'Ele. De fato, com o seu anúncio, Jesus operou uma separação entre as dimensões religiosa e política; uma separação que mudou o mundo e que pertence verdadeiramente à essência do seu caminho novo.

Apesar disso, é preciso precaver-se de uma condenação apressada da perspectiva "puramente política", própria dos adversários de Jesus. De fato, na ordem em vigor até então, as duas dimensões – a política e a religiosa – eram absolutamente inseparáveis uma da outra. Não existia o político "sozinho", nem o religioso "sozinho". O templo, a Cidade Santa e a Terra Santa com o seu povo não eram realidades somente políticas, mas também não eram realidades apenas religiosas. Quando se tratava do templo, do povo e da terra, estavam em jogo o fundamento religioso da política e as consequências religiosas da política. Defender "o lugar" e "a nação" era, em última instância, uma questão religiosa, porque tinha a ver com a casa e o povo de Deus.

Mas é preciso distinguir dessa motivação simultaneamente religiosa e política, fundamental para os responsáveis de Israel, o interesse específico pelo poder da dinastia de Anás e Caifás, interesse que levou depois à catástrofe do ano 70, provocando assim precisamente aquilo que, segundo a sua verdadeira função, deveriam ter evitado. Nesse sentido, na decisão de fazer morrer Jesus, verifica-se uma estranha sobreposição de dois níveis: por um lado, a legítima preocupação de tutelar o templo e o povo e, por outro, a ambição egoísta de poder por parte do grupo dominante.

Tal sobreposição corresponde àquilo que tínhamos encontrado na purificação do templo. Lá, como vimos, por um lado, Jesus combate o abuso egoísta no ambiente sagrado, e, por outro, o gesto profético e a sua interpretação por meio da palavra apontam uma profundidade muito maior: o antigo culto do templo de pedra chegou ao fim. Chegou o momento da nova adoração de Deus "em espírito e verdade". Deve ser abatido o templo de pedra, para que possa sobrevir a novidade, a Nova Aliança com o seu modo novo de adorar a Deus. Ao mesmo tempo, porém, isso significa que o próprio Jesus tem de passar pela crucifixão para Se tornar, enquanto Ressuscitado, o novo Templo.

Chegados aqui, voltemos uma vez mais ao tema da ligação entre religião e política e da sua mútua separação. Dissemos que Jesus, no seu anúncio e com todo o seu agir, tinha inaugurado um reino não político do Messias e começara a separar uma da outra as duas realidades até então indivisíveis. Mas essa separação entre política e fé, de povo de Deus e política, que pertence à essência da sua mensagem, só era possível, em definitivo, por meio da cruz: só pela perda verdadeiramente absoluta de todo o poder exterior, pelo despojamento radical da cruz, a novidade se tornava realidade. Só por meio da fé no Crucificado, n'Aquele que está desprovido de todo o poder terreno e assim levantado, aparece também a nova comunidade, o novo modo como Deus reina no mundo.

Mas isso significa que a cruz correspondia a uma "necessidade" divina, e Caifás, com a sua decisão, tornara-se, em última análise, o executor da vontade de Deus, embora a sua motivação pessoal fosse impura e não correspondesse à vontade de Deus, mas tivesse em vista fins egoístas.

João deixou expresso de modo muito claro essa estranha ligação entre a execução da vontade de Deus e a cegueira egoísta em Caifás. Estando os membros do Sinédrio perplexos acerca do que convinha fazer diante do perigo causado pelo movimento gerado à volta de Jesus, Caifás pronuncia a palavra decisiva: "Não compreendeis que é de vosso interesse que um só homem morra pelo povo e não pereça a nação toda?"

(11,50). João classifica, explicitamente, essa afirmação como palavra de "inspiração profética", que Caifás formulara, não por si mesmo, mas em virtude do carisma associado à sua função de sumo sacerdote.

Por tal palavra vê-se, acima de tudo, que até aquele momento o Sinédrio, reunido em sessão, hesitava temeroso perante a perspectiva de uma condenação à morte e procurava outras vias de saída da crise, sem, contudo, encontrar uma solução. Somente uma palavra do sumo sacerdote, motivada teologicamente e expressa com base na autoridade do seu cargo, podia dissipar as dúvidas deles e deixá-los, em linha de máxima, predispostos à grave decisão.

O fato de João reconhecer explicitamente como ponto decisivo na história da salvação o carisma associado ao cargo do seu indigno detentor corresponde à palavra de Jesus transmitida por Mateus: "Os escribas e fariseus estão sentados na cátedra de Moisés. Portanto, fazei e observai tudo quanto vos disserem. Mas não imiteis as suas ações" (23,2-3). Tanto Mateus como João quiseram certamente trazer à memória da própria Igreja do seu tempo essa distinção, porque também nela existia a contradição entre autoridade ligada ao cargo e conduta de vida, entre "o que dizem" e "as obras" que fazem.

O conteúdo da "profecia" de Caifás é, antes de mais nada, de natureza absolutamente pragmática e, nesse aspecto, possui, para ele, uma razoabilidade imediata: se por meio da morte de um indivíduo (e somente assim) se pode salvar o povo, a morte desse indivíduo é o mal menor e a via justa politicamente. Mas aquilo que soa assim e é entendido primariamente em sentido puramente pragmático, alcança, todavia, com base na inspiração "profética", uma profundidade muito diferente. Jesus, o indivíduo, morre pelo povo: transparece o mistério da função vicária, que é o conteúdo mais profundo da missão de Jesus.

A ideia da função vicária permeia a história inteira das religiões. Procura-se, de variadas formas, afastar do rei, do povo, da própria vida a desgraça pendente, transferindo-a para substitutos. O mal deve ser expiado e, desse modo, restabelecida a justiça; mas descarrega-se sobre outros a punição, a desgraça fatal, procurando assim libertar-se a si mesmo. Contudo, essa substituição por meio de sacrifícios animais ou mesmo humanos permanece, em última análise, inatendível: o que ali se oferece em representação é apenas um sucedâneo daquilo que é propriamente pessoal, não podendo de forma alguma tomar o lugar daquele que assim deve ser redimido. O sucedâneo não é uma oferta no sentido de uma função vicária, e, todavia, a história inteira aparece à procura d'Aquele que pode verdadeiramente intervir em nosso lugar, que é verdadeiramente capaz de nos assumir em Si mesmo e assim conduzir-nos à salvação.

No Antigo Testamento, a ideia da função vicária aparece de maneira bem central quando Moisés, depois da idolatria do povo no Sinai, diz a Deus irado: "Agora, pois, se perdoasses o seu pecado... Se não, risca-me, peço-Te, do livro que escreveste" (Ex 32,32). É verdade que lhe foi respondido: "Riscarei do meu livro todo aquele que pecou contra Mim" (Ex 32,33), mas, de certo modo, Moisés permanece o substituto que carrega sobre si a sorte de seu povo e, pela sua intercessão, muda várias vezes o seu destino. Por fim, no Deuteronômio, é delineada a imagem do Moisés sofredor, que padece no lugar de Israel e deve, em função vicária por Israel, morrer fora da Terra Santa (cf. von Rad I, 293). Em Isaías 53 aparece plenamente desenvolvida a ideia da função vicária na figura do Servo sofredor de Iavé, que toma sobre si a culpa de muitos, tornando-os assim justos (cf. 53,11). Em Isaías, essa figura permanece misteriosa; o canto do Servo de Iavé é como um divisar ao longe para ver Aquele que deve vir. Um morre por muitos: com essa palavra profética, o sumo sacerdote Caifás reúne as aspirações da história das religiões do mundo e as grandes tradições da fé de Israel e aplica-as a Jesus. Todo o seu viver e morrer está sintetizado nesta palavra "por"; é – como sublinhou várias vezes sobretudo Heinz Schürmann – uma "pró-existência".

À palavra de Caifás, que de fato equivalia a uma condenação à morte, João acrescentou um comentário dentro da perspectiva de fé dos discípulos. Primeiro sublinha – como já evidenciamos – que a palavra acerca do morrer pelo povo teria tido a sua origem na inspiração profética e, depois, continua: "Jesus iria morrer [...] e não só pela nação, mas também para congregar na unidade os filhos de Deus dispersos" (11,52). Isso corresponde primária e efetivamente à língua hebraica; exprime a esperança de que, no tempo do Messias, os israelitas dispersos pelo mundo haveriam de reunir-se no seu próprio país (cf. Barrett, p. 403).

Mas, nos lábios do evangelista, a palavra assume um significado novo. A reunião já não visa a um país geograficamente determinado, mas à unificação dos filhos de Deus: aqui ressoa já a palavra-chave da Oração Sacerdotal de Jesus. A reunião visa à unidade de todos os crentes e, desse modo, aponta para a comunidade da Igreja e, certamente, para além dela, em direção à definitiva unidade escatológica.

Os filhos de Deus dispersos já não são apenas judeus, mas filhos de Abraão vistos no significado profundo desenvolvido por Paulo: pessoas que andam, como Abraão, à procura de Deus; pessoas que estão prontas a ouvi-Lo e a seguir o Seu chamado; pessoas, poderíamos dizer, em atitude "de Advento". Torna-se visível a nova comunidade de judeus e pagãos (cf. Jo 10,16). Assim, abre-se também daqui uma nova abordagem da palavra "muitos" da Última Ceia, pelos quais o Senhor dá a vida: trata-se da reunião dos "filhos de Deus", isto é, de todos aqueles que se deixam convocar por Ele.

2. Jesus diante do Sinédrio

A decisão fundamental de um procedimento contra Jesus, tomada na reunião do Sinédrio, tornava-se realidade na noite de quinta para sexta-feira no monte das Oliveiras com a sua prisão. Numa hora ainda noturna, Jesus foi levado ao palácio do sumo sacerdote, onde o Sinédrio (*sanhedrin/synedrium*), com os seus três componentes - sacerdotes, anciãos e escribas -, evidentemente, já estava reunido.

Os dois "processos" contra Jesus, perante o Sinédrio e diante do governador romano Pilatos, foram objeto de largas discussões, até os seus mínimos pormenores, por historiadores do direito e pela exegese. Aqui não devemos entrar em sutilezas históricas, até porque não conhecemos - como sublinhou Martin Hengel - em detalhe o direito criminal saduceu e não é lícito tirar conclusões do tratado posterior da Mishná, "*Sanhedrin*", e aplicá-las ao ordenamento do tempo de Jesus (cf. Hengel/Schwemer, p. 592). Hoje, pode-se reter como verossímil que, no caso da sessão contra Jesus diante do Sinédrio, não se tenha tratado de um verdadeiro processo, mas de um interrogatório aprofundado, que terminou com a decisão de entregar Jesus ao governador romano para a condenação.

Vejamos agora mais de perto as narrações dos Evangelhos, sempre com o objetivo de aprender a conhecer e compreender melhor a figura do próprio Jesus. Já vimos que, depois do episódio da purificação do templo, circulavam duas acusações contra Jesus: a primeira tinha a ver com a palavra explicativa da ação simbólica da expulsão dos animais e comerciantes do templo, que parecia ser um ataque contra o próprio lugar sagrado e, consequentemente, contra a Torá, realidades sobre as quais se baseava a vida de Israel.

Considero importante o fato de ter sido objeto de discussão, não o ato da purificação do templo como tal, mas apenas a palavra interpretativa pela qual o Senhor explicara o seu gesto. Daqui é possível deduzir que o ato simbólico se tenha mantido dentro de certos limites, sem suscitar agitação pública, que teria dado motivo para uma intervenção jurisdicional. O que constituía perigo era, antes, a interpretação dada:

o aparente ataque ao templo e a reivindicação de alta autoridade por parte do próprio Jesus.

A partir dos Atos dos Apóstolos, sabemos que foi lançada a mesma acusação contra Estêvão, que retomara a profecia de Jesus contra o templo; fato este que provocou a sua lapidação, porque foi considerado blasfêmia. No processo de Jesus, apresentaram-se testemunhas que pretendiam referir a palavra de Jesus; mas não havia acordo na versão: não era possível esclarecer, de forma inequívoca, aquilo que verdadeiramente teria dito Jesus. O fato de terem, em consequência disso, abandonado esse ponto de acusação demonstra que se estava procurando seguir uma conduta juridicamente correta.

Sempre baseada nos discursos de Jesus no templo, pairava uma segunda acusação: Jesus teria ostentado uma pretensão messiânica tal que O colocava de algum modo ao nível do próprio Deus, e desse modo parecia entrar em contraste com o fundamento da fé de Israel, a profissão de fé no Deus uno e único. Convém sublinhar que ambas as acusações são de natureza puramente teológica. Mas, atendendo à impossibilidade já acenada de separar o nível religioso do político, tais acusações possuem também uma dimensão política: o templo como lugar do sacrifício de Israel, para o qual todo o povo se dirige em peregrinação nas grandes festas, é a base da unidade interior de Israel. A pretensão messiânica é reivindicação da realeza sobre Israel. Por isso aparecerá depois na cruz a expressão "Rei dos judeus" como motivo da execução capital de Jesus.

Como demonstram os acontecimentos da guerra judaica, seguramente havia no Sinédrio círculos que eram favoráveis a uma libertação de Israel por meios políticos e militares. Mas, aos seus olhos, o modo como Jesus apresentava a sua reivindicação parecia, obviamente, pouco adaptado para servir a tal finalidade. Nesse caso, era preferível o *status quo*, em que Roma, tudo somado, respeitava os fundamentos religiosos de Israel e assim o templo e o povo podiam considerar-se razoavelmente seguros na sua subsistência.

Depois da tentativa frustrada de lançar uma acusação clara e motivada contra Jesus, com base na sua declaração a propósito da destruição e da renovação do templo, chega-se ao dramático face a face entre o sumo sacerdote de Israel em exercício, instância suprema do povo eleito, e Jesus, em quem os cristãos haviam de reconhecer o "sumo sacerdote dos bens futuros" (Hb 9,11), o sumo sacerdote definitivo "segundo a ordem de Melquisedec" (Sl 110,4; Hb 5,6; etc.).

Nos quatro Evangelhos, esse momento da história do mundo apresenta-se como um drama em que se entrelaçam três níveis, que é preciso fixar simultaneamente para compreender o acontecimento na sua complexidade (cf. Mt 26,57-75; Mc 14,53-72; Lc 22,54-71; Jo 18,12-27). Ao mesmo tempo que Caifás interroga Jesus e, por fim, Lhe faz a pergunta acerca da sua identidade messiânica, Pedro está sentado no átrio do palácio e renega Jesus. Sobretudo em João, encontramos ilustrada de modo comovente a ligação cronológica dos dois acontecimentos; Mateus, na sua versão da pergunta messiânica, torna visível, sobretudo, a conexão interior entre a profissão de Jesus e a negação de Pedro. Mas está imediatamente ligada com o interrogatório de Jesus também a zombaria d'Ele por parte dos servos do templo (e, quem sabe, também dos próprios membros do Sinédrio), zombaria que será continuada, no processo diante de Pilatos, pelos soldados romanos.

Chegamos ao ponto decisivo: à pergunta de Caifás e à resposta de Jesus. Ao referir a formulação das mesmas, Mateus, Marcos e Lucas divergem entre si nos particulares; a sua redação do texto aparece determinada, além do mais, pelo contexto global do respectivo Evangelho e pela referência às possibilidades de compreensão do seus destinatários. Como no caso das palavras da Última Ceia, também aqui não é possível uma reconstrução exata da pergunta de Caifás e da resposta de Jesus. Todavia, o essencial do desenrolar dos fatos aparece nas três diferentes narrações de modo absolutamente inequívoco. Há bons motivos para supor que a versão de São Marcos nos faz ouvir, em maior medida, as expressões originárias desse diálogo dramático. Mas aparecem, na versão diversa de Mateus e Lucas, aspectos importantes que nos ajudam a compreender melhor a profundidade do conjunto.

Segundo Marcos, a pergunta do sumo sacerdote seria assim: "És Tu o Messias, o Filho do Bendito?". Jesus responde: "Eu sou. E vereis o Filho do homem sentado à direita do Todo-poderoso e vindo com as nuvens do céu" (14,62). O fato de se evitar o nome de Deus e o termo "Deus", substituindo-os pelas expressões "o Bendito" e "o Todo-poderoso" é um sinal do caráter originário do texto. O sumo sacerdote interroga Jesus acerca da sua messianidade, que define, segundo o Salmo 2,7 (cf. Sl 110,3), com a expressão "Filho do Bendito", Filho de Deus. Na perspectiva da pergunta, essa designação pertence à tradição messiânica, mas deixa em aberto o gênero da filiação. Pode-se supor que Caifás, ao fazer tal pergunta, não se tenha cingido apenas às tradições teológicas, mas tenha-a formulado com base no anúncio de Jesus que lhe chegara aos ouvidos.

Mateus reveste de uma acentuação particular a formulação da pergunta. Segundo ele, Caifás disse: "Tu és o Messias, o Filho de Deus?" (cf. 26,63). Desse modo, faz ecoar diretamente a profissão de fé de Pedro junto de Cesareia de Filipe: "Tu és o Messias, o Filho de Deus vivo" (16,16). No mesmo momento em que o sumo sacerdote dirige a Jesus, sob forma de pergunta, as palavras da profissão de fé de Pedro, este mesmo Pedro, separado de Jesus apenas por uma porta, assegura que não O conhece. Enquanto Jesus faz "a bela profissão de fé" (cf. 1 Tm 6,13), aquele que primeiro tinha pronunciado tal profissão nega o que então recebera do "Pai que está nos céus"; agora a fonte das suas palavras já são apenas "a carne e o sangue" (cf. Mt 16,17).

Segundo Marcos, à pergunta de que dependia o seu destino, Jesus respondeu de modo muito simples e claro: "Eu sou" (não ecoa aqui porventura Êxodo 3,14: "Eu sou Aquele que sou"?). Mas depois, com uma palavra tirada do Salmo 110,1 e do Livro de Daniel 7,13, Jesus define mais precisamente como se devem entender essa messianidade e filiação. Mateus exprime a resposta de Jesus de modo mais discreto: "Tu o disseste. Aliás, Eu vos digo..." (Mt 26,64). Desse modo, Jesus não contradiz Caifás; mas, à sua formulação, contrapõe o modo como Ele mesmo quer que se entenda a sua missão; e o faz com palavras da Escritura. Por último, Lucas distingue duas intervenções diversas (cf. 22,67-70). À primeira solicitação do Sinédrio – "Se Tu és o Messias, dize-nos!" –, Jesus responde com uma afirmação enigmática, não confirmando abertamente, mas também sem negar claramente. Segue-se a sua declaração pessoal, que formula juntando frases entrelaçadas do Salmo 110 e de Daniel 7; e finalmente, à pergunta insistente feita pelo Sinédrio – "És, portanto, o Filho de Deus?" –, responde: "Vós dizeis: Eu sou!".

De tudo isso, conclui-se: Jesus assumiu o título de Messias, que, com base na tradição, apresentava diversos significados, mas ao mesmo tempo especificou-o de tal modo que só podia provocar uma condenação; esta, porém, poderia tê-la evitado com uma rejeição ou uma interpretação atenuada do messianismo. Ele não cede espaço algum a ideias que poderiam desembocar em compreensão política ou bélica da atividade do Messias. Não, o Messias – precisamente Ele – virá como Filho do homem entre as nuvens do céu. Objetivamente, isso tem exatamente o mesmo significado da afirmação que encontramos em João: "Meu Reino não é deste mundo" (18,36). Reivindica o direito de Se sentar à direita do Todo-poderoso, isto é, de vir, à maneira do Filho do homem de que fala o Livro de Daniel, de junto de Deus para erigir a partir d'Ele o Reino definitivo.

Aos membros do Sinédrio, isso deveria parecer politicamente absurdo e teologicamente inaceitável, porque desse modo se exprimia de fato uma proximidade do "Todo-poderoso", uma participação na própria natureza de Deus, o que se havia de entender como blasfêmia. Em todo caso, Jesus limitara-Se a unir entre si algumas palavras da Escritura e exprimira a sua missão "segundo a Escritura", com palavras da própria Escritura. Mas, aos membros do Sinédrio, a aplicação a Jesus dessas palavras sublimes da Escritura apresentou-se, obviamente, como um ataque insuportável à sublimidade de Deus, à sua unicidade.

Seja como for, o sumo sacerdote e os outros ali reunidos viram configurar-se, na resposta de Jesus, o caso particular da blasfêmia, e Caifás "rasgou as vestes, dizendo: 'Blasfemou!'" (Mt 26,65). "O ato que o sumo sacerdote cumpriu de rasgar as próprias vestes não se deu por causa da sua irritação, mas está prescrito ao juiz em exercício como sinal de indignação, quando ouve uma blasfêmia" (Gnilka, *Matthäusevangelium*, II, p. 429). E agora sobre Jesus, que predissera a sua vinda na glória, abate-se o brutal escárnio de quantos se sabem mais fortes, fazendo-Lhe sentir o seu poder e todo o seu desprezo. Aquele de quem ainda nos dias anteriores tiveram medo, agora está em suas mãos. O vil conformismo de ânimos débeis sente-se forte ao agredir Aquele que já parece ser apenas impotência.

Não se dão conta de que, precisamente escarnecendo-O e maltratando-O, cumprem literalmente em Jesus o destino do Servo de Iavé (cf. Gnilka, p. 430): humilhação e exaltação conjugam-se entre si de modo misterioso. Precisamente enquanto maltratado, Ele é o Filho do homem, vem de junto de Deus na nuvem do encobrimento e edifica o Reino do Filho do homem, o Reino da benevolência humana que provém de Deus. "Ora em diante, vereis..." (Mt 26,64): dissera Jesus, segundo Mateus, num paradoxo irritante. Ora em diante... começa algo de novo. Os homens, ao longo da história, olham para o rosto desfigurado de Jesus e, precisamente nele, reconhecem a glória de Deus.

Naquele mesmo momento, Pedro assegura pela terceira vez que nada tem a ver com Jesus. "E, imediatamente, pela segunda vez, o galo cantou. E Pedro se lembrou..." (Mc 14,72). O canto do galo era considerado o fim da noite: inaugurava o dia. Também para Pedro, com o canto do galo, termina a noite da alma em que tinha submergido. De repente, diante dos olhos reaparece-lhe aquela palavra de Jesus sobre a sua negação antes do canto do galo; e agora, na sua verdade terrível. Lucas informa ainda que naquele instante, Jesus, preso e condenado, sai dali para ser levado perante o tribunal de Pilatos. Jesus e Pedro encontram-se. O olhar de Jesus fita os olhos e a alma do discípulo infiel. E Pedro, "saindo, chorou amargamente" (Lc 22,62).

3. Jesus diante de Pilatos

A conclusão do interrogatório de Jesus no Sinédrio fora a que Caifás esperava: Jesus fora declarado réu de blasfêmia, delito para o qual se previa a pena de morte. Mas, dado que o poder de infligir a pena capital estava reservado aos romanos, o processo tinha de ser transferido para Pilatos e, desse modo, devia aparecer em primeiro plano o aspecto político da sentença de culpabilidade. Jesus tinha-Se declarado Messias e, consequentemente, pretendera para Si a dignidade real, embora de um modo completamente particular. A reivindicação da realeza messiânica era um delito político, que devia ser punido pela justiça romana. Com o canto do galo, surgira o dia. Era costume do governador romano sentar-se no tribunal nas primeiras horas da manhã.

E assim Jesus foi levado pelos seus acusadores ao pretório e apresentado a Pilatos como malfeitor que merecia a morte. É o dia da "Parasceve – Preparação" para a festa da Páscoa: de tarde são degolados os cordeiros para o banquete da noite. Para tomar parte neste, requer-se a pureza ritual; por isso, os sacerdotes acusadores não podem entrar no pretório pagão e tratam com o governador romano diante do edifício.

Assim, João, que nos transmite essa notícia (cf. 18,28-29), deixa transparecer a contradição entre a correta observância das prescrições cultuais de pureza e a questão da verdadeira pureza interior do homem: aos acusadores não lhes passa pela cabeça que aquilo que mancha não é o entrar na casa pagã, mas o sentimento íntimo do coração. Ao dizê-lo, o evangelista sublinha ao mesmo tempo que a ceia pascal ainda não ocorrera e devia ainda verificar-se a matança dos cordeiros.

Na descrição do andamento do processo, os quatro Evangelhos estão de acordo em todos os pontos essenciais. João é o único que refere o diálogo entre Jesus e Pilatos, no qual é esquadrinhada em toda a sua profundeza a questão sobre a realeza de Jesus, sobre o motivo da sua morte (cf. 18,33-38). Obviamente, o problema do valor histórico dessa tradição é objeto de discussão entre os exegetas. Enquanto Charles H. Dodd e também Raymond E. Brown a avaliam em sentido positivo, Charles K. Barrett exprime-se em sentido extremamente crítico: "Os acréscimos e as modificações que João faz não abonam a sua credibilidade histórica" (*op. cit.*, p. 511). Seguramente ninguém está à espera que João nos queira dar algo parecido com uma ata do processo. Mas certamente pode-se supor que ele saiba interpretar, com grande exatidão, a questão central de que se tratava e, por conseguinte, nos coloque diante da verdade essencial de tal processo. Desse modo, o próprio Barrett afirma que "João identificou, com máxima clarividência, a chave interpretativa para a história da paixão na realeza de Jesus e pôs em relevo o seu significado talvez mais claramente do que qualquer outro autor neotestamentário" (p. 512).

Antes de mais nada, perguntemo-nos: quem eram precisamente os acusadores? Quem insistiu para que Jesus fosse condenado à morte? Nas respostas dos Evangelhos, há diferenças sobre as quais devemos refletir. Segundo João, aqueles são simplesmente os "judeus". Mas esse termo, em João, não indica de modo algum – como o leitor moderno talvez se sinta inclinado a interpretar – o povo de Israel como tal, e menos ainda reveste um caráter "racista". Em última análise, o próprio João, quanto à nacionalidade, era israelita, tal como Jesus e todos os Seus. A comunidade primitiva era inteiramente formada por israelitas. Em João, o referido termo tem um significado específico e rigorosamente limitado: designa a aristocracia do templo. Portanto, no quarto Evangelho, o círculo dos acusadores que pretendem a morte de Jesus é descrito com precisão e claramente limitado: trata-se precisamente da aristocracia do templo, e esta com alguma exceção, como deixa entender o aceno a Nicodemos (cf. 7,50-52).

Em Marcos, no contexto da anistia pascal (Barrabás ou Jesus), o círculo dos acusadores apresenta-se ampliado: aparece o *ochlos*, que opta pela libertação de Barrabás. *Ochlos* significa primária e simplesmente uma quantidade de pessoas, "a massa". A palavra possui, não raro, uma tonalidade negativa com o sentido de "gentalha". De qualquer modo, com esse termo não se indica "o povo" dos judeus como tal. Na anistia pascal – que, na realidade, não conhecemos de outras fontes, mas não há razões para duvidar dela –, o povo, como é habitual em semelhantes anistias, tem o direito de fazer uma proposta expressa por "aclamação": nesse caso, a aclamação do povo tem um caráter jurídico (cf. Pesch, *Markusevangelium*, II, p. 466). Quanto à "massa" nesse caso, trata-se de fato dos partidários de Barrabás, mobilizados para a anistia; enquanto sedicioso contra o poder romano, podia naturalmente contar com certo número de simpatizantes. Por conseguinte, estavam presentes os sequazes de Barrabás, a "massa", enquanto os adeptos de Jesus por medo permaneciam escondidos, e desse modo a voz do povo, sobre a qual contava o direito romano, estava unilateralmente representada. Assim, em Marcos, ao lado dos "judeus", isto é, do círculo das autoridades sacerdotais, aparece – é verdade – o *ochlos*, o grupo dos partidários de Barrabás, mas não o povo judeu como tal.

Uma amplificação do *ochlos* de Marcos, fatal nas suas consequências, encontra-se em Mateus (27,25), que diversamente fala de "todo o povo", atribuindo-lhe o pedido da crucifixão de Jesus. Com isso, Mateus não exprime seguramente um fato histórico: como teria podido estar presente todo o povo naquele momento e pedir a morte de Jesus? A realidade histórica aparece de maneira seguramente correta em João e em Marcos. O verdadeiro grupo dos acusadores são os círculos contemporâneos do templo, tendo-se associado a eles, no contexto da anistia pascal, a "massa" dos partidários de Barrabás.

Nisso talvez se possa dar razão a Joachim Gnilka, segundo o qual Mateus, ao transpor os fatos históricos, quis formular uma etiologia teológica, procurando explicar o terrível destino de Israel na guerra judaico-romana, na qual foram tirados ao povo o país, a cidade e o templo (cf. *Matthäusevangelium*, II, p. 459). Nesse contexto, Mateus pensa talvez nas palavras de Jesus ao predizer o fim do templo: "Jerusalém, Jerusalém, que matas os profetas e apedrejas os que te são enviados, quantas vezes quis Eu ajuntar os teus filhos, como a galinha reúne os seus pintinhos debaixo das suas asas, e não o quiseste!" "Eis que a vossa casa ficará abandonada..." (Mt 23,37-38; cf., em Gnilka, todo o subtema "*Gerichtsworte*", pp. 295-308).

A propósito dessas palavras, é preciso – como foi indicado na reflexão sobre o discurso escatológico de Jesus – lembrar a íntima analogia entre a mensagem do profeta Jeremias e a de Jesus. Contra a cegueira dos círculos dominantes de então, Jeremias anuncia a destruição do templo e o exílio de Israel. Mas fala também de uma "Nova Aliança": o castigo não é a última palavra; está ao serviço da cura. De forma análoga, Jesus anuncia a "casa abandonada" e já desde então dá a nova Aliança "no seu sangue": trata-se, em última análise, de cura, e não de destruição nem de repúdio.

Mesmo que "todo o povo", segundo Mateus, tivesse dito "o seu sangue caia sobre nós e sobre nossos filhos" (27,25), o cristão deve-se lembrar de que o sangue de Jesus fala uma linguagem diferente da do sangue de Abel (cf. Hb 12,24): não pede vingança nem punição, mas reconciliação. Não foi derramado *contra* ninguém, mas é sangue derramado *por* muitos, por todos. "Todos pecaram e todos estão privados da glória de Deus. [...] Cristo Jesus: *Deus* o expôs como instrumento de propiciação [...] por seu sangue", diz São Paulo (Rm 3,23-25). Assim como, a partir da fé, é preciso ler de modo totalmente novo a afirmação de Caifás sobre a necessidade da morte de Jesus, assim também se deve fazer com a palavra de Mateus sobre o sangue: esta, lida na perspectiva da fé, significa que todos nós precisamos da força purificadora do amor, e tal força é o seu sangue. Não é maldição, mas redenção, salvação. Só com base na teologia da Última Ceia e da cruz presente na totalidade do Novo Testamento é que a palavra de Mateus sobre o sangue adquire o seu sentido correto.

Passemos dos acusadores ao juiz: o governador romano Pôncio Pilatos. Enquanto Flávio Josefo e, de modo particular, Filão de Alexandria traçam uma imagem dele totalmente negativa, temos outros testemunhos em que ele aparece decidido, pragmático e realista. Diz-se frequentemente que os Evangelhos, com base na tendência filorromana motivada politicamente, tê-lo-iam apresentado de modo cada vez mais positivo, carregando progressivamente os judeus com a responsabilidade da morte de Jesus. Mas, em abono de tal tendência, não havia qualquer razão na situação histórica dos evangelistas: quando foram redigidos os Evangelhos, a perseguição de Nero tinha já mostrado o lado cruel do Estado romano e toda a arbitrariedade do poder imperial. Se pudermos datar o Apocalipse mais ou menos no período em que foi redigido o Evangelho de João, torna-se evidente que o quarto Evangelho não se formou num contexto que teria dado motivo para uma orientação filorromana.

Nos Evangelhos, a imagem de Pilatos mostra-nos, muito realisticamente, o prefeito romano como um homem que sabia intervir de forma brutal, se isso lhe parecesse oportuno para a ordem pública; mas sabia também que Roma devia o seu domínio sobre o mundo – e não, por último – à tolerância às divindades estrangeiras e à força pacificadora do direito romano. Assim nos aparece Pilatos no processo de Jesus.

A acusação de que Jesus ter-se-ia declarado rei dos judeus era grave. É verdade que Roma podia, efetivamente, reconhecer reis regionais – como Herodes –, mas estes deviam ser legitimados por Roma e obter de Roma a descrição e a delimitação dos seus direitos de soberania. Um rei sem tal legitimação era um rebelde que ameaçava a *pax romana* e, consequentemente, tornava-se réu de morte.

Mas Pilatos sabia que não surgira, de Jesus, um movimento revolucionário. Depois de tudo o que ouvira, Jesus deve ter-lhe parecido um exaltado religioso que violava talvez ordenamentos judaicos relativos ao direito e à fé, mas isso não lhe interessava. Sobre isso, deviam julgar os próprios judeus. No aspecto dos ordenamentos romanos referentes à jurisdição e ao poder, que entravam na esfera da sua competência, não havia nada de sério contra Jesus.

Considerada a pessoa de Pilatos, temos agora de nos debruçar sobre o próprio processo. Em João 18,34-35, diz-se claramente que no foro de Pilatos, sobre a base das informações que possuía, não havia nada contra Jesus. À autoridade romana não chegara nenhuma notícia sobre qualquer coisa que de algum modo pudesse ameaçar a paz legal. A acusação provinha dos próprios concidadãos de Jesus, das autoridades do templo. Pilatos devia ter ficado maravilhado quando viu os concidadãos de Jesus se apresentarem diante dele como defensores de Roma, num caso em que os seus conhecimentos pessoais não lhe pareciam exigir nenhuma intervenção.

Mas, no interrogatório, inesperadamente surge um ponto de efervescência: a declaração de Jesus. À pergunta de Pilatos: "Então, Tu és Rei!", Ele respondeu: "Tu o dizes: sou Rei. Para isso nasci e para isso vim ao mundo: para dar testemunho da verdade. Quem é da verdade escuta a minha voz" (Jo 18,37). Antes, Jesus tinha dito: "Meu reino não é deste mundo. Se o meu reino fosse deste mundo, meus súditos teriam combatido, para que Eu não fosse entregue aos judeus. Mas meu reino não é daqui" (18,36).

Essa "confissão" de Jesus coloca Pilatos numa situação estranha: o acusado reivindica realeza e reino (*basileía*). Mas sublinha a total diversidade dessa realeza, e o faz com uma anotação concreta que devia ser decisiva para o juiz romano: ninguém combate por essa realeza. Se o poder – e, concretamente, o poder militar – é característico da realeza e do reino, nada disso se encontra em Jesus. Por isso, não há sequer uma ameaça para os ordenamentos romanos. Esse reino não é violento. Não dispõe de legião alguma.

Com essas palavras, Jesus criou um conceito absolutamente novo de realeza e de reino, colocando Pilatos, o representante do poder terreno clássico, em face do mesmo. Que deve pensar Pilatos, que devemos pensar nós de tal conceito de reino e de realeza? Trata-se de uma coisa irreal, uma quimera que não merece o nosso interesse? Ou porventura tem algo a ver conosco?

Ao lado da delimitação clara do conceito de reino (nenhum combate, impotência terrena), Jesus introduziu um conceito positivo, para tornar acessível a essência e o caráter particular do poder dessa realeza: a verdade. Sucessivamente, no desenrolar do interrogatório, Pilatos pôs em jogo outro termo que provém do seu mundo e, normalmente, aparece associado com o termo "reino": o poder, a autoridade (*exousía*). O domínio requer um poder; ou melhor, define-o. Jesus, pelo contrário, qualifica como essência da sua realeza o testemunho da verdade. Porventura será a verdade uma categoria política? Ou o "reino" de Jesus nada tem a ver com a política? Mas a que ordem pertence ele então? Dado que Jesus assenta o seu conceito de realeza e de reino sobre a verdade como categoria fundamental, Pilatos – pragmático como era – muito compreensivelmente pergunta: "Que é a verdade?" (18,38).

A mesma pergunta é colocada também pela moderna doutrina do Estado: pode a política assumir a verdade como categoria para a sua estrutura? Ou deve deixar a verdade, enquanto dimensão inacessível, à subjetividade e, ao contrário, esforçar-se por conseguir estabelecer a paz e a justiça com os instrumentos disponíveis no âmbito do poder? Dado ser impossível um consenso sobre a verdade, a política, apostando nela, não se torna porventura instrumento de certas tradições que, na realidade, não passam de formas de conservação do poder?

Mas, por outro lado: se a verdade nada conta, que sucede? Então que justiça será possível? Não deve porventura haver critérios comuns que garantam verdadeiramente a justiça para todos, critérios esses subtraídos à arbitrariedade das opiniões mutáveis e à concentração do poder? Não é verdade que as grandes ditaduras existiram em virtude da mentira ideológica e que só a verdade pôde trazer a libertação?

O que é a verdade? Essa pergunta do pragmático, colocada superficialmente e com certo ceticismo, é uma pergunta muito séria, na qual está efetivamente em jogo o destino da humanidade. Então, que é a verdade? Podemos reconhecê-la? Pode ela entrar, como critério, no nosso pensar e querer, na vida tanto do indivíduo como da comunidade?

A definição clássica formulada pela filosofia escolástica apresenta a verdade como "*adaequatio intellectus et rei* – correspondência entre intelecto e realidade" (Tomás de Aquino, *S. theol.*, I, q. 21, a. 2c). Se a razão de uma pessoa reflete uma coisa tal como esta é em si mesma, então a pessoa encontrou a verdade; mas só um pequeno setor daquilo que realmente existe, não a verdade na sua grandeza e integralidade.

Com outra afirmação de São Tomás, já nos aproximamos mais das intenções de Jesus: "A verdade está no intelecto de Deus, em sentido próprio e em primeiro lugar (*proprie et primo*); enquanto, no intelecto humano, essa está em sentido próprio e derivado (*proprie quidem et secundario*)" (*De verit.*, q. 1, a. 4c). E desse modo chega-se finalmente à fórmula lapidária: Deus é "*ipsa summa et prima veritas* – a própria verdade suma e primeira" (*S. theol.*, I, q. 16, a. 5c).

Com essa fórmula, estamos perto daquilo que Jesus pretende dizer quando fala da verdade e que veio ao mundo para dar testemunho dela. No mundo, verdade e opinião errada, verdade e mentira estão continuamente misturadas e de modo quase inseparável. A verdade, em toda a sua grandeza e pureza, não aparece. O mundo é "verdadeiro" na medida em que reflete Deus, o sentido da criação, a Razão eterna da qual brotou. E torna-se tanto mais verdadeiro quanto mais se aproxima de Deus. O homem torna-se verdadeiro, torna-se ele mesmo quando se conforma a Deus. Então alcança a sua verdadeira natureza. Deus é a realidade que dá o ser e o sentido.

"Dar testemunho da verdade" significa pôr em realce Deus e a sua vontade em face dos interesses do mundo e às suas potências. Deus é a medida do ser. Nesse sentido, a verdade é o verdadeiro "Rei" que dá a todas as coisas a sua luz e a sua grandeza. Podemos também dizer que dar testemunho da verdade significa: partindo de Deus, da Razão criativa, tornar a criação decifrável e a sua verdade tão acessível que esta possa constituir a medida e o critério orientador no mundo do homem; que venha ao encontro dos grandes e poderosos o poder da verdade, o direito comum, o direito da verdade.

Poderíamos mesmo dizer que a não redenção do mundo consiste, precisamente, na não decifração da criação, no não reconhecimento da verdade, uma situação que depois conduz, inevitavelmente, ao domínio do pragmatismo e, desse modo, faz com que o poder dos fortes se torne o deus deste mundo.

À luz disso poderíamos nós, pessoas modernas, ser tentados a dizer: "Para nós, graças às ciências, a criação tornou-se decifrável". De fato, por exemplo, Francis S. Collins, que dirigiu o Human Genome Project (Projeto Genoma Humano), afirma com feliz assombro: "A linguagem de Deus fora decifrada" (*The Language of God*, p. 99). Sim, na grandiosa matemática da criação, que hoje podemos ler no código genético do homem, verdadeiramente percebemos a linguagem de Deus; mas não a linguagem inteira, infelizmente. A verdade funcional acerca do homem tornou-se visível; mas a verdade sobre ele mesmo – o que ele é, donde vem, para que existe, o que é o bem ou o mal –, esta verdade, infelizmente, não se pode ler do mesmo modo. Aliás, com o crescente conhecimento da verdade funcional parece caminhar lado a lado uma crescente cegueira quanto à "própria verdade", ou seja, quanto à questão sobre qual é a nossa verdadeira realidade e qual é o nosso verdadeiro fim.

O que é a verdade? Não foi apenas Pilatos que pôs de parte esta questão como insolúvel e, para a sua função, impraticável. Ainda hoje, tanto na ágora política como na discussão acerca da formação do direito, a maioria sente aversão por ela. Mas, sem a verdade, o homem não se encontra a si mesmo; e, no fim de contas, abandona o campo aos mais fortes. "Redenção", no sentido pleno da palavra, só pode consistir no fato de a verdade se tornar reconhecível. E esta se torna reconhecível, se Deus Se torna reconhecível. Ele torna-Se reconhecível em Jesus Cristo. N'Ele, Deus entrou no mundo, e desse modo fundou a medida da verdade no meio da história. Externamente, a verdade é impotente no mundo; como Cristo, que, segundo os critérios do mundo, é sem poder: Ele não possui nenhuma legião. Acaba crucificado. Mas é precisamente assim, na carência total de poder, que Ele é poderoso, e só assim a verdade se torna força, sem cessar.

No diálogo entre Jesus e Pilatos, trata-se da realeza de Jesus e, consequentemente, da realeza do "reino" de Deus. Precisamente no diálogo de Jesus com Pilatos torna-se evidente que não existe qualquer ruptura entre o anúncio de Jesus na Galileia – o reino de Deus – e os seus discursos em Jerusalém. O centro da mensagem até a cruz – até a inscrição na cruz – é o reino de Deus, a nova realeza que Jesus representa. Mas o centro dessa realeza é a verdade. A realeza anunciada por Jesus nas parábolas e, por fim, de modo totalmente aberto diante do juiz terreno é, precisamente, a realeza da verdade. A instauração dessa realeza como verdadeira libertação do homem é o que interessa.

Ao mesmo tempo torna-se evidente que não há nenhuma contradição entre o enfoque pré-pascal sobre o reino de Deus e o enfoque pós-pascal sobre a fé em Jesus Cristo como Filho de Deus. Em Cristo, entrou no mundo Deus, a verdade. A cristologia é o anúncio concretizado do reino de Deus.

Depois do interrogatório, ficou claro para Pilatos aquilo que, em linha de máxima, ele sabia já antes. Este Jesus não é um revolucionário político, a sua mensagem e o seu comportamento não constituem um perigo para a dominação romana. Se Jesus transgrediu a Torá, a ele, Pilatos, que é romano, não lhe interessa.

No entanto parece que Pilatos sentiu também certo temor supersticioso diante dessa figura estranha. Pilatos era certamente um cético; mas, como homem da Antiguidade, não excluía que deuses ou, em todo o caso, seres semelhantes aos deuses pudessem aparecer sob o aspecto de seres humanos. João diz que os "judeus" acusavam Jesus de Se fazer Filho de Deus, e acrescenta: "Quando Pilatos ouviu estas palavras, ficou ainda mais aterrado" (19,8).

Penso que se deve ter em conta esse temor em Pilatos: será que havia verdadeiramente algo de divino nesse homem? Condenando-O, colocava-se porventura contra uma potestade divina? Devia por acaso recear a ira de tais potestades? Penso que a sua conduta nesse processo não se explique apenas com a razão de certo empenho pela justiça, mas precisamente também com base nessas ideias.

Obviamente os acusadores dão-se conta disso e contrapõem agora um medo a outro medo. Ao temor supersticioso por uma possível presença divina, contrapõem o medo muito concreto de ficar privado do favor do imperador, de perder a posição e precipitar-se assim num abismo sem fundo. A afirmação "se O soltas, não és amigo de César" (Jo 19,12) é uma ameaça. No fim, a preocupação pela carreira é mais forte do que o medo diante das potestades divinas.

Mas, antes da decisão final, há ainda um interlúdio dramático e doloroso em três atos, que devemos pelo menos brevemente considerar.

O primeiro ato consiste na apresentação que Pilatos faz de Jesus como candidato para a anistia pascal, procurando, assim, obter a Sua libertação. Mas, desse modo, expõe-se a uma situação fatal. Quem é proposto como candidato para a anistia de *per si* já está condenado; só assim tem sentido a anistia. Se pertence à multidão o direito de aclamação, então, após o seu pronunciamento, deve-se considerar como condenada a pessoa que a multidão *não* escolheu. Nesse sentido, na proposta para a libertação pela anistia, já está tacitamente incluída uma condenação.

Sobre a confrontação entre Jesus e Barrabás e também sobre o significado teológico de tal alternativa, já escrevi detalhadamente na Parte I desta obra (cf. pp. 50-51). Por isso bastará recordar aqui brevemente o essencial. João qualifica Barrabás, segundo as nossas traduções, simplesmente como um "bandido" (18,40). Mas, no contexto político de então, o termo grego por ele usado tinha assumido também o significado de "terrorista", ou "combatente da resistência". Que fosse este o significado subentendido torna-se evidente na narração de Marcos: "Havia um, chamado Barrabás; preso com outros amotinadores que, numa revolta, haviam cometido homicídio" (15,7).

Barrabás (no original, Barabba, "filho do pai") é uma espécie de figura messiânica; na proposta da anistia pascal, duas interpretações da esperança messiânica aparecem frente a frente. Segundo a lei romana, trata-se de dois criminosos acusados do mesmo delito: sediciosos contra a *pax romana*. É claro que Pilatos prefere o "exaltado" não violento, como aparecia Jesus aos seus olhos. Mas as posições da multidão e também das autoridades do templo são diferentes. Se a aristocracia do templo, no máximo, chega a dizer: "Não temos um rei a não ser César!" (Jo 19,15), isso só aparentemente é que constitui uma renúncia à esperança messiânica de Israel: *este* rei, nós não o queremos. Desejam outro gênero de solução do problema. A humanidade se encontrará sempre de novo perante a mesma alternativa: dizer "sim" àquele Deus que age apenas com o poder da verdade e do amor ou apoiar-se no concreto, naquilo que está ao alcance da mão, na violência.

Os sequazes de Jesus não estão presentes no lugar do julgamento, estão ausentes por medo. Mas faltam também porque não se apresentam como massa. A sua voz se fará ouvir em Pentecostes com a pregação de Pedro, que então "fará sentir o coração trespassado" àqueles homens que antes tinham decidido a favor de Barrabás. À pergunta: "Que havemos de fazer, irmãos?", recebem a resposta: "Convertei-vos", renovai e transformai o vosso modo de pensar, o vosso ser (cf. At 2,37-38). É esse o grito que, diante da cena de Barrabás e de todas as suas reedições, nos deve rasgar o coração e levar a uma transformação da vida.

O segundo ato está sintetizado, laconicamente, por João nesta frase: "Pilatos, então, tomou Jesus e O mandou flagelar" (19,1). A flagelação era a punição que, no direito penal romano, era infligida como castigo concomitante da condenação à morte (Hengel/Schwemer, p. 609). Em João, diversamente, a flagelação aparece como um ato colocado durante o interrogatório; uma disposição que o prefeito, em virtude do seu poder, estava autorizado a tomar. Era uma punição extremamente bárbara; o condenado "era açoitado por vários algozes até estes se cansarem e a carne do criminoso se despegar e pender em pedaços ensanguentados" (Blinzler, p. 321). Rudolf Pesch comenta: "O fato de que Simão de Cirene tenha de carregar no lugar de Jesus a travessa da cruz e que Jesus morra tão depressa está ligado talvez com razão à tortura da flagelação, durante a qual outros criminosos já morriam" (*Markusevangelium*, II, p. 467).

O terceiro ato é a coroação de espinhos. Os soldados zombam cruelmente de Jesus. Sabem que Ele tem a pretensão de ser rei. Mas agora Jesus Se encontra nas mãos deles, que se comprazem em humilhá-Lo, demonstrar-Lhe a força deles, e talvez descarregar sobre Ele, de modo substitutivo, a sua raiva contra os grandes. Revestem-no a Ele, homem ferido e chagado em todo o corpo, com símbolos caricaturais da majestade imperial: o manto escarlate, a coroa de espinhos entrançados e o cetro de cana. Prestam-Lhe homenagem: "Salve, ó Rei dos judeus!"; a sua homenagem consiste em bofetadas, com que manifestam uma vez mais todo o seu desprezo por Ele (cf. Mt 27,28-30; Mc 15,17-19; Jo 19,2-3).

A história das religiões conhece a figura do rei caricatura, análoga ao fenômeno do "bode expiatório". Sobre ele, descarrega-se tudo o que angustia os homens: pretende-se assim afastar tudo isso do mundo. Sem o saber, os soldados realizam o que, naqueles ritos e costumes, não se podia realizar: "O castigo que havia de trazer-nos a paz caiu sobre ele, sim, por suas feridas fomos curados" (Is 53,5). Nessa apresentação caricatural, Jesus é levado a Pilatos, e este O apresenta à multidão, à humanidade: *Ecce homo* – Eis o homem! (Jo 19,5). Provavelmente o juiz romano comove-se com a figura desse misterioso acusado flagelado e escarnecido. Ele conta com a compaixão daqueles que O veem.

"*Ecce homo*": espontaneamente essa expressão adquire uma profundidade que ultrapassa aquele momento. Em Jesus, aparece o ser humano como tal. N'Ele se manifesta a miséria de todos os prejudicados e arruinados. Na sua miséria, reflete-se a desumanidade do poder humano, que desse modo esmaga o impotente. N'Ele se reflete aquilo que chamamos "pecado": aquilo em que se torna o homem quando vira as costas a Deus e, autonomamente, toma em sua mão o governo do mundo.

Mas é verdade também o outro aspecto: não se pode tirar de Jesus a sua dignidade íntima. N'Ele continua presente o Deus escondido. Também o homem açoitado e humilhado permanece imagem de Deus. Desde quando Jesus Se deixou açoitar, precisamente os feridos e os açoitados são imagem do Deus que quis sofrer por nós. Assim, Jesus, no meio da sua paixão, é imagem de esperança: Deus está do lado dos que sofrem.

Por fim, Pilatos senta-se na cadeira do juiz. Diz uma vez mais: "Aí está o vosso Rei!" (Jo 19,14). Depois pronuncia a sentença de morte.

Sem dúvida, a grande verdade, de que falara Jesus, continuou a ser-lhe inacessível; mas, a verdade concreta desse caso, Pilatos conhecia-a bem. Sabia que esse Jesus não era um criminoso político e que a realeza por Ele reivindicada não constituía nenhum perigo político. Sabia, pois, que O devia libertar.

Como prefeito, representava o direito romano sobre o qual se baseava a *pax romana*: a paz do império que abraçava o mundo. Por um lado, essa paz era assegurada por meio da força militar de Roma; mas, por outro, só com a força militar não se pode estabelecer nenhuma paz. A paz funda-se na justiça. A força de Roma era o seu sistema jurídico, a ordem jurídica, com a qual os homens podiam contar: Pilatos – repetimo-lo – conhecia a verdade de que se tratava nesse caso e sabia, portanto, que exigia dele a justiça.

Mas, no fim, venceu nele a interpretação pragmática do direito: mais importante que a verdade do caso é a força pacificadora do direito; talvez este tenha sido o seu pensamento e assim se justificou consigo mesmo. Uma absolvição do inocente poderia prejudicá-lo não só a ele pessoalmente – esse medo foi certamente um motivo determinante para o seu agir –, mas podia também provocar novos dissabores e desordens que, precisamente nos dias da Páscoa, havia que evitar.

Para ele, nesse caso, a paz foi mais importante do que a justiça. Devia passar em segunda linha não só a verdade grande e inacessível, mas também a verdade concreta do caso: desse modo pensou cumprir o verdadeiro sentido do direito, a sua função pacificadora. E assim talvez tenha acalmado a sua consciência. De momento, tudo pareceu andar bem. Jerusalém ficou tranquila. Contudo, o fato de que, em última análise, a paz não pode ser estabelecida contra a verdade devia manifestar-se mais tarde.

CAPÍTULO 8

A crucifixão e a deposição de Jesus no sepulcro

1. Reflexão preliminar: palavra e acontecimento na narração da paixão

Os quatro evangelistas falam-nos das horas de sofrimento de Jesus na cruz e da sua morte, apresentando-se de acordo nas grandes linhas do acontecimento, mas com acentuações diversas nos detalhes. Particularidade dessas narrações é estarem cheias de alusões ao Antigo Testamento e de citações tiradas dele: a Palavra de Deus e o acontecimento interpenetram-se mutuamente. Os fatos são, por assim dizer, preenchidos de Palavra, de sentido; e, vice-versa, aquilo que até agora fora só Palavra – frequentemente Palavra incompreensível – torna-se realidade e só assim se abre à compreensão.

Por trás desse modo especial de narrar está um processo de aprendizagem, que a Igreja nascente percorreu e que foi constitutivo para a sua formação. Num primeiro momento, o fim de Jesus na cruz foi simplesmente um fato irracional, que questionava todo o seu anúncio e a sua figura inteira. A narração dos discípulos de Emaús (cf. Lc 24,13-35) descreve o caminho que fizeram juntos, a conversação na busca comum como um processo em que a escuridão das almas pouco a pouco se aclara graças ao acompanhamento de Jesus (cf. v. 15). Torna-se evidente que Moisés e os Profetas, que "todas as Escrituras" tinham falado dos acontecimentos dessa paixão (cf. vv. 26-27): a "absurdidade" revela-se agora no seu profundo significado. No acontecimento aparentemente sem sentido manifestou-se realmente o verdadeiro sentido do caminho humano; o sentido trouxe a vitória sobre a força da destruição e do mal.

Aquilo que aparece aqui sintetizado num grande diálogo de Jesus com dois discípulos constituía, na Igreja nascente, um processo de busca e maturação. Sob a luz da ressurreição, sob a luz do dom de um novo caminhar em comunhão com o Senhor, devia-se aprender a ler o Antigo Testamento de forma nova: "De fato, ninguém esperava um fim do Messias na cruz. Ou será que, até então, simplesmente se tinham ignorado as respectivas alusões na Sagrada Escritura?" (Reiser, *Bibelkritik*, p. 332). Não foram as palavras da Escritura que suscitaram a narração dos fatos, mas os fatos, que num primeiro tempo eram incompreensíveis, levaram a uma nova compreensão da Escritura.

Essa concordância assim verificada entre fato e palavra determina não apenas a estrutura das narrações do acontecimento da paixão (e dos Evangelhos em geral), mas é constitutiva da própria fé cristã. Sem ela, não se pode compreender o desenvolvimento da Igreja, cuja mensagem recebeu, e recebe ainda agora, a sua credibilidade e a sua relevância histórica precisamente desse entrelaçamento de sentido e história: quando essa conexão é desfeita, dissolve-se a própria estrutura basilar da fé cristã.

Na narração da paixão, aparecem entrelaçadas uma multiplicidade de alusões a textos veterotestamentários. Dois deles são de importância fundamental, porque abraçam e iluminam teologicamente, por assim dizer, o arco inteiro do acontecimento da paixão: trata-se do Salmo 22 e de Isaías 53. Lancemos, pois, desde já um rápido olhar sobre esses dois textos, que são fundamentais para a unidade entre palavra da Escritura (Antigo Testamento) e acontecimento de Cristo (Novo Testamento).

O Salmo 22 é o grande brado angustiado dirigido por Israel atribulado a Deus que aparentemente Se cala. O termo "bradar", que depois tem também, sobretudo em Marcos, uma importância central na narração sobre Jesus na cruz, caracteriza, por assim dizer, o tom deste salmo. "Estais longe do meu brado!", diz-se nele, logo ao início. Nos versículos 3 e 6, fala-se de novo desse bradar. Torna-se audível toda a pena do sofredor diante de Deus aparentemente ausente. Aqui não basta um simples chamar ou rezar. Na angústia extrema, a oração torna-se necessariamente um brado.

Os versículos 7 a 9 falam da zombaria que circunda o orante. Tal zombaria torna-se um desafio a Deus e, desse modo, um ludíbrio ainda maior do sofredor: "Voltou-se ao Senhor, que Ele o liberte, que o salve, se é que o ama". O sofrimento inerme é interpretado como prova do fato de que Deus verdadeiramente não ama o torturado. O versículo 19 fala do sorteio das vestes, como de fato aconteceu junto da cruz.

Mas o brado de angústia transforma-se depois numa profissão de confiança; ou melhor, em três versículos, é antecipado e celebrado um grandioso atendimento. Primeiro: "De ti vem o meu louvor na grande assembleia; cumprirei os meus votos frente àqueles que O temem" (v. 26). A Igreja nascente sabe que ela é a grande assembleia na qual se celebra o atendimento do suplicante, a sua salvação: a ressurreição! Vêm depois mais dois elementos surpreendentes. A salvação não diz respeito só ao orante, mas torna-se um "saciar os pobres" (v. 27). Mais ainda: "Todos os confins da terra se lembrarão e voltarão ao Senhor; todas as famílias das nações diante d'Ele se prostrarão" (v. 28).

Por um lado, como poderia a Igreja nascente não intuir, nesses versículos, o "saciar os pobres" pelo misterioso banquete novo que o Senhor lhe tinha dado na Eucaristia? E, por outro, como poderia não ver realizado em si mesma o acontecimento imprevisto dos povos do mundo que se convertem ao Deus de Israel, ao Deus de Jesus Cristo, isto é, que a Igreja se formava recebendo membros de todos os povos? A Eucaristia (o louvor: v. 26; o saciar: v. 27) e o universalismo da salvação (v. 28) aparecem como o grandioso atendimento por parte de Deus, que responde ao brado de Jesus. É importante ter sempre presente o vasto leque dos acontecimentos contidos nesse salmo para compreender o motivo por que ele tem um papel tão central na narração da cruz.

Quanto ao segundo texto fundamental – Isaías 53 –, já tratamos dele no contexto da Oração Sacerdotal de Jesus. Marius Reiser apresentou uma cuidadosa análise desse misterioso texto, de cuja leitura é possível de novo apreender o assombro do cristianismo primitivo ao constatar como o caminho de Jesus Cristo tinha sido predito passo a passo. Lido agora com todos os meios da moderna análise crítica do texto, o profeta fala como evangelista.

Passemos agora a uma breve consideração dos elementos essenciais na narração da crucifixão.

2. Jesus na cruz

A primeira palavra de Jesus na cruz: "Pai, perdoa-lhes"

A primeira palavra de Jesus na cruz, pronunciada ainda quase durante o ato da crucifixão, é o pedido de perdão para aqueles que assim O tratam: "Pai, perdoa-lhes: não sabem o que fazem" (Lc 23,34). Aquilo que o Senhor pregou no Sermão da Montanha realiza-o aqui pessoalmente: não sente ódio nenhum; não clama por vingança. Implora o perdão para aqueles que O crucificam, e motiva esse pedido: "Não sabem o que fazem".

Essa palavra relativa à ignorância volta a aparecer, mais tarde, no discurso de São Pedro nos Atos dos Apóstolos. À multidão que se reunira no pórtico de Salomão, depois da cura do aleijado, ele recorda, em primeiro lugar: "Vós acusastes o Santo e o Justo, e exigistes que fosse agraciado para vós um assassino, enquanto fazíeis morrer o Príncipe da vida. Mas, Deus O ressuscitou dentre os mortos" (3,14-15). Depois dessa recordação dolorosa, que já fizera parte da sua pregação de Pentecostes e deixara trespassado o coração da gente (cf. 2,37), Pedro continua: "Entretanto, irmãos, sei que agistes por ignorância, da mesma forma como vossos chefes" (3,17).

E esse motivo da ignorância aparece, ainda outra vez, num olhar retrospectivo e autobiográfico de São Paulo. Recorda que, antes, ele mesmo tinha sido "blasfemo, perseguidor e insolente"; e continua: "Mas obtive misericórdia, porque agi por ignorância, na incredulidade" (1 Tm 1,13). Se tivermos em consideração a sua anterior ufania como perfeito aluno da Lei, que conhecia e cumpria a Escritura, esta é uma dura admissão: ele que estudara com os melhores mestres e podia considerar-se um verdadeiro escriba, olhando para trás deve agora reconhecer que foi um ignorante. Mas foi a ignorância que o salvou e tornou capaz de conversão e perdão. Sem dúvida, esta combinação entre douta erudição e profunda ignorância deve fazer-nos pensar. Revela a dimensão problemática de um saber que permanece autossuficiente e, assim, não atinge a própria verdade que deveria transformar o homem.

O mesmo entrelaçamento entre saber e ignorância aparece ainda, sob outra forma, na narração dos Magos vindos do Oriente. Os chefes dos sacerdotes e os escribas sabem precisamente onde deveria nascer o Messias; mas não O reconhecem. Sábios que permanecem cegos (cf. Mt 2,4-6).

Obviamente, essa mistura de saber e ignorância, de conhecimento material e profunda incompreensão existe em todos os tempos. Por isso, a palavra de Jesus relativa à ignorância, com as suas aplicações nas diversas situações da Escritura, deve, também hoje, inquietar os pretensos sábios. Porventura não somos cegos, precisamente considerando-nos sábios? Porventura não somos, precisamente por causa do nosso saber, incapazes de reconhecer a própria verdade que, naquilo que sabemos, quereria vir ao nosso encontro? Por acaso não nos subtraímos à dor provocada pela verdade que traspassa o coração, por aquela verdade de que falou Pedro na sua pregação de Pentecostes? A ignorância reduz a culpa, deixa aberta a estrada para a conversão. Mas não se trata simplesmente de uma desculpa, porque ao mesmo tempo revela uma insensibilidade do coração, uma insensibilidade que resiste ao apelo da verdade. Com maior razão, permanece uma consolação para todos os tempos e todos os homens o fato de o Senhor, referindo-Se tanto àqueles que verdadeiramente não sabiam – os algozes – como àqueles que sabiam e O tinham condenado, colocar a ignorância como motivo do pedido de perdão; de vê-la como porta que nos pode abrir à conversão.

Jesus escarnecido

No Evangelho, aparecem três grupos de zombadores. Primeiro, os passantes; estes repetem ao Senhor a palavra alusiva à destruição do templo: "Ah! Tu, que destruís o templo e em três dias o edificas... Salva-Te a Ti mesmo, desce da cruz" (Mc 15,29-30). As pessoas que assim zombam do Senhor exprimem desse modo o seu desprezo pelo impotente, fazem-No sentir uma vez mais a sua impotência. Ao mesmo tempo querem induzi-Lo em tentação, como já tinha feito o diabo: "Salva-Te a Ti mesmo!"; serve-Te do teu poder. Não sabem que é precisamente naquele momento que se realiza a destruição do templo e que, desse modo, se forma o novo templo.

No fim da paixão, com a morte de Jesus, o véu do templo rasga-se em dois – como narram os sinóticos – de alto a baixo (cf. Mt 27,51;

Mc 15,38; Lc 23,45). Havendo dois véus no templo, aqui entende-se provavelmente o interno, isto é, o véu que impede as pessoas de ter acesso ao Santo dos Santos. Uma só vez no ano pode o sumo sacerdote atravessar o véu, apresentar-se na presença do Altíssimo e pronunciar o seu santo Nome.

Agora, no momento da morte de Jesus, esse véu rasga-se de alto a baixo. Assim se alude a duas coisas: por um lado, torna-se evidente que o período do antigo templo e dos seus sacrifícios terminou; no lugar dos símbolos e dos ritos que remetiam para o futuro, temos agora a própria realidade: Jesus crucificado que nos reconcilia a todos com o Pai. Mas, ao mesmo tempo, o rasgar-se do véu do templo significa que agora está aberto o acesso a Deus. Até então o Rosto de Deus estivera velado. Só por meio de sinais e uma vez ao ano podia o sumo sacerdote aparecer diante d'Ele. Agora o próprio Deus tirou o véu; no Crucificado, Deus manifestou-Se como Aquele que ama até a morte. O acesso a Deus está livre.

O segundo grupo de zombadores é formado por membros do Sinédrio. Mateus menciona os três grupos: sacerdotes, escribas e anciãos. Formulam a sua expressão de escárnio em ligação com o Livro da Sabedoria, que, no segundo capítulo, fala do justo que se opõe à vida transviada dos outros, que se diz filho de Deus e é entregue ao sofrimento (cf. Sb 2,10-20). Reassumindo essas palavras, os membros do Sinédrio dizem agora a propósito de Jesus, o Crucificado: "Rei de Israel que é, que desça agora da cruz, e creremos n'Ele. Confiou em Deus: pois que O livre agora, se é que se interessa por Ele! Já que Ele disse: 'Eu sou o Filho de Deus'" (Mt 27,42-43; cf. Sb 2,18). E assim, sem se darem conta, os escarnecedores reconhecem que Jesus é verdadeiramente Aquele de que fala o Livro da Sabedoria. Precisamente na situação de impotência exterior, Ele revela-Se como o verdadeiro Filho de Deus.

Podemos acrescentar que o Livro da Sabedoria talvez conhecesse a elucubração de Platão, que, na sua obra sobre o Estado, tenta imaginar qual seria o destino reservado neste mundo ao justo perfeito e chega à conclusão de que seria crucificado (cf. *Politeia,* II, 361e-362a). O Livro da Sabedoria talvez tenha tomado esse pensamento do filósofo, introduziu-o no Antigo Testamento e agora tal pensamento remete diretamente para Jesus. Precisamente no ludíbrio, demonstra-se verdadeiro o mistério de Jesus Cristo. Assim como não Se deixou induzir pelo diabo a atirar-Se para baixo do pináculo do templo (cf. Mt 4,5--7; Lc 4,9-13), assim também agora não cede a essa tentação. Sabe que Deus O salvará, mas de forma diversa daquela que se imagina aqui. A ressurreição será o momento em que Deus O libertará da morte e O acreditará como Filho.

O terceiro grupo de zombadores é constituído por aqueles que foram crucificados juntamente com Ele e que são designados por Mateus e Marcos com o mesmo termo, *lēstēs* (bandido), que João usa para caracterizar Barrabás (cf. Mt 27,38; Mc 15,27; Jo 18,40). É claro que, desse modo, são qualificados como combatentes da resistência, aos quais os romanos, para criminalizá-los, deram simplesmente o título de "bandidos". São crucificados juntamente com Jesus, porque declarados culpados do mesmo crime: resistência contra o poder romano.

Mas o gênero de delito em Jesus é diverso do delito nos outros dois, que participaram talvez com Barrabás na sua insurreição. Pilatos sabe bem que Jesus não tinha em mente nada desse gênero e assim, na inscrição para a cruz, define o "crime" de maneira particular: "Jesus Nazareno, Rei dos Judeus" (Jo 19,19). Até aquele momento, Jesus evitara o título de Messias ou de rei, ou melhor, tinha-o imediatamente associado com a paixão (cf. Mc 8,27-31) para impedir interpretações erradas. Agora o título de rei pode aparecer diante de todos. Jesus é publicamente proclamado rei nas três grandes línguas de então.

É compreensível que os membros do Sinédrio se irritem por esse título, no qual Pilatos quis seguramente também exprimir o seu cinismo contra as autoridades judaicas e, embora com atraso, vingar-se delas. Mas tal inscrição, que equivale à proclamação de um rei, está agora diante da história do mundo. Jesus foi "elevado". A cruz é o seu trono, pela qual atrai o mundo a Si. Desse lugar do extremo dom de Si mesmo, desse lugar de um amor verdadeiramente divino, Ele, a seu modo – um modo que nem Pilatos nem os membros do Sinédrio puderam compreender –, domina como verdadeiro rei.

Dos dois homens crucificados com Ele, só um se associa à zombaria. Um dos dois intui o mistério de Jesus. Sabe e reconhece que o gênero de "delito" de Jesus era completamente diferente, que Jesus era um não violento. E agora se dá conta de que esse Homem crucificado com eles torna verdadeiramente visível o rosto de Deus, é o Filho de Deus. Por isso Lhe suplica: "Jesus, lembras-Te de mim, quando vieres com Teu reino" (Lc 23,42). Como o bom ladrão tenha imaginado concretamente a entrada de Jesus no seu reino e em que sentido Lhe tenha, consequentemente, pedido a lembrança de Jesus, não sabemos. Mas obviamente, na cruz, ele próprio compreendeu que esse homem despojado de todo o poder é o verdadeiro rei: Aquele de quem Israel está à espera e ao lado de quem agora ele quer estar não só na cruz, mas também na glória.

A resposta de Jesus ultrapassa o pedido. No lugar de um futuro indeterminado, coloca o seu "hoje": "Hoje estarás comigo no Paraíso" (23,43). Também essa frase está repleta de mistério, mas mostra-nos seguramente isto: Jesus sabia que entrava diretamente na comunhão com o Pai, que podia prometer o "Paraíso" já para "hoje". Sabia que reconduziria o homem ao Paraíso donde decaíra, àquela comunhão com Deus em que está a verdadeira salvação do homem.

Desse modo, na história da devoção cristã, o bom ladrão tornou-se a imagem da esperança, a consoladora certeza de que a misericórdia de Deus pode alcançar-nos mesmo no último instante; aliás, a certeza de que, depois de uma vida transviada, a oração que implora a sua bondade não é vã. "O bom ladrão acolhendo, grande esperança me dais": reza, por exemplo, também o *Dies irae.*

O brado de abandono de Jesus

De modo concorde, Mateus e Marcos narram-nos que, à hora nona, Jesus exclamou com voz forte: "Meu Deus, meu Deus, por que Me abandonaste?" (Mt 27,46; Mc 15,34). Transmitem o brado de Jesus na mistura de hebraico com aramaico, e depois o traduzem em grego. Essa oração de Jesus nunca cessou de estimular os cristãos a questionarem-se e refletirem: como podia o Filho de Deus ser abandonado por Deus? Que significa esse brado? Rudolf Bultmann, por exemplo, observa a esse propósito: a execução de Jesus dá-se "por causa de uma interpretação errada do seu agir, visto como agitação política. Falando do ponto de vista histórico, seria um destino sem sentido. Se ou como Jesus tenha encontrado nele um sentido, não o podemos saber. Não se deve encobrir a possibilidade que Ele Se tenha ido abaixo" (*Das Verhältnis*, p. 12). Que devemos dizer perante tudo isso?

Acima de tudo, deve-se considerar o fato de os circunstantes, segundo a narração dos dois evangelistas, não terem compreendido a exclamação de Jesus, interpretando-a como um brado dirigido a Elias. Em estudos eruditos, procurou-se reconstruir a exclamação de Jesus precisamente de modo que, por um lado, pudesse ser confundida como um brado dirigido a Elias e, por outro, constituísse o brado de abandono do Salmo 22 (cf. Rudolf Pesch, *Markusevangelium,* II, p. 495). Seja como for, só a comunidade crente entendeu a exclamação de Jesus – não compreendida e confundida pelos circunstantes – como o início do Salmo 22 e, com base nisso, pôde entendê-lo como brado verdadeiramente messiânico.

Não se trata de um brado qualquer de abandono. Jesus recita o grande Salmo do Israel sofredor e, desse modo, assume em Si todo o tormento não só de Israel, mas de todos os homens que sofrem neste mundo pela ocultação de Deus. Ele leva perante o coração do próprio Deus o brado de angústia do mundo atormentado pela ausência de Deus. Identifica-Se com o Israel sofredor, com a humanidade que sofre por causa da "obscuridade de Deus", assume em Si o seu brado, o seu tormento, toda a sua necessidade de ajuda e, ao mesmo tempo, desse modo os transforma.

Como vimos, o Salmo 22 permeia a narração da paixão e ultrapassa-a. A humilhação pública, o escárnio e o abanar a cabeça por parte dos zombadores, os sofrimentos, a sede terrível, o traspassar as mãos e os pés, o sorteio das vestes: a paixão inteira como que aparece narrada antecipadamente nesse salmo. Mas, pronunciando Jesus as palavras iniciais do salmo, em última análise, já está presente o conjunto dessa magnífica oração, inclusive a certeza do atendimento que se manifestará na ressurreição, na formação da "grande assembleia" e na saciedade da fome dos pobres (cf. vv. 25-28). O brado no tormento extremo é simultaneamente certeza da resposta divina, certeza da salvação não só para o próprio Jesus, mas para "muitos".

Na teologia mais recente, fizeram-se muitas tentativas incisivas de perscrutar, partindo desse brado de angústia de Jesus, os abismos da sua Alma e compreender o mistério da sua Pessoa no tormento extremo. No fim de contas, todos esses esforços caracterizam-se por uma abordagem demasiado limitada e individualista.

Penso que os Padres da Igreja, com o seu modo de compreender a oração de Jesus, estiveram muito mais perto da realidade. Já nos orantes do Antigo Testamento, as palavras dos Salmos não pertencem a um sujeito individual fechado em si mesmo. Sem dúvida, são palavras muito pessoais, surgidas na luta com Deus, mas palavras às quais, no entanto, estão ao mesmo tempo associados em oração todos os justos que sofrem; todo o Israel, ou melhor, a humanidade inteira em luta, e por isso esses Salmos abraçam sempre o passado, o presente e o futuro: situam-se no presente de sofrimento e, todavia, já levam em si o dom do atendimento, da transformação.

Essa figura basilar, que na investigação mais recente é caracterizada como "personalidade corporativa", os Padres acolheram-na e aprofundaram-na a partir da sua fé em Cristo: nos salmos – diz-nos Agostinho –, é Cristo que reza conjuntamente como Cabeça e como Corpo (veja-se, por exemplo, *En. in Ps.*, 60,1-2; 61,4; 85,1-5). Reza como "Cabeça": como Aquele que nos une a todos num sujeito comum e nos acolhe a todos em Si. E reza como "Corpo": isto significa que a luta de todos nós, as nossas próprias vozes, a nossa tribulação e a nossa esperança estão presentes. Nós mesmos somos orantes desse salmo, mas agora de maneira nova: em comunhão com Cristo. E, a partir d'Ele, passado, presente e futuro estão sempre unidos.

Encontramo-nos sempre de novo no hoje abissal do sofrimento; mas também a ressurreição e a saciedade dos pobres sempre se verificam já "hoje". Em tal perspectiva, nada do horror da Paixão de Jesus é cancelado; pelo contrário, aumenta, porque não é só individual, mas traz em si realmente a tribulação de todos nós. Ao mesmo tempo, porém, o sofrimento de Jesus é uma paixão messiânica: um sofrer em comunhão conosco, por nós; um estar com que deriva do amor e assim já traz em si a redenção, a vitória do amor.

O sorteio das vestes

Os evangelistas narram que os quatro soldados encarregados da execução capital de Jesus dividiram entre si as suas vestes tirando-as à sorte. Isso está de acordo com o costume romano, segundo o qual as vestes do justiçado tocavam ao pelotão de execução. João cita explicitamente o Salmo 22,19, referindo estas palavras: "Repartiam entre si minhas roupas, e sortearam minha veste" (19,24).

Atendo-se ao paralelismo típico da poesia judaica, que exprime um único ato em dois tempos, João distingue duas ações: primeiro, os soldados fizeram quatro partes das vestes de Jesus e dividiram-nas entre si. Depois pegaram na túnica. Esta "era sem costura, como uma só peça, de alto a baixo. Disseram, entre si: 'Não a rasguemos, mas tiremos à sorte, para ver com quem ficará'" (19,23-24).

João pôs tanto cuidado em referir essa notícia da túnica (*chitōn*) sem costura, que com ela quis, obviamente, recordar algo mais do que um detalhe casual. Nesse contexto, alguns exegetas citam uma informação de Flávio Josefo, segundo a qual a túnica (*chitōn*) do sumo sacerdote era tecida com um contínuo e único fio (cf. *Ant. Iud.* III, 7,4). Por isso, nesse aceno discreto do evangelista, é possível talvez individuar uma alusão à dignidade de sumo sacerdote de Jesus: uma dignidade que João apresentara amplamente, do ponto de vista teológico, na Oração Sacerdotal de Jesus. Aquele que ali morre não é apenas o verdadeiro Rei de Israel; é também o Sumo Sacerdote que, precisamente naquela hora da sua desonra extrema, realiza o seu ministério sacerdotal.

Os Padres, ao refletirem sobre esse texto, deram uma acentuação diversa: veem na túnica sem costura, que nem os soldados querem dividir em pedaços, uma imagem da unidade indestrutível da Igreja. A túnica sem costura é expressão da unidade que o Sumo Sacerdote Jesus tinha pedido para os Seus na noite antes da paixão. De fato, na Oração Sacerdotal, estão indivisivelmente ligados o sacerdócio de Jesus e a unidade dos Seus. Aos pés da cruz, divisamos uma vez mais em profundidade a mensagem que Jesus, na sua oração antes de partir ao encontro da morte, nos ofereceu e escreveu nos nossos corações.

"Tenho sede"

No início da crucifixão, como se fazia habitualmente, foi oferecida a Jesus uma bebida anestesiante para atenuar os sofrimentos insuportáveis. Jesus recusou essa bebida; queria suportar o seu sofrimento de forma plenamente consciente (cf. Mc 15,23). No ponto culminante da Paixão, ao sol abrasador do meio-dia, Jesus, suspenso na cruz, bradou: "Tenho sede" (Jo 19,28). Como de costume, foi-lhe oferecido o vinho azedo que os pobres usavam e que se podia qualificar também como vinagre; era considerada uma bebida boa para matar a sede.

Aqui encontramos de novo aquela interpenetração de palavra bíblica e acontecimento, sobre a qual refletimos ao início deste capítulo. Por um lado, a cena é totalmente realista: a sede do Crucificado e a bebida azeda que os soldados costumavam dar nesses casos. Por outro, dela sentimos imediatamente saltar fora o Salmo 69, aplicável à paixão, quando o sequioso se lamenta: "Deram-me vinagre a beber" (v. 22). Jesus é o Justo sofredor. N'Ele, cumpre-se a paixão do Justo, ilustrada pela Escritura nas grandes experiências dos orantes atribulados.

Mas, aqui, como não pensar também no canto da vinha do quinto capítulo do profeta Isaías, sobre o qual já refletimos no contexto do discurso sobre a videira (cf. I Parte, pp. 221-224)? Nele, Deus apresentara a Israel o seu lamento. Numa colina fértil, Ele plantara uma vinha e dedicara-lhe muitos cuidados. "Esperava que ela produzisse uvas boas, mas só produziu uvas azedas" (Is 5,2). A vinha de Israel não produz para Deus o fruto nobre da justiça, que tem o seu fundamento no amor; produz as uvas azedas do homem que se preocupa apenas consigo mesmo; produz vinagre em vez de vinho. O lamento de Deus, que ouvimos no canto profético, concretiza-se nessa hora em que se oferece vinagre ao Redentor sedento.

Assim como o canto de Isaías ilustra, para além da sua hora histórica, o sofrimento de Deus pelo seu povo, assim também a cena da cruz se estende para além da hora da morte de Jesus. Não só Israel, mas também a Igreja, também nós sempre de novo respondemos ao amor carinhoso de Deus com vinagre: com um coração azedo que não quer saber do amor de Deus. "Tenho sede": esse brado de Jesus é dirigido a cada um de nós.

As mulheres junto da cruz; a Mãe de Jesus

Os quatro evangelistas falam-nos, cada um a seu modo, das mulheres junto da cruz. Assim refere Marcos: "E também estavam ali algumas mulheres, olhando de longe, entre elas, Maria Madalena, Maria, mãe de Tiago, o Menor, e de Joset, e Salomé. Elas O seguiam e serviam enquanto esteve na Galileia. E ainda muitas outras que subiram com Ele para Jerusalém" (15,40-41). Embora os evangelistas nada nos digam de modo direto, todavia do simples fato de que a sua presença é mencionada podem-se perceber a consternação e o luto dessas mulheres pelo sucedido.

João, no fim da sua narração da crucifixão, cita uma palavra do profeta Zacarias: "Olharão para Aquele que traspassaram" (19,37; cf. Zc 12,10). No início do Apocalipse, essa palavra, que aqui ilustra a cena junto da cruz, João aplicá-la-á de maneira profética ao tempo final, ao momento do regresso do Senhor, quando todos olharão para Aquele que vem entre as nuvens – o Trespassado – e se lamentarão batendo no peito (cf. 1,7).

As mulheres olham para o Traspassado. Podemos aqui trazer à mente também as outras palavras do profeta Zacarias: "Eles o lamentarão como se fosse a lamentação de um filho único; eles o chorarão como se chora sobre o primogênito" (12,10). Enquanto até a morte de Jesus apenas zombaria e crueldade circundaram o Senhor em seus tormentos, agora os Evangelhos apresentam um epílogo conciliador que conduz à deposição no túmulo e à ressurreição. Estão presentes as mulheres que se mantiveram fiéis; a sua compaixão e o seu amor voltam-se para o Redentor morto.

Por isso, podemos tranquilamente acrescentar também a conclusão do texto de Zacarias: "Naquele dia, haverá para a Casa de Davi e para os habitantes de Jerusalém uma fonte aberta para lavar o pecado e a mancha" (13,1). Olhar para o Traspassado e lamentá-Lo tornam-se já por si mesmos uma fonte de purificação. Tem início a força transformadora da paixão de Jesus.

João não se limita a narrar-nos que, ao pé da cruz de Jesus, estavam mulheres – "sua Mãe, a irmã de sua Mãe, Maria, mulher de Cléofas, e Maria Madalena" (19,25) –, mas continua: "Jesus, então, vendo sua Mãe e, perto dela, o discípulo a quem amava, disse à Sua Mãe: 'Mulher, eis o teu filho'. Depois, disse ao discípulo: 'Eis a tua Mãe'. E, a partir dessa hora, o discípulo A recebeu em sua casa" (19,26-27). Trata-se de uma última vontade de Jesus, quase um ato de adoção. Ele é o único filho de sua Mãe, que, depois da sua morte, ficaria sozinha no mundo. Agora, ao seu lado, coloca o discípulo amado: torna-se, por assim dizer, filho d'Ela em seu lugar e, a partir daquele momento, este é responsável por Ela, acolhe-A consigo. A tradução literal é ainda mais forte; poder-se-ia transcrevê-la mais ou menos assim: ele A acolheu naquilo que lhe era o mais próprio, acolheu-A no seu íntimo contexto de vida. Trata-se, pois, primariamente de um gesto muito humano do Redentor que está para morrer. Não deixa a Mãe sozinha, mas confia-A à solicitude do discípulo que Lhe era muito querido. E assim também ao discípulo é dado um novo lar: a Mãe que cuida dele, e com a qual se preocupa.

Se João comunica fatos humanos desse gênero, quer certamente recordar coisas sucedidas. Todavia o que lhe interessa é sempre algo mais que simples fatos do passado. O acontecimento aponta para além de si mesmo, para aquilo que permanece. Por conseguinte, que pretende ele dizer-nos com isso?

Uma primeira abordagem no-la dá o apelativo usado para a Mãe: "Mulher". Trata-se do mesmo apelativo que Jesus usara nas bodas de Caná (cf. Jo 2,4). Assim, as duas cenas estão relacionadas uma com a outra. Caná fora uma antecipação das bodas definitivas, do vinho novo que o Senhor queria dar. Só agora se torna realidade aquilo que então tinha sido apenas um sinal que aponta o futuro.

Ao mesmo tempo, o apelativo "mulher" remete para a narração da criação, quando o Criador apresenta a mulher a Adão. Este reage a essa nova criatura, dizendo: "Esta, sim, é osso de meus ossos, e carne de minha carne. Ela será chamada 'mulher'..." (Gn 2,23). Nas suas cartas, São Paulo apresentou Jesus como o novo Adão, com o qual recomeça de uma forma nova a humanidade. João diz-nos que, ao novo Adão, pertence novamente "a mulher", que nos apresenta em Maria. No Evangelho, isso permanece uma alusão discreta, que depois pouco a pouco se haveria de desenvolver na fé da Igreja.

O Apocalipse fala do sinal grandioso da mulher que aparece no céu, nele englobando todo o Israel, aliás, a Igreja inteira. Continuamente, a Igreja deve, entre dores, gerar Cristo (cf. 12,1-6). Outro passo na maturação do mesmo pensamento encontramo-lo na Carta aos Efésios, que aplica a Cristo e à Igreja a imagem do homem que deixa o pai e a mãe e se torna uma só carne com a esposa (cf. 5,31-32). Com base no modelo da "personalidade corporativa", a Igreja antiga – segundo o modo de pensar da Bíblia – não teve qualquer dificuldade, por um lado, em reconhecer na mulher, de modo totalmente pessoal, Maria, e, por outro, em ver n'Ela, abraçando todos os tempos, a Igreja esposa e mãe, na qual se expande na história o mistério de Maria.

E como Maria, a mulher, também o discípulo predileto é, simultaneamente, uma figura concreta e um modelo do discipulado que existirá sempre e sempre deve existir. Ao discípulo, que o é verdadeiramente na comunhão de amor com o Senhor, é confiada a mulher: Maria, a Igreja.

A palavra de Jesus na cruz permanece aberta a muitas realizações concretas. Sempre de novo é dirigida quer à Mãe quer ao discípulo, e a cada um é confiada a tarefa de realizá-la na própria vida, tal como está previsto no plano do Senhor. Sempre de novo é pedido ao discípulo que acolha, no mais próprio da sua vida, Maria como pessoa e como Igreja, e, desse modo, dê cumprimento à última vontade de Jesus.

Jesus morre na cruz

Segundo a narração dos evangelistas, Jesus morreu, rezando, à hora nona, isto é, às três horas da tarde. Segundo Lucas, Ele tirara a sua última oração do Salmo 31: "Pai, em tuas mãos entrego o meu espírito" (Lc 23,46; cf. Sl 31,6). Segundo João, a última palavra de Jesus foi esta: "Está consumado" (19,30). No texto grego, esta palavra (*tetélestai*) alude ao início da paixão, à hora do lava-pés, cuja narração é introduzida pelo evangelista sublinhando que Jesus amou os Seus "até o fim (*télos*)" (13,1). Este "fim", este extremo cumprimento do amar foi alcançado agora, no momento da morte. Jesus foi verdadeiramente até o fim, até o limite e para além do limite. Ele realizou a totalidade do amor, deu-Se a Si mesmo.

No capítulo 6, ao tratar da oração de Jesus no monte das Oliveiras, conhecemos, com base em Hebreus 5,9, ainda outro significado da mesma palavra (*teleioũn*): na Torá, significa "iniciação", consagração em ordem à dignidade sacerdotal, isto é, passagem total para a propriedade de Deus. Penso que, recordando a Oração Sacerdotal de Jesus, podemos subentender também aqui tal significado. Jesus cumpriu até ao fundo o ato de consagração, a entrega sacerdotal de Si mesmo e do mundo a Deus (cf. Jo 17,19). Assim, nessa palavra, resplandece o grande mistério da cruz. Cumpriu-se a nova liturgia cósmica. Em lugar de todos os outros atos cultuais, entra a cruz de Jesus como a única verdadeira glorificação de Deus, na qual Deus Se glorifica a Si mesmo por meio d'Aquele em quem Ele nos dá o seu amor e assim nos atrai rumo às alturas para Si.

Os evangelhos sinóticos caracterizam explicitamente a morte na cruz como acontecimento cósmico e litúrgico: o sol escurece-se, o véu do templo rasga-se em dois, a terra treme, os mortos ressuscitam.

Ainda mais importante que o sinal cósmico é um processo de fé: o centurião (comandante do pelotão de execução), abalado com os acontecimentos que vê, reconhece Jesus como Filho de Deus: "Verdadeiramente, este homem era Filho de Deus!" (Mc 15,39). Junto da cruz, tem início a Igreja dos pagãos. A partir da cruz, o Senhor reúne os homens para a nova comunidade da Igreja universal. Em virtude do Filho sofredor, eles reconhecem o verdadeiro Deus.

Enquanto os romanos, como intimidação, deixavam propositadamente pender do instrumento de tortura depois da morte os crucificados, estes, segundo o direito judaico, deviam ser tirados no mesmo dia (cf. Dt 21,22-23). Por isso, era tarefa do pelotão de execução acelerar a morte quebrando-lhes as pernas. Aconteceu assim também no caso dos crucificados no Gólgota. Aos dois "bandidos" foram quebradas as pernas. Chegados a Jesus, porém, veem que Ele já está morto; então renunciam a quebrar-Lhe as pernas; em vez disso, um deles trespassa o lado direito – o coração – de Jesus "e logo saiu sangue e água" (Jo 19,34). É a hora em que são degolados os cordeiros pascais; para estes, vigora a prescrição segundo a qual não se lhes deve quebrar nenhum osso (cf. Ex 12,46). Jesus aparece aqui como o verdadeiro Cordeiro pascal, que é puro e perfeito.

Por conseguinte, nessa palavra, podemos vislumbrar também uma recordação tácita dos inícios da história de Jesus, daquela hora em que o Baptista dissera: "Eis o Cordeiro de Deus, que tira o pecado do mundo" (Jo 1,29). Aquilo que então devia permanecer ainda incompreensível – era apenas uma misteriosa alusão a algo do futuro – agora é realidade. Jesus é o Cordeiro escolhido pelo próprio Deus. Na cruz, Ele carrega o pecado do mundo e "tira-o fora".

Mas, ao mesmo tempo, ressoa também a parte do Salmo 34 em que se lê: "os males do justo são muitos, mas de todos eles o Senhor o liberta. O Senhor guarda seus ossos todos, nenhum deles será quebrado" (vv. 20-21). O Senhor, o Justo, sofreu muito, sofreu tudo, e, todavia, Deus guardou-O: não Lhe foi quebrado nenhum osso.

Saíram sangue e água do coração traspassado de Jesus. Em todos os séculos, a Igreja, segundo a palavra de Zacarias, olhou para esse coração traspassado e nele reconheceu a fonte de bênção indicada antecipadamente no sangue e na água. A palavra de Zacarias impele mesmo a buscar uma compreensão mais profunda daquilo que lá aconteceu.

Um primeiro grau desse processo de penetração encontramo-lo na Primeira Carta de João, que retoma vigorosamente o discurso do sangue e da água saídos do lado de Jesus: "Este é O que veio pela água e pelo sangue: Jesus Cristo; não com a água somente, mas com a água e o sangue. E é o Espírito que testemunha, porque o Espírito é a verdade. Porque três são os que testemunham: o Espírito, a água e o sangue; e os três tendem ao mesmo fim" (5,6-8).

Que entende dizer o autor com a afirmação insistente de que Jesus veio não só com a água, mas também com o sangue? Pode-se provavelmente supor que aluda a uma corrente de pensamento que dava valor apenas ao Batismo, mas punha de lado a cruz. E talvez isso signifique também que se considerava importante só a palavra, a doutrina, a mensagem, mas não "a carne", o corpo vivo de Cristo, exangue na cruz; signifique que se procurava criar um cristianismo do pensamento e das ideias, do qual se queria tirar fora a realidade da carne: o sacrifício e o Sacramento.

Os Padres viram nesse duplo fluxo de sangue e água uma imagem dos dois sacramentos fundamentais – a Eucaristia e o Batismo –, que brotam do lado traspassado do Senhor, do seu coração. São a corrente nova que cria a Igreja e renova os homens. Mas os Padres, diante do lado aberto do Senhor que dorme na cruz o sono da morte, pensaram também na criação de Eva do lado de Adão adormecido, vendo assim, na corrente dos sacramentos, ao mesmo tempo a origem da Igreja: viram a criação da nova mulher do lado do novo Adão.

A deposição de Jesus no sepulcro

Os quatro evangelistas narram-nos que um membro rico do Sinédrio, José de Arimateia, pediu a Pilatos o corpo de Jesus. Marcos (15,43) e Lucas (23,51) acrescentam que José era alguém que "esperava o reino de Deus", enquanto João (cf. 19,38) designa-o como um discípulo secreto de Jesus, um discípulo que até aquele momento, por medo dos círculos judaicos dominantes, não se manifestara como tal. Além disso, João menciona a participação de Nicodemos (cf. 19,39), de cujo diálogo noturno com Jesus sobre nascimento e renascimento do homem falara no capítulo terceiro (cf. vv. 1-8). Depois do drama do processo, em que tudo parecia conjurar contra Jesus e nenhuma voz mais parecia levantar-se em seu favor, chegamos agora ao conhecimento do outro Israel: pessoas que estão à espera; pessoas que se fiam nas promessas de Deus e andam à procura do seu cumprimento; pessoas que reconhecem, na palavra e na obra de Jesus, a irrupção do reino de Deus, o início do cumprimento das promessas.

Até esse momento, tínhamos encontrado pessoas assim nos Evangelhos, sobretudo entre a gente simples: Maria e José, Isabel e Zacarias, Simeão e Ana; e ainda os discípulos, que, embora todos proviessem de diferentes níveis culturais e de correntes diversas em Israel, não pertenciam aos círculos influentes. Agora, depois da morte de Jesus, encontramos dois personagens respeitáveis da classe culta de Israel que, apesar de não terem ainda ousado declarar a sua condição de discípulos, tinham aquele coração simples que torna o homem capaz da verdade (cf. Mt 10,25-26).

Enquanto os romanos abandonavam os corpos dos justiçados na cruz aos abutres, os judeus faziam questão de que fossem sepultados; havia lugares atribuídos pela autoridade judiciária para isso mesmo. Nesse sentido, o pedido de José entra nos costumes judiciários judaicos. Marcos refere que Pilatos se admirou de que Jesus já tivesse morrido e que, primeiro, interpelou o centurião sobre a verdade de tal notícia. Depois da confirmação da morte de Jesus, entregou o corpo de Jesus ao membro do conselho (cf. 15,44-45).

Sobre a própria deposição no túmulo, os evangelistas transmitem-nos uma série de informações importantes. Primeiramente, sublinha-se que José foi pôr o corpo do Senhor num sepulcro novo, de sua propriedade, no qual ainda ninguém fora sepultado (cf. Mt 27,60; Lc 23,53; Jo 19,41). Nisso exprime-se um respeito profundo para com esse defunto. Assim como no Domingo de Ramos se serviu de um jumento que ainda ninguém cavalgara (cf. Mc 11,2), assim também agora Ele é posto num sepulcro novo.

Além disso, é importante a notícia de que José de Arimateia comprou um lençol com o qual envolveu o defunto. Enquanto os sinóticos falam simplesmente de um lençol no singular, João usa o plural "panos" de linho (cf. 19,40) segundo o uso judaico nas sepulturas; a narração da ressurreição retorna sobre isso ainda mais detalhadamente. A questão sobre a concordância com o sudário de Turim não deve aqui ocupar-nos; em todo caso, o aspecto de tal relíquia, em definitivo, é conciliável com ambas as narrações.

Por fim, João narra-nos que Nicodemos trouxe uma mistura de mirra e aloés com "cerca de cem libras". E continua: "Eles tomaram, então, o corpo de Jesus e o envolveram em panos de linho com os aromas, como os judeus costumam sepultar" (19,39-40). A quantidade dos perfumes é extraordinária e supera toda a medida comum: é uma sepultura real. Se no sorteio das vestes tínhamos vislumbrado Jesus como Sumo Sacerdote, agora é o gênero da sua sepultura que O manifesta como Rei: nos momentos em que tudo parece acabado, eis que surge, de modo misterioso, a sua glória.

Os evangelhos sinóticos narram-nos que algumas mulheres observavam a sepultura (cf. Mt 27,61; Mc 15,47), e Lucas informa que se tratava das mulheres "que tinham vindo da Galileia com Jesus" (23,55). E acrescenta: "Em seguida, voltaram e preparam aromas e perfumes. E, no sábado, observaram o repouso prescrito" (23,56). Depois do repouso sabático, ao amanhecer do primeiro dia da semana, elas viriam para ungir o corpo de Jesus e assim efetuar a sepultura definitiva. A unção é uma tentativa para deter a morte, para subtrair o cadáver à decomposição. Mas trata-se de um esforço inútil: a unção pode conservar o defunto apenas como defunto, não pode restituir-lhe a vida.

Ao amanhecer do primeiro dia, as mulheres verão que a sua solicitude pelo defunto e pela sua conservação foi uma solicitude demasiado humana. Verão que Jesus não deve ser conservado na morte, mas que Ele está vivo novamente e só agora vive verdadeiramente. Verão que Deus, de modo definitivo e só a Ele possível, O subtraiu da corrupção e, desse modo, do poder da morte. Todavia, na solicitude e no amor das mulheres preanunciava-se já a madrugada da ressurreição.

3. A morte de Jesus como reconciliação (expiação) e salvação

Neste último ponto, queria procurar fazer ver, pelo menos em grandes linhas, como a Igreja nascente, sob a guia do Espírito Santo, foi lentamente penetrando na verdade mais profunda da cruz, movida pelo desejo de compreender, pelo menos de longe, o motivo e a finalidade dela. Surpreendentemente, uma coisa aparecia clara desde o início: com a cruz de Cristo, os antigos sacrifícios do templo estavam definitivamente superados. Qualquer coisa de novo acontecera.

A expectativa contida na crítica dos profetas, que ganhara expressão de modo particular também nos Salmos, encontrara cumprimento: Deus não queria ser glorificado por meio de sacrifícios de touros e cabritos, cujo sangue não pode purificar o homem nem fazer expiação por ele. O novo culto esperado, e todavia até então ainda não definido, tornara-se uma realidade. Na cruz de Jesus verificou-se aquilo que nos sacrifícios de animais tinha sido tentado em vão: o mundo obtivera a expiação. O "Cordeiro de Deus" carregara sobre Si o pecado do mundo e tinha-o tirado fora. A relação de Deus com o mundo – relação transtornada por causa da culpa dos homens – fora renovada. Realizara-se a reconciliação.

Assim, Paulo podia sintetizar o evento de Jesus Cristo, a sua nova mensagem, com estas palavras: "Pois era Deus que em Cristo reconciliava o mundo consigo, não imputando aos homens as suas faltas e colocando em nós a palavra da reconciliação. Sendo assim, em nome de Cristo exercemos a função de embaixadores e por nosso intermédio é Deus mesmo que vos exorta. Em nome de Cristo suplicamo-vos: reconciliai-vos com Deus" (2 Cor 5,19-20). Conhecemos, sobretudo a partir das Cartas de Paulo, os contrastes agudos que havia na Igreja nascente acerca da questão se a Lei mosaica manteria a sua força vinculadora também para os cristãos. Por isso, não pode deixar de surpreender enormemente o fato de que numa coisa – como se disse – estivessem de acordo desde o início: os sacrifícios do templo – o centro cultual da Torá – estavam superados, Cristo tomara o seu lugar. O templo permanecia um lugar venerável de oração e anúncio; porém, os seus sacrifícios já não eram válidos para os cristãos.

Contudo, mais precisamente, como se devia compreender isso? Na literatura neotestamentária, há diversas tentativas de interpretar a cruz de Cristo como o novo culto, a verdadeira expiação e a verdadeira purificação do mundo inquinado.

Já várias vezes falamos do texto fundamental de Romanos 3,25, no qual Paulo claramente retoma uma tradição da primeira comunidade judaico-cristã de Jerusalém, designando Jesus crucificado como *hilastērion*. Com esse termo, como vimos, indica-se a cobertura da Arca da Aliança que, durante o sacrifício expiatório no grande dia da Expiação, era aspergida com o sangue da reparação. Digamos imediatamente como agora os cristãos interpretavam esse rito arcaico: não é o contato de sangue animal com uma alfaia sagrada que reconcilia Deus e o homem. Na paixão de Jesus, toda a imundície do mundo entrou em contato com o imensamente Puro, com a alma de Jesus Cristo e, desse modo, com o próprio Filho de Deus. Se habitualmente a realidade suja, por meio do contato, contagia e mancha a realidade pura, aqui temos o contrário: em que o mundo, com toda a sua injustiça e as crueldades que o mancham, entra em contato com o imensamente Puro, aí Ele, o Puro, revela-Se o mais forte. Nesse contato, a imundície do mundo é realmente absorvida, anulada, transformada por meio do sofrimento do amor infinito. Visto que no Homem Jesus está presente o bem infinito, agora, na história do mundo, está presente e ativa a força antagonista de toda a forma de mal; o bem é sempre infinitamente maior do que toda a massa do mal, por mais terrível que esta se apresente.

Se procurarmos refletir um pouco mais a fundo sobre essa convicção, encontramos a resposta também para uma objeção que teima em levantar-se contra a ideia de expiação. Sempre de novo se diz: porventura não é cruel um Deus que exige uma expiação infinita? Não se trata de uma ideia indigna de Deus? Não teremos porventura, para defender a pureza da imagem de Deus, de renunciar à ideia de expiação? No discurso sobre Jesus como *hilastērion*, torna-se evidente que o perdão efetivo, que se verifica a partir da cruz, realiza-se de modo precisamente inverso. A realidade do mal, da injustiça que deturpa o mundo e conjuntamente mancha a imagem de Deus… tal realidade existe, por culpa nossa. Não se pode simplesmente ignorar, temos de desfazer-nos dela. Ora, acontece não que um Deus cruel venha pedir algo de infinito, mas precisamente o contrário: o próprio Deus coloca-Se como lugar de reconciliação e, no seu Filho, carrega o sofrimento sobre Si. O próprio Deus introduz no mundo, sob a forma de dom, a sua pureza infinita. O próprio Deus "bebe o cálice" de tudo aquilo que é terrível e, assim, restabelece o direito por meio da grandeza do seu amor, o qual, pelo sofrimento, transforma a escuridão.

Objetivamente, o Evangelho de João (especialmente com a teologia da Oração Sacerdotal) e a Carta aos Hebreus (com toda a sua interpretação da Torá cultual na perspectiva da teologia da cruz) desenvolveram precisamente esses pensamentos e, assim, ao mesmo tempo tornaram evidente como, na cruz, se realiza o sentido íntimo do Antigo Testamento: não apenas a crítica cultual dos profetas, mas também, de modo positivo, aquilo que sempre fora o significado e a intenção do culto.

Tirando-o da grande riqueza da Carta aos Hebreus, queria propor aqui à reflexão apenas um texto fundamental. O autor qualifica o culto do Antigo Testamento como "sombra" (10,1), explicando-o deste modo: "Além do mais, é impossível que o sangue de touros e bodes elimine os pecados" (10,4). Depois cita o Salmo 40,7-9 e interpreta as palavras do salmo como diálogo do Filho com o Pai, um diálogo em que se cumpre a Encarnação e, ao mesmo tempo, torna-se realidade a nova forma do culto divino: "Não quiseste sacrifícios nem oblações, mas formaste-Me um corpo. Não Te agradaram holocaustos nem imolações pelo pecado. Então Eu disse: 'Eis-Me aqui; no livro sagrado está escrito a meu respeito: Eu venho, ó Deus, para fazer a tua vontade'" (Hb 10,5- 7; cf. Sl 40,7-9).

Nessa breve citação do salmo há uma alteração importante relativamente ao texto original, uma alteração que apresenta o ponto final de um desenvolvimento em três etapas na teologia do culto. Enquanto na Carta aos Hebreus se lê: "Formaste-Me um corpo", o salmista dissera: "Abriste-me os ouvidos". Aqui, em lugar dos sacrifícios do templo, já tinha entrado a obediência. A vida estruturada sobre a base da Palavra de Deus e no âmbito dela fora reconhecida como o verdadeiro modo de venerar a Deus. Nisso, o salmo cruzava-se com uma corrente do espírito grego, no último período antes do nascimento de Cristo: também no mundo grego se sentia cada vez mais insistentemente a insuficiência dos sacrifícios animais, dos quais Deus não tem necessidade e nos quais não se dá a Deus aquilo que Ele poderia esperar do homem. Assim, aparece aqui formulada a ideia do "sacrifício sob a forma de palavra": a oração, a abertura do espírito humano para Deus é o verdadeiro culto. Quanto mais o homem se torna palavra – ou melhor, se torna resposta a Deus com a sua vida inteira –, tanto mais ele realiza o culto justo.

No Antigo Testamento, desde os inícios dos Livros de Samuel até a profecia tardia de Daniel, encontramos incessantemente uma busca laboriosa por esse pensamento, que se identifica cada vez mais estreitamente com o amor pela Palavra orientadora de Deus, isto é, pela Torá. Deus é venerado de modo justo, se vivermos na obediência à sua Palavra e, assim, plasmados interiormente pela sua vontade, tornarmo-nos conformes a Deus.

Mas, por outro lado, permanece ainda a impressão de insuficiência. A nossa obediência falha sempre de novo. Impõe-se sempre de novo a vontade pessoal. E o profundo sentido da insuficiência de toda a obediência humana à palavra de Deus faz irromper sempre de novo o desejo da expiação, que, todavia, em virtude de nós mesmos e da nossa "prestação de obediência", não se pode realizar. Por isso, depois, mesmo no meio do discurso sobre a insuficiência dos holocaustos e dos sacrifícios, irrompe também sempre de novo o desejo de que estes possam retornar de modo mais perfeito (ver, por exemplo, Sl 51,19-21).

Na versão que a palavra do Salmo 40 recebeu na Carta aos Hebreus, está contida a resposta a tal desejo: o desejo de que a Deus seja dado aquilo que nós não somos capazes de Lhe dar, e que, no entanto, o dom seja nosso e se cumpra plenamente. O salmista rezara: "Não Te agradaram holocaustos nem imolações pelo pecado, mas abriste-me os ouvidos". O verdadeiro *Logos*, o Filho, diz ao Pai: "Não quiseste sacrifícios nem oblações, mas formaste-Me um corpo". O próprio *Logos*, o Filho, faz-Se carne; assume um corpo humano. Desse modo é possível uma nova forma de obediência, uma obediência que ultrapassa todo o cumprimento humano dos Mandamentos. O Filho torna-Se Homem e, no seu corpo, reconduz a Deus a humanidade inteira. Só o Verbo feito carne, cujo amor se cumpre na cruz, é a obediência perfeita. N'Ele, não se tornou definitiva apenas a crítica aos sacrifícios do templo, mas cumpriu-se também o desejo que ainda restava: a sua obediência "corpórea" é o novo sacrifício para dentro do qual Ele nos atrai a todos nós e no qual, ao mesmo tempo, a nossa desobediência fica anulada por meio do seu amor.

Em outras palavras, a nossa moralidade pessoal não basta para venerar de modo justo a Deus; isto o esclareceu São Paulo, com grande vigor, na controvérsia sobre a justificação. Mas o Filho feito carne carrega em Si todos nós e, assim, dá aquilo que nós, sozinhos, não podemos dar. Por isso, faz parte da vida cristã tanto o sacramento do Batismo, como nossa entrada na obediência de Cristo, como a Eucaristia na qual a obediência do Senhor na cruz nos abraça a todos, nos purifica e atrai na adoração perfeita realizada por Jesus Cristo.

Aquilo que a Igreja nascente, na assimilação orante do Antigo Testamento e do caminho de Jesus, diz aqui sobre a Encarnação e a cruz, situa-se no centro da busca dramática, que se desenrola naquele período, pela justa compreensão da relação entre Deus e o homem. Não responde só ao "porquê" da cruz, mas contemporaneamente também às perguntas angustiantes, quer para o mundo judaico quer para o pagão, sobre o modo como pode o homem tornar-se reto diante de Deus e, vice-versa, como pode compreender de maneira justa o Deus misterioso e oculto, suposto que isto esteja ao alcance dos homens.

Com base em todas as reflexões anteriores, já se tornou evidente que assim foi elaborada uma interpretação teológica não só da cruz e ainda – a partir da cruz – dos sacramentos cristãos fundamentais, isto é, do culto cristão, mas também é sempre acentuada, igualmente, a dimensão existencial: isto implica o que para mim? Que significa para o meu caminho de pessoa humana? A obediência "corpórea" de Jesus se apresenta exatamente como espaço aberto no qual nós somos acolhidos e por meio do qual a nossa vida pessoal encontra um novo contexto. O mistério da cruz não está simplesmente diante de nós, mas envolve-nos, dando um novo valor à nossa vida.

Esse lado existencial da nova concepção de culto e sacrifício aparece particularmente claro no capítulo 12 da Carta aos Romanos: "Exorto-vos portanto, irmãos, pela misericórdia de Deus, a que ofereçais vossos corpos como sacrifício vivo, santo e agradável a Deus: este é o vosso culto espiritual [literalmente: como culto sob a forma de palavra]" (v. 1). Retoma-se aqui o conceito do culto a Deus por meio da palavra (*logikē latreía*) e entende-se como o abandono a Deus de toda a existência, abandono em que, por assim dizer, o homem inteiro se torna como que palavra, se torna conforme a Deus. Nisso sublinha-se a dimensão da corporeidade: é precisamente a nossa existência corpórea que deve ser permeada pela Palavra e tornar-se dom para Deus. Pondo em grande relevo a impossibilidade da justificação com base na própria moralidade, Paulo pressupõe aqui, sem dúvida, que esse novo culto dos cristãos, no qual eles mesmos são o "sacrifício vivo e santo", seja possível apenas na participação do amor corporizado de Jesus Cristo, aquele amor que, por meio do poder da sua santidade, supera toda a nossa insuficiência.

Por um lado, se devemos dizer que Paulo, com a citada exortação, não cede a qualquer forma de moralismo nem contradiz de modo algum a sua doutrina a propósito da justificação mediante a fé e não pelas obras, por outro lado, torna-se evidente que, com essa doutrina da justificação, o homem não fica condenado à passividade, não se torna um destinatário apenas passivo da justiça de Deus que, então, no fundo, permaneceria sempre como algo externo a ele. Não; a grandeza do amor de Cristo mostra-se precisamente no fato de que Ele nos acolhe em Si no seu sacrifício vivo e santo, não obstante toda a nossa miserável insuficiência, de tal modo que nos tornamos verdadeiramente o "seu Corpo".

No capítulo 15 da Carta aos Romanos, Paulo retoma o mesmo pensamento, e com muita insistência, interpretando o seu apostolado como sacerdócio e designando os pagãos que se tornaram crentes como o sacrifício vivo agradável a Deus: "escrevi-vos em virtude da graça que me foi concedida por Deus de ser ministro de Jesus Cristo para os gentios, a serviço do Evangelho de Deus, para que os gentios se tornem uma oferta agradável a Deus, santificada pelo Espírito Santo" (15,15-16).

Em tempos mais recentes, esse modo de falar do sacerdócio e do sacrifício foi qualificado como simplesmente alegórico. Tratar-se-ia de sacerdócio e sacrifício apenas em sentido impróprio, puramente espiritual, e não em sentido cultual, real. Mas o próprio Paulo e toda a Igreja antiga viram isso precisamente em sentido oposto. Para eles, os sacrifícios materiais eram sacrifício e culto apenas em sentido impróprio: uma tentativa de tender para algo que, todavia, não eram capazes de realizar. O culto verdadeiro é o homem vivo, que se tornou inteiramente resposta a Deus, plasmado pela sua Palavra, que cura e transforma. Consequentemente, o verdadeiro sacerdócio é aquele ministério da Palavra e do Sacramento que transforma os homens em dom para Deus e torna o universo louvor ao Criador e Redentor. Por isso, Cristo que Se oferece a Si mesmo na cruz é o verdadeiro Sumo Sacerdote, para o qual apontava de modo simbólico o sacerdócio de Aarão. O dom que Jesus faz de Si mesmo – a sua obediência que nos acolhe a todos nós e nos reconduz a Deus – é, por conseguinte, o verdadeiro culto, o verdadeiro sacrifício.

Por isso, no centro do ministério apostólico e do anúncio do Evangelho que conduz à fé, deve estar o ingresso no mistério da cruz. Consequentemente, se na celebração da Eucaristia, na participação sempre nova no mistério sacerdotal de Jesus Cristo, podemos ver o centro do culto cristão, contudo há que ter sempre presente a sua extensão total: o objetivo constante é atrair para dentro do amor de Cristo todo indivíduo e o mundo, de modo que todos se tornem juntamente com Ele "uma oferta agradável a Deus, santificada pelo Espírito Santo" (Rm 15,16).

A partir destas reflexões, o olhar abre-se para uma última dimensão da ideia cristã de culto e sacrifício. Esta se torna evidente no versículo da Carta aos Filipenses, na qual Paulo prevê o seu martírio e, ao mesmo tempo, faz uma interpretação teológica dele: "Ainda que o meu sangue tenha de ser derramado como sacrifício na liturgia da vossa fé, alegro-me e congratulo-me com todos vós" (2,17; cf. 2 Tm 4,6). Paulo considera o seu possível martírio como liturgia e como um acontecimento sacrificial. Também aqui não se trata simplesmente de uma alegoria e de um modo impróprio de falar; mas, no martírio, ele é arrastado totalmente para dentro da obediência de Cristo, dentro da liturgia da cruz e, desse modo, dentro do verdadeiro culto.

Com base nessa interpretação, a Igreja antiga pôde compreender o martírio na sua verdadeira profundidade e grandeza. Assim, por exemplo, Santo Inácio de Antioquia, segundo a tradição, definiu a si mesmo como trigo de Cristo, que no martírio é moído para se tornar pão de Cristo (cf. *Ad Rom.* 4,1). Na narração do martírio de São Policarpo, conta-se que as chamas do fogo, no qual ele devia ser queimado, tomaram a forma de uma vela de navio enfunada pelo vento; assim o fogo "rodeou o corpo; e este estava posto no meio, não como carne que é queimada, mas como um pão que coze", e emanava "um odor de tal suavidade que parecia que se estava queimando incenso" (*Mart. Polyc.*, 15). E os cristãos de Roma interpretaram de forma análoga o martírio de São Lourenço, que foi queimado na grelha. Nisso viam não somente a sua perfeita união com o mistério de Cristo, que no martírio Se tornou pão para nós, mas também uma imagem da existência cristã em geral: nas tribulações da vida, somos lentamente purificados no fogo; podemos, por assim dizer, tornar-nos pão, na medida em que, na nossa vida e no nosso sofrimento, se comunica o mistério de Cristo e o seu amor faz de nós um dom para Deus e para os homens.

Vivendo o Evangelho e padecendo por ele, a Igreja, sob a guia da mensagem apostólica, aprendeu a compreender cada vez mais o mistério da cruz, embora este, em última análise, não se deixe reduzir às categorias da nossa razão: na cruz, a obscuridade e a ilogicidade do pecado encontram-se com a santidade de Deus na sua luminosidade ofuscante para os nossos olhos, e isto ultrapassa a nossa lógica. Todavia, na mensagem do Novo Testamento e na sua realização na vida dos santos, o grande mistério tornou-se totalmente luminoso.

O mistério da expiação não deve ser sacrificado a algum presunçoso racionalismo. Aquilo que o Senhor respondeu ao pedido feito pelos filhos de Zebedeu a propósito dos tronos ao lado d'Ele permanece uma palavra-chave para a fé cristã como tal: "O Filho do homem não veio para ser servido, mas para servir e dar a vida em resgate por muitos" (Mc 10,45).

CAPÍTULO 9

A ressurreição de Jesus da morte

1. A RESSURREIÇÃO DE JESUS: DE QUE SE TRATA?

"Se Cristo não ressuscitou, então é vã a nossa pregação, é vã a vossa fé. E nós aparecemos ainda como falsas testemunhas de Deus, porque contra Deus afirmamos que Ele ressuscitou a Cristo" (1 Cor 15,14-15). Com essas palavras, São Paulo põe drasticamente em relevo a importância que a fé na ressurreição de Cristo tem para a mensagem cristã no seu conjunto: é o seu fundamento. A fé cristã está de pé ou cai com a verdade do testemunho segundo o qual Cristo ressuscitou dos mortos.

Caso se suprima isso, certamente ainda se pode recolher da tradição cristã uma série de ideias dignas de nota sobre Deus e sobre o homem, sobre o ser do homem e sobre o seu dever ser (uma espécie de concepção religiosa do mundo), mas a fé cristã está morta. Nesse caso, Jesus é uma personalidade religiosa falida; uma personalidade que, não obstante a sua falência, continua a ser grande e pode impor-se à nossa reflexão, mas permanece numa dimensão puramente humana e a sua autoridade é válida na medida em que a sua mensagem nos convence. Ele deixa de ser o critério de medida; então o critério é apenas a nossa avaliação pessoal, que escolhe do seu patrimônio aquilo que parece útil. E isso significa que estamos abandonados a nós mesmos. A nossa avaliação pessoal é a última instância.

Somente se Jesus ressuscitou aconteceu algo de verdadeiramente novo, que muda o mundo e a situação do homem. Então Ele, Jesus, torna-Se o critério no qual podemos fiar-nos; porque então Deus manifestou-Se verdadeiramente.

Por isso, na nossa pesquisa sobre a figura de Jesus, a ressurreição é o ponto decisivo. Que Jesus *tenha existido* só no passado ou, pelo contrário, *exista* também no presente, depende da ressurreição. No "sim" ou no "não" a essa questão não nos pronunciamos sobre um acontecimento particular ao lado de outros, mas sobre a figura de Jesus como tal.

Por isso é necessário ouvir, com atenção particular, o testemunho sobre a ressurreição que nos oferece o Novo Testamento. Entretanto, de entrada, devemos constatar que tal testemunho, considerado do ponto de vista histórico, se nos apresenta de forma particularmente complexa que levanta muitas questões.

O que é que aconteceu lá? Vê-se claramente nas testemunhas que encontraram o Ressuscitado, que isso não era fácil de exprimir. Viram-se diante de um fenômeno totalmente novo para elas mesmas, porque ultrapassava o horizonte das suas experiências. E se a realidade do sucedido as deixara fortemente agitadas e as impelia a testemunhá-la, contudo aquela era totalmente inusitada. São Marcos narra-nos que os discípulos, ao descerem do monte da Transfiguração, refletiam preocupados sobre a palavra de Jesus, segundo a qual o Filho do homem havia de "ressuscitar dos mortos". E perguntavam-se entre si que queria dizer "ressuscitar dos mortos" (9,9-10). Isso, de fato, em que consiste? Os discípulos não o sabiam; só o encontro com a realidade lhes permitira aprendê-lo.

Quem se aproxima das narrações da ressurreição com a ideia de saber o que é a ressurreição dos mortos, não pode deixar de interpretar de modo errado tais narrações, acabando depois por pô-las de parte como coisa insensata. Eis como Rudolf Bultmann objetou à fé na ressurreição: ainda que Jesus tivesse voltado do sepulcro, contudo, dever-se-ia dizer que "tal acontecimento miraculoso da natureza, como a reanimação de um morto", em nada nos ajudaria e, do ponto de vista existencial, seria irrelevante (cf. *Neues Testament und Mythologie*, p. 19).

E compreende-se! De fato, se na ressurreição de Jesus se tratasse apenas do milagre de um cadáver reanimado, em última análise isso não nos interessaria de forma alguma. Com efeito, não seria mais importante que a reanimação, devido à habilidade dos médicos, de pessoas clinicamente mortas. Para o mundo enquanto tal e para a nossa existência, nada teria mudado. O milagre de um cadáver reanimado significaria que a ressurreição de Jesus era a mesma coisa que a ressurreição do jovem de Naim (cf. Lc 7,11-17), da filha de Jairo (cf. Mc 5,22-24.35-43 e paralelos), ou de Lázaro (cf. Jo 11,1-44). Na realidade, depois de um tempo mais ou menos breve, eles voltaram à vida que tinham antes, para mais tarde, em certo momento, morrerem definitivamente.

Os testemunhos neotestamentários não deixam qualquer dúvida sobre o fato de que, na "ressurreição do Filho do homem", tinha sucedido algo de totalmente diverso. A ressurreição de Jesus foi a evasão para um gênero de vida totalmente novo, para uma vida já não sujeita à lei do morrer e do transformar-se, mas situada para além disso: uma vida que inaugurou uma nova dimensão de ser homem. Por isso, a ressurreição de Jesus não é um acontecimento singular, que possamos menosprezar e que pertenceria apenas ao passado, mas é uma espécie de "mutação decisiva" (expressão equívoca, mas usada aqui analogicamente), um salto de qualidade. Na ressurreição de Jesus foi alcançada uma nova possibilidade de ser homem, uma possibilidade que interessa a todos e abre um futuro, um novo gênero de futuro para os homens.

Portanto, com razão, Paulo ligou inseparavelmente entre si a ressurreição dos cristãos e a ressurreição de Jesus: "Se, de fato, os mortos não ressuscitam, também Cristo não ressuscitou. [...] Mas não. Cristo ressuscitou dos mortos, como primícias dos que morreram" (1 Cor 15,16.20). A ressurreição de Cristo ou é um acontecimento universal ou não existe: diz-nos São Paulo. E somente se a entendermos como acontecimento universal, como inauguração de uma nova dimensão da existência humana, é que estaremos no caminho de uma interpretação justa do testemunho sobre a ressurreição presente no Novo Testamento.

Daqui se compreende a peculiaridade de tal testemunho neotestamentário. Jesus não voltou a uma vida humana normal deste mundo, como sucedera com Lázaro e os outros mortos ressuscitados por Ele. Saiu para uma vida diversa, nova: saiu para a vastidão de Deus e é a partir dela que Se manifesta aos Seus.

Mesmo para os discípulos, tratava-se de uma realidade totalmente inesperada, perante a qual precisaram de tempo para se orientar. É verdade que a fé judaica conhecia a ressurreição dos mortos no fim dos tempos. A vida nova estava associada com o início de um mundo novo e, nessa perspectiva, até se compreendia bem: se há um mundo novo, nele naturalmente existe também um modo novo de vida. Mas uma ressurreição para uma condição definitiva e diferente, no meio do mundo velho que continua a existir, isso não estava previsto e, portanto, inicialmente não era sequer compreensível. Por isso, num primeiro tempo, a promessa da ressurreição restara inatingível para os discípulos.

O processo para se tornar crente desenrola-se de modo análogo ao que sucedeu com a cruz. Ninguém pensara em um Messias crucificado. Agora o "fato" estava ali; e, com base em tal fato, era preciso ler a Escritura de modo novo. Vimos, no capítulo anterior, como partindo do inesperado a Escritura se tinha aberto de modo novo e, assim, o próprio fato tinha adquirido o seu sentido. Obviamente, a nova leitura da Escritura só podia começar depois da ressurreição, porque só em virtude dela é que Jesus fora acreditado como enviado de Deus. Agora se deviam buscar ambos os acontecimentos – cruz e ressurreição – na Escritura, compreendê-los de modo novo e, assim, chegar à fé em Jesus como Filho de Deus.

Isso pressupõe ainda que a ressurreição fosse, para os discípulos, tão real como a cruz; pressupõe que eles fossem simplesmente conquistados pela realidade, que, depois de toda a hesitação e maravilha inicial, já não pudessem opor-se à realidade: é verdadeiramente Ele. Ele vive e falou-nos, concedeu-nos tocá-Lo, embora já não pertencesse ao mundo das coisas que normalmente se podem tocar.

O paradoxo era indescritível: que Ele fosse totalmente diverso – não um cadáver reanimado, mas alguém que, por virtude de Deus, vivia de modo novo e para sempre – e que, ao mesmo tempo, enquanto tal, ou seja, já não pertencendo ao nosso mundo, estivesse presente de modo real Ele mesmo, na sua plena identidade. Tratava-se de uma experiência absolutamente única, que ultrapassava os horizontes habituais da experiência e, não obstante, para os discípulos era totalmente incontestável. A partir disso explica-se a peculiaridade dos testemunhos acerca da ressurreição: falam de algo paradoxal, de qualquer coisa que supera toda experiência, mas que está presente de modo absolutamente real.

Mas pode verdadeiramente ter sido assim? Poderemos nós, sobretudo enquanto pessoas modernas, dar crédito a testemunhos do gênero? O pensamento "iluminado" diz que não. Para Gerd Lüdmann, por exemplo, resulta evidente que, na sequência da "transformação da imagem científica do mundo [...], as ideias tradicionais sobre a ressurreição de Jesus" há que as "considerar superadas" (citado segundo Wilckens, I/2, pp. 119-120). Mas que significa precisamente "a imagem científica do mundo"? Até onde chega a sua normatividade? Hartmut Gese, no seu importante contributo *Die Frage des Weltbildes*, para o qual de bom grado aqui remeto, descreveu cuidadosamente os limites de tal normatividade.

Naturalmente, não pode haver alguma contradição com aquilo que constitui um claro dado científico. É certo que, nos testemunhos sobre a ressurreição, fala-se de algo que não ocorre no mundo da nossa experiência. Fala-se de qualquer coisa de novo, qualquer coisa que até então é única: fala-se de uma nova dimensão da realidade que se manifesta. A fé na ressurreição não contesta a realidade existente, mas ela afirma: há uma dimensão ulterior, além das que conhecemos até agora. Porventura está isso em contraste com a ciência? Verdadeiramente só pode existir aquilo que desde sempre existiu? Não pode haver uma realidade inesperada, inimaginável, uma realidade nova? Se Deus existe, não pode Ele criar também uma dimensão nova da realidade humana? Da realidade em geral? No fundo, não vive a criação na expectativa dessa última e mais alta "mutação", desse definitivo salto de qualidade? Não aguarda porventura a unificação do finito com o infinito, a unificação entre o homem e Deus, a superação da morte?

Em toda a história daquilo que vive, os inícios das novidades são pequenos, quase invisíveis: podem ser ignorados. O próprio Senhor disse que "o reino dos céus", neste mundo, é como um grão de mostarda, a menor de todas as sementes (cf. Mt 13,31-32 e paralelos); mas traz em si as potencialidades infinitas de Deus. A ressurreição de Jesus, do ponto de vista da história do mundo, é pouco vistosa, é a menor semente da história.

Essa inversão das proporções faz parte dos mistérios de Deus. No fim das contas, aquilo que é grande, poderoso, é a realidade pequenina. E a semente pequenina é a realidade verdadeiramente grande. Desse modo, a ressurreição entrou no mundo somente por algumas aparições misteriosas aos escolhidos. E, no entanto, ela era o início verdadeiramente novo: aquilo de que, secretamente, tudo estava à espera. E, para as poucas testemunhas – precisamente porque elas mesmas não conseguiam capacitar-se a seu respeito –, era um acontecimento tão revolucionário e real, tão poderoso ao manifestar-se a elas que toda a dúvida se desvanecia, e tais testemunhas, com uma coragem absolutamente nova, apresentaram-se diante do mundo para testemunhar: Cristo verdadeiramente ressuscitou.

2. Os dois tipos diversos de testemunho da ressurreição

Dediquemo-nos agora aos diversos testemunhos sobre a ressurreição no Novo Testamento. Ao examiná-los, constatar-se-á, antes de qualquer coisa, que existem dois tipos diferentes de testemunho, que podemos designar como tradição em forma de profissão de fé e tradição em forma de narração.

2.1. A tradição em forma de profissão de fé

A tradição em forma de profissão de fé sintetiza o essencial em breves fórmulas, que querem conservar o núcleo do acontecimento. Estas são a expressão da identidade cristã, precisamente a "profissão" graças à qual nos reconhecemos mutuamente e que nos faz reconhecer diante de Deus e dos homens. Quero propor três exemplos.

A história dos discípulos de Emaús termina referindo que os dois encontram em Jerusalém os onze discípulos reunidos e são saudados por eles com as palavras: "Realmente o Senhor ressuscitou e apareceu a Simão" (Lc 24,34). Com base no contexto, essa frase aqui é, acima de tudo, uma espécie de breve narração, mas está destinada já a tornar-se uma aclamação e uma profissão de fé na qual o essencial aparece afirmado: o próprio acontecimento e a testemunha que é sua garantia.

Encontramos uma combinação de duas fórmulas no capítulo 10 da Carta aos Romanos: "Se confessares com a tua boca que Jesus é o Senhor e creres em teu coração que Deus O ressuscitou dentre os mortos, serás salvo" (v. 9). Aqui, de forma análoga à narração sobre a confissão de Pedro em Cesareia de Filipe (cf. Mt 16,13-20), a profissão de fé tem duas partes: afirma-se que Jesus é "o Senhor" e desse modo, com base no significado veterotestamentário da palavra "Senhor", evoca-se a sua divindade. Junta-se a profissão do acontecimento histórico fundamental: Deus ressuscitou-O dos mortos. Aqui já se diz também qual é o significado que a profissão de fé tem para o cristão: realiza a salvação; coloca-nos dentro da verdade que é salvação. Temos aqui uma primeira formulação das profissões batismais, em que o fato de Cristo ser Senhor aparece todas as vezes ligado com a história da sua vida, da sua Paixão e da sua ressurreição. No Batismo, o homem entrega-se à nova existência do Ressuscitado. A profissão de fé torna-se vida.

A profissão de fé absolutamente mais importante entre os testemunhos da ressurreição encontra-se no capítulo 15 da Primeira Carta aos Coríntios. De maneira idêntica ao que faz na narração da Última Ceia (cf. 1 Cor 11,23-26), Paulo sublinha, com grande vigor, que aqui não propõe palavras suas: "Transmiti-vos, em primeiro lugar, aquilo que eu mesmo recebi" (15,3). Aqui Paulo coloca-se, conscientemente, dentro da cadeia de recepção e transmissão. Aqui, tratando-se de uma realidade essencial, da qual tudo depende, requer-se sobretudo fidelidade. E Paulo, que sempre sublinha intensamente o seu testemunho pessoal do Ressuscitado e o seu apostolado recebido diretamente do Senhor, aqui insiste com grande destaque na fidelidade literal ao transmitir aquilo que recebeu; insiste na tradição comum da Igreja desde os inícios.

O "Evangelho", de que Paulo trata aqui, é o fundamento "no qual", diz ele, "permaneceis firmes e pelo qual sois salvos, se o guardais como eu vo-lo anunciei" (15,1-2). Dessa mensagem central não interessa apenas o conteúdo, mas também a formulação literal, à qual não se pode aduzir alguma alteração. Dessa ligação com a tradição, que remonta aos inícios, deriva tanto a obrigatoriedade universal como a uniformidade da fé. "Tanto eu como eles, eis o que pregamos. Eis também o que acreditastes" (15,11). No seu núcleo, a fé é uma só até na sua própria formulação literal: ela une todos os cristãos.

Neste ponto, a investigação pôs-se ainda a questionar quando e de quem teria Paulo recebido tal profissão de fé, como também a tradição sobre a Última Ceia. Seja como for, tudo isso faz parte da primeira catequese que ele, como convertido, recebeu talvez ainda em Damasco; mas uma catequese que no seu núcleo partira, sem dúvida, de Jerusalém e, por conseguinte, remontava aos anos 30; é, portanto, um verdadeiro testemunho das origens.

Na versão da 1 Coríntios, o texto transmitido foi ampliado por Paulo, tendo acrescentado, além do mais, a referência ao seu encontro pessoal com o Ressuscitado. Para a ideia que tinha de si mesmo e para a fé da Igreja nascente, parece-me importante o fato de que São Paulo se sentisse legitimado a juntar à profissão de fé original, com o mesmo caráter vinculativo, a aparição que lhe fez o Ressuscitado e a missão de apóstolo a ela conexa. Estava claramente convencido de que tal revelação do Ressuscitado a ele mesmo entrasse ainda na formação da profissão de fé; que tal revelação, como elemento essencial e destinado a todos, fizesse parte da fé da Igreja universal.

Vejamos agora o texto no seu todo, tal como se encontra em Paulo:

> 3 *Cristo morreu por nossos pecados, segundo as Escrituras.*
> 4 *Foi sepultado, ressuscitou ao terceiro dia, segundo as Escrituras.*
> 5 *Apareceu a Cefas e depois aos Doze.*

6 *Em seguida, apareceu a mais de quinhentos irmãos de uma vez,*
a maioria dos quais ainda vive [...].
7 *Posteriormente, apareceu a Tiago, e, depois, a todos os Apóstolos.*
8 *Em último lugar, apareceu-me também a mim como a um abortivo.*

(1 Cor 15,3-8)

Segundo a opinião da maior parte dos exegetas, a verdadeira profissão de fé original termina com o versículo 5, isto é, com a aparição a Cefas e aos Doze. Bebendo em tradições posteriores, Paulo acrescentou Tiago, os mais de quinhentos irmãos e "todos" os Apóstolos, usando obviamente um conceito de "apóstolo" que ultrapassa o do círculo dos Doze. Tiago é importante, porque com ele entra no círculo dos crentes a família de Jesus, que antes claramente mantivera reservas (cf. Mc 3,20-21.31-35; Jo 7,5), e porque é ele que mais tarde, após a fuga de Pedro de Jerusalém, assumirá a guia da Igreja-mãe na Cidade Santa.

A morte de Jesus

Debrucemo-nos agora sobre a profissão de fé verdadeira e própria, que requer um exame mais atento. Começa com a frase: "Cristo morreu por nossos pecados, segundo as Escrituras". O fato da morte é interpretado por meio de dois acréscimos: "por nossos pecados" e "segundo as Escrituras".

Começamos pela segunda afirmação, que é importante para esclarecer o modo como se comportava a Igreja nascente quanto aos fatos da vida de Jesus. Aquilo que o Ressuscitado ensinara aos discípulos de Emaús torna-se agora o método fundamental para a compreensão da figura de Jesus: tudo o que aconteceu referido a Ele é cumprimento da "Escritura". Só com base na "Escritura", no Antigo Testamento, é possível compreendê-lo. Isso, aplicado à morte de Jesus na cruz, significa: tal morte não aconteceu por acaso. Entra no contexto da história de Deus com o seu povo; desta recebe a sua lógica e o seu significado. É um acontecimento em que se cumprem palavras da Escritura: um acontecimento que contém um *logos*, uma lógica, um acontecimento que provém da Palavra e entra na Palavra, lhe dá crédito e a cumpre.

O modo como compreender melhor esse íntimo entrelaçamento de Palavra e acontecimento, indica-o o outro acréscimo: foi um morrer "por nossos pecados". Uma vez que essa morte tem a ver com a Palavra de Deus, tem a ver conosco, é um morrer "por". Vimos, no capítulo sobre a morte de Jesus na cruz, como é enorme a corrente de testemunhos bíblicos transmitidos, que no fundo afluem a ela, constituindo o mais importante deles o quarto canto do Servo de Iavé (Is 53). Colocada nesse contexto de Palavra e amor de Deus, a morte de Jesus é subtraída à linha do gênero de morte que deriva do pecado original do homem como consequência da presunção de querer ser como Deus; presunção esta que havia de acabar com o afundamento na própria miséria, caracterizada pelo destino da morte.

A morte de Jesus é de outro gênero: não provém da presunção do homem, mas da humildade de Deus. Não é a consequência inevitável de uma *hybris* (orgulho) contrastante com a verdade, mas é a atuação de um amor em que o próprio Deus desce até o homem a fim de atraí-lo novamente às alturas, para junto de Si. A morte de Jesus não entra na sentença dada à saída do Paraíso, mas encontra-se nos cantos do Servo de Iavé. Portanto, é uma morte no contexto do serviço de expiação: uma morte que realiza a reconciliação e se torna luz para os povos. Desse modo, a dupla interpretação, que este Credo transmitido por Paulo associa com a afirmação "morreu", abre a cruz para a ressurreição.

A questão do sepulcro vazio

Nessa profissão de fé aparece depois, sem comentário e de modo brusco, a frase: "Foi sepultado". Assim se exprime uma verdadeira morte, a plena participação no destino humano de ter de morrer. Jesus aceitou o percurso da morte até o fim, amarga e aparentemente sem esperança, até o sepulcro. Obviamente, o sepulcro de Jesus era conhecido. E aqui naturalmente punha-se logo a pergunta: mas Ele ficou no sepulcro? Ou, Ele ressuscitou e deixou o sepulcro vazio?

Na teologia moderna, essa pergunta é objeto de ampla discussão. Na maioria dos casos, a conclusão é que o sepulcro vazio não pode ser uma prova da ressurreição. Isso, caso fosse um dado de fato, poder-se-ia explicar também diversamente. E assim se conclui que a questão acerca do sepulcro vazio é irrelevante, podendo-se, por conseguinte, ignorar esse ponto, o que implica depois, frequentemente, a suposição de que o sepulcro provavelmente não estava vazio e desse modo é possível pelo menos evitar uma controvérsia com a ciência moderna sobre a possibilidade de uma ressurreição corpórea. Na base de tudo isto, porém, está um modo errado de colocar a questão.

Naturalmente, o sepulcro vazio, como tal, não pode ser uma prova da ressurreição. Segundo João, Maria Madalena encontrou-o vazio e supôs que alguém tivesse levado o corpo de Jesus (cf. 20,1-3). É verdade que o sepulcro vazio, como tal, não pode demonstrar a ressurreição; mas temos a pergunta inversa: a ressurreição é conciliável com a permanência do corpo no sepulcro? Se Jesus jaz no sepulcro, pode ter ressuscitado? Que tipo de ressurreição seria essa? Hoje se desenvolveram concepções de ressurreição para as quais é irrelevante o destino do cadáver. Mas, em tal hipótese, também o sentido da ressurreição se torna tão vago que obriga a interrogar-se sobre qual gênero de realidade temos em tal cristianismo.

Seja como for, Thomas Söding, Ulrich Wilckens e outros observam com razão que, na Jerusalém de então, o anúncio da ressurreição teria sido absolutamente impossível, caso o cadáver ainda estivesse no sepulcro. Por isso, partindo de uma justa colocação da pergunta, é preciso dizer que, se o sepulcro vazio como tal não pode certamente provar a ressurreição, permanece, porém, um pressuposto necessário para a fé na ressurreição, uma vez que esta se refere precisamente ao corpo e, por seu intermédio, à pessoa na sua totalidade.

No Credo de São Paulo não se afirma explicitamente que o sepulcro estivesse vazio, mas é claramente pressuposto. Os quatro Evangelhos falam amplamente disso nas suas narrações sobre a ressurreição.

Para a compreensão teológica do sepulcro vazio, parece-me importante uma passagem do discurso de São Pedro no Pentecostes, quando pela primeira vez anuncia abertamente à multidão lá reunida a ressurreição de Jesus. Não o faz com palavras suas, mas pela citação do Salmo 16,9-11, que diz: "A minha carne repousará na esperança, porque não abandonarás a minha vida na mansão dos mortos, nem permitirás que teu Santo sofra a corrupção. Deste-me a conhecer os caminhos da vida..." (At 2,26-28). A esse respeito, Pedro cita o texto do salmo segundo a versão da Bíblia grega, que se diferencia do texto hebraico, no qual lemos: "Vós não me entregareis à mansão dos mortos, nem deixareis que o teu fiel veja o sepulcro. Ensinar-me-ás o caminho da vida" (Sl 16,10-11). Segundo esta versão, o orante fala com a certeza de que Deus o protegerá e salvará da morte, mesmo na situação de ameaça em que claramente se encontra, isto é, com a certeza de que pode estar tranquilo: não verá o sepulcro. A versão citada por Pedro é diversa: aqui se trata do fato de que o orante não permanecerá na mansão dos mortos, não sofrerá a corrupção.

Pedro pressupõe Davi como orante original desse salmo e pode agora constatar que, nele, essa esperança não se realizou: "Davi morreu e foi sepultado e o seu túmulo encontra-se ainda hoje entre nós" (At 2,29). O sepulcro com o cadáver é a prova de que não se deu a ressurreição. Todavia, a palavra do salmo é verdadeira: vale para o Davi definitivo; ou melhor, demonstra-se aqui que Jesus é o verdadeiro Davi, precisamente porque n'Ele se cumpriu a palavra da promessa: "Não permitirás que teu Santo sofra a corrupção".

Não é necessário entrar aqui na questão de saber se esse discurso é de Pedro ou se outros (e quem?) o redigiram, ou de saber quando e onde concretamente ele foi redigido. Trata-se, em todo o caso, de um tipo antigo de anúncio da ressurreição, cuja autoridade na Igreja nascente é demonstrada pelo fato de ter sido atribuído ao próprio Pedro e ter sido considerado o anúncio original da ressurreição.

Se no Credo de Jerusalém, que remonta às origens e foi transmitido por Paulo, se diz que Jesus ressuscitou segundo as Escrituras, está-se pensando seguramente no Salmo 16 como um testemunho bíblico decisivo para a Igreja nascente. Lá se encontrava expresso de maneira clara que Cristo, o Davi definitivo, não teria sofrido a corrupção, que Ele devia ter verdadeiramente ressuscitado.

"Não sofrer a corrupção": esta é precisamente a definição de ressurreição. Só a corrupção era considerada como a fase em que a morte se tornava definitiva. Com a decomposição do corpo que se desagrega nos seus elementos – um processo que desfaz o homem e devolve-o ao universo –, a morte venceu. Agora esse homem já não existe como homem; talvez possa permanecer apenas uma sombra dele na mansão dos mortos. Com base nessa perspectiva, era fundamental para a Igreja antiga que o corpo de Jesus não tivesse sofrido a corrupção. Só em tal caso se tornaria claro que Ele não permanecera na morte, que n'Ele a vida vencera efetivamente a morte.

Aquilo que a Igreja antiga deduziu do Salmo 16,10, na sua versão dos Setenta, determinou também a visão adotada durante todo o período dos Padres. Nessa visão, a ressurreição implica essencialmente que o corpo de Jesus não tenha sofrido a corrupção. Nesse sentido, o sepulcro vazio como parte do anúncio da ressurreição é um fato estritamente conforme com a Escritura. Especulações teológicas segundo as quais a corrupção e a ressurreição de Jesus seriam compatíveis uma com a outra, pertencem ao pensamento moderno e estão claramente em contraste com a visão bíblica. Inclusive com base nisso, confirma-se que teria sido impossível um anúncio da ressurreição se o corpo de Jesus continuasse a jazer no sepulcro.

O terceiro dia

Voltamos ao nosso Credo. O artigo seguinte diz: "Ressuscitou ao terceiro dia, segundo as Escrituras" (1 Cor 15,4). A expressão "segundo as Escrituras" vale para a frase no seu todo, e só implicitamente para o terceiro dia. O essencial consiste no fato de que a própria ressurreição é conforme com a Escritura, que pertence à totalidade da promessa, na qual a palavra se tornou realidade em Jesus. Assim, como pano de fundo, pode-se, por certo, pensar no Salmo 16,10, mas naturalmente também em textos fundamentais para a promessa, como Isaías 53. Para o terceiro dia, não há um testemunho bíblico direto.

A tese segundo a qual a expressão "o terceiro dia" tivesse sido deduzida talvez de Oseias 6,1-2, é insustentável, como demonstraram, por exemplo, Hans Conzelmann, ou, então, Martin Hengel e Anna Maria Schwemer. O texto diz: "Vinde, voltemos para o Senhor; Ele feriu-nos, Ele nos curará [...]. Depois de dois dias nos fará reviver, no terceiro dia nos levantará e nós viveremos em sua presença". Esse texto é uma oração penitencial de Israel pecador. Não se fala de uma ressurreição da morte em sentido verdadeiro e próprio. No Novo Testamento e ainda durante todo o século II, o texto não aparece citado (cf. Hengel/Schwemer, *Jesus und das Judentum*, p. 631). Pôde tornar-se um prenúncio da ressurreição ao terceiro dia somente quando o acontecimento do domingo depois da crucifixão do Senhor conferiu a esse dia um significado particular.

O terceiro dia não é uma data "teológica", mas o dia de um acontecimento que se tornou, para os discípulos, a reviravolta decisiva depois da catástrofe da cruz. Josef Blank formulou-o assim: "A expressão 'o terceiro dia' é a indicação de uma data em conformidade com a tradição cristã primordial nos Evangelhos e refere-se à descoberta do sepulcro vazio" (*Paulus und Jesus*, p. 156).

Eu acrescentaria: refere-se ao primeiro encontro com o Senhor ressuscitado. Logo desde os primeiros tempos da comunidade cristã, há testemunhos do primeiro dia da semana – terceiro depois da sexta-feira – como o dia da assembleia e do culto da comunidade cristã (cf. 1 Cor 16,2; At 20,7; *Ap* 1,10). Como vimos em Inácio de Antioquia (final do século I e início do século II), o domingo é testemunhado já como característica própria dos cristãos, nova relativamente à cultura sabática judaica: "Se os que viveram segundo a antiga Aliança alcançaram uma nova esperança, não guardando já o sábado, mas celebrando o dia do Senhor, porque nesse dia surgiu a nossa vida, fruto da sua morte..." (*Ad Magn.* 9,1).

Caso se considere a importância que, com base na narração da criação e do Decálogo, tem o sábado na tradição veterotestamentária, então é evidente que só um acontecimento de um poder impressionante podia provocar a renúncia ao sábado e a sua substituição pelo primeiro dia da semana. Só um acontecimento que se tivesse imprimido nas almas com força sobre-humana podia suscitar uma mudança tão central na cultura religiosa da semana. Para isso não bastariam simples especulações teológicas. Para mim, a celebração do Dia do Senhor, que desde o início caracteriza a comunidade cristã, é uma das provas mais fortes de que em tal dia sucedeu algo de extraordinário: a descoberta do sepulcro vazio e o encontro com o Senhor ressuscitado.

As testemunhas

Enquanto o versículo 4 do nosso Credo interpretara o fato da ressurreição, com o versículo 5 começa o elenco das testemunhas. "Apareceu a Cefas, e depois aos Doze": é a afirmação lapidária. Se pudermos considerar esse versículo como o último da antiga fórmula hierosolimitana, essa menção tem particular importância teológica: indica o próprio fundamento da fé da Igreja.

Por um lado, "os Doze" permanecem a verdadeira pedra basilar da Igreja, à qual esta sempre tem a obrigação de se referir. Por outro, é sublinhado o encargo especial de Pedro, a ele primeiro confiado em Cesareia de Filipe e depois confirmado no Cenáculo (cf. Lc 22,32), um encargo que o introduziu, por assim dizer, na estrutura eucarística da Igreja. Agora, depois da ressurreição, o Senhor manifesta-Se primeiro a ele, antes dos Doze, e desse modo renova-lhe mais uma vez a sua missão única.

Se o ser cristão significa essencialmente a fé no Ressuscitado, então a função particular do testemunho de Pedro é uma confirmação da tarefa que lhe foi confiada de ser a rocha sobre a qual está construída a Igreja. João, na sua narração da tríplice pergunta do Ressuscitado a Pedro – "Tu Me amas?" – e do tríplice encargo de apascentar o rebanho de Cristo, sublinhou mais uma vez, com clareza, essa missão de Pedro para a fé da Igreja inteira (cf. Jo 21,15-17). Assim, a narração da ressurreição torna-se por si mesma eclesiologia: o encontro com o Senhor ressuscitado é missão e dá à Igreja nascente a sua forma.

2.2. A tradição em forma de narração

Depois dessa reflexão sobre a parte mais importante da tradição em forma de profissão de fé, passemos agora à tradição na forma de narração. Enquanto a primeira sintetiza a fé comum do cristianismo de modo normativo por fórmulas bem determinadas e impõe fidelidade até à própria letra para toda a comunidade dos crentes, as narrações das aparições do Ressuscitado, ao contrário, refletem diversas tradições. Estão ligadas a portadores diferentes de tais tradições e, localmente, estão distribuídas entre Jerusalém e a Galileia. Não são critério vinculativo em todos os aspectos particulares, como sucede nas profissões de fé; mas, em razão da sua assunção nos Evangelhos, certamente há que as considerar como válido testemunho que dá conteúdo e forma à fé. As profissões de fé pressupõem as narrações e desenvolveram-se a partir delas; concentram o núcleo daquilo que é narrado e ao mesmo tempo remetem para a narração.

Todo leitor notará imediatamente a diversidade das narrações da ressurreição nos quatro Evangelhos. Mateus, além da aparição do Ressuscitado às mulheres junto do sepulcro vazio, conhece apenas uma aparição na Galileia aos Onze. Lucas conhece só tradições hierosolimitanas. João fala de aparições tanto em Jerusalém como na Galileia. Nenhum dos evangelistas descreve a própria ressurreição de Jesus: esta é um processo que se desenrolou no segredo de Deus entre Jesus e o Pai, um processo impossível de ilustrar para nós e que, por sua natureza, se subtrai à experiência humana.

Um problema particular é constituído pela conclusão de Marcos. Segundo os manuscritos abalizados, termina com o versículo 8 do capítulo 16: "Elas saíram e fugiram do túmulo, pois um temor e um estupor se apossaram delas. E nada contaram a ninguém, pois tinham medo". O texto autêntico do Evangelho, segundo a forma que nos chegou, termina com o susto e o temor das mulheres. Antes, o texto tinha falado da descoberta do sepulcro vazio por parte das mulheres que vinham ungir o cadáver e da aparição do anjo que lhes anunciava a ressurreição de Jesus e as encarregava de dizer aos discípulos e, em particular, "a Pedro", que, segundo a promessa, Jesus os precedia na Galileia. É impossível que o Evangelho termine com as palavras sucessivas sobre o mutismo das mulheres: de fato, pressupõe a comunicação do seu encontro. E obviamente tem conhecimento da aparição a Pedro e aos Doze de que trata o texto notavelmente mais antigo da Primeira Carta aos Coríntios. O motivo por que o nosso texto se interrompe aqui, não o sabemos. No século II, foi acrescentado um resumo narrativo em que se recolhem conjuntamente as mais importantes tradições sobre a ressurreição e também sobre a missão de os discípulos levarem o anúncio a todo o mundo (cf. 16,9-20). Seja como for, a própria conclusão breve de Marcos pressupõe a descoberta do sepulcro vazio pelas mulheres, o anúncio da ressurreição, o conhecimento das aparições a Pedro e aos Doze. Quanto ao problema da interrupção enigmática, temos de deixá-lo sem explicação.

A tradição em forma de narração fala de encontros com o Ressuscitado e daquilo que Ele disse em tais circunstâncias; a tradição em forma de profissão de fé conserva apenas os fatos mais importantes que pertencem à confirmação da fé: nesses termos, podemos mais uma vez descrever a diferença essencial entre os dois tipos de tradição. Daqui derivam, depois, diferenças concretas.

A primeira consiste no fato de que, na tradição em forma de profissão, são nomeados como testemunhas apenas homens, enquanto na tradição em forma de narração as mulheres têm um papel decisivo, ou melhor, têm a preeminência relativamente aos homens. Isso pode depender do fato de que, na tradição judaica, eram aceitos como testemunhas em tribunal somente os homens; o testemunho das mulheres não era considerado confiável. A tradição "oficial", que está por assim dizer perante o tribunal de Israel e do mundo, deve, por conseguinte, ater-se a essas normas para poder fazer frente ao processo sobre Jesus, que de certo modo continua.

Diversamente, as narrações não se sentem presas a tal estrutura jurídica, mas comunicam a experiência da ressurreição em toda a sua imensidade. Como já junto da cruz – se excetuarmos João – tinham se encontrado somente mulheres, assim a elas se destinava o primeiro encontro com o Ressuscitado. Na sua estrutura jurídica, a Igreja está fundada sobre Pedro e os Onze, mas, na forma concreta da vida eclesial, são sempre de novo as mulheres que abrem a porta ao Senhor, O acompanham até a cruz e assim podem encontrá-Lo também como Ressuscitado.

As aparições de Jesus a Paulo

Uma segunda diferença importante, pela qual a tradição em forma de narração completa as profissões de fé, está no fato de as aparições do Ressuscitado não serem apenas professadas, mas descritas concretamente. Como devemos imaginar as aparições do Ressuscitado, que não voltara à vida humana habitual, mas passara a um novo modo de ser homem?

Antes de mais nada, há uma diferença clara entre a aparição do Ressuscitado a Paulo descrita nos Atos dos Apóstolos, por um lado, e as narrações dos evangelistas sobre os encontros dos apóstolos e das mulheres com o Senhor vivo, por outro.

Segundo as três versões dos Atos dos Apóstolos sobre a conversão de Paulo, o encontro com Cristo ressuscitado aparece composto de dois elementos: uma luz "mais brilhante que o sol" (26,13) e, conjuntamente, uma voz que "em língua hebraica" (v. 14) fala a Saulo. Enquanto a primeira versão refere que os companheiros ouviram a voz "não vendo ninguém" (9,7), na segunda versão lê-se ao contrário: eles "viram a luz, mas não escutaram a voz de quem falava comigo" (22,9). A terceira versão, a propósito dos companheiros de viagem, diz somente que todos, como Saulo, caíram por terra (cf. 26,14).

Uma coisa é clara: a percepção por parte dos companheiros foi diversa da de Saulo; apenas ele foi o destinatário direto de uma mensagem que significava uma missão; contudo, os próprios companheiros tornaram-se de algum modo testemunhas de um acontecimento extraordinário.

Para o verdadeiro destinatário, Saulo/Paulo, os dois elementos aparecem juntos: a luz brilhante, que pode lembrar o episódio do Tabor – o Ressuscitado é simplesmente luz (cf. Parte I, pp. 264-265) –, e depois a palavra, na qual Jesus Se identifica com a Igreja perseguida e, ao mesmo tempo, confia a Saulo uma missão. Enquanto a primeira e a segunda versão, a propósito da missão, enviam Saulo a Damasco, onde lhe haveriam de ser revelados os pormenores, na terceira versão é comunicada uma palavra detalhada e muito concreta acerca da missão: "Levanta-te e fica firme em pé, porque este é o motivo por que te apareci: para constituir-te servo e testemunha da visão na qual me viste e daquelas nas quais ainda te aparecerei. Eu te livrarei do povo e das nações gentias às quais te envio para lhes abrires os olhos e assim se converterem das trevas à luz e da autoridade de Satanás para Deus. De tal modo receberão, pela fé em Mim, a remissão dos pecados e a herança entre os santificados" (At 26,16-18).

Apesar das diferenças entre as três versões, torna-se evidente que a aparição (a luz) e a palavra estão juntas. O Ressuscitado, cuja essência é luz, fala como homem com Paulo, na língua dele. A sua palavra, por um lado, é uma autoidentificação que simultaneamente significa identificação com a Igreja perseguida e, por outro, é uma missão cujo conteúdo haveria de manifestar-se mais tarde.

As aparições de Jesus nos Evangelhos

As aparições de que nos falam os evangelistas são claramente de gênero diferente. Por um lado, o Senhor aparece um homem como os outros: Ele caminha com os discípulos de Emaús, deixa as suas chagas serem tocadas por Tomé; ainda mais, segundo Lucas, aceita uma porção de peixe que Lhe oferecem para comer, a fim de demonstrar a sua verdadeira corporeidade. Todavia, segundo essas narrações, Ele não é simplesmente um homem que voltou a ser como antes da morte.

Impressiona, acima de tudo, o fato de os discípulos, num primeiro momento, não O reconhecerem. Isso acontece não só aos discípulos de Emaús, mas também a Maria Madalena e, depois, uma vez mais junto do mar de Tiberíades: "Ao romper da manhã, Jesus apresentou-Se na margem, mas os discípulos não sabiam que era Ele" (Jo 21,4). Só depois que o Senhor lhes ordenou para se lançarem de novo ao largo é que o discípulo predileto O reconheceu: "Então o discípulo predileto de Jesus disse a Pedro: 'É o Senhor'" (21,7). Trata-se, por assim dizer, de um reconhecer a partir de dentro que, todavia, permanece sempre envolvido no mistério. De fato, depois da pesca, quando Jesus os convida para comer continua a registrar-se uma estranha espécie de dessemelhança. "Nenhum dos discípulos se atrevia a perguntar: 'Quem és Tu?'. Bem sabiam que era o Senhor" (21,12). Sabiam-no a partir de dentro, não devido ao seu aspecto nem graças ao olhar perscrutador deles.

A essa dialética do reconhecer e não reconhecer corresponde a modalidade da aparição. Jesus chega através das portas fechadas, apresenta-Se de improviso no meio deles. E correlativamente desaparece de maneira improvisa, como no fim do encontro em Emaús. É plenamente corpóreo; todavia, não está ligado às leis da corporeidade, às leis de espaço e tempo. Nessa dialética surpreendente entre identidade e alteridade, entre verdadeira corporeidade e liberdade dos vínculos do corpo, manifesta-se a essência peculiar, misteriosa, da nova existência do Ressuscitado. Com efeito, são válidas as duas coisas: Ele é o mesmo, ou seja, Homem de carne e osso, e Ele é também o Novo, Aquele que entrou num gênero diverso de existência.

A dialética, que faz parte da existência do Ressuscitado, é apresentada nas narrações de modo verdadeiramente um pouco desajeitado, mas precisamente assim emerge a sua veracidade. Se tivesse sido inventada a ressurreição, toda a insistência se concentraria sobre a plena corporeidade, sobre o imediato reconhecimento e, além disso, ter-se-ia idealizado talvez um poder particular como sinal distintivo do Ressuscitado. Mas, na contradição do experimentado que caracteriza todos os textos, no conjunto misterioso de alteridade e identidade, reflete-se um modo novo de encontro que apologeticamente parece desconcertante, mas por isso mesmo se revela, de maneira também maior, como descrição autêntica da experiência feita.

A meu ver, uma ajuda para se compreender as misteriosas aparições do Ressuscitado pode ser oferecida pelas teofanias do Antigo Testamento. Quero aqui assinalar brevemente apenas três tipos de tais teofanias.

Temos, em primeiro lugar, a aparição de Deus a Abraão junto dos carvalhos de Mambré (cf. Gn 18,1-33). São simplesmente três homens que param onde está Abraão; todavia, dentro de si mesmo, sabe imediatamente que é "o Senhor" que quer ser seu hóspede. No Livro de Josué, narra-se que Josué, levantando os olhos, de repente vê diante de si um homem de pé com uma espada desembainhada na mão. Josué, que não o reconhece, pergunta-lhe: "És Tu dos nossos, ou dos nossos inimigos?". Ele respondeu: "Não! Mas sou chefe do exército do Senhor. [...] Descalça as sandálias dos teus pés, porque o lugar que pisas é santo" (5,13-15). E são significativas também as duas narrações sobre Gedeão (cf. Jz 6,11-24) e Sansão (cf. Jz 13), nas quais "o anjo do Senhor", que aparece sob o aspecto de um homem, sempre é reconhecido como tal apenas no momento em que misteriosamente se esquiva. Em ambos os casos, um fogo consome o alimento oferecido, enquanto "o anjo do Senhor" desaparece. Na linguagem mitológica, manifestam-se simultaneamente, por um lado, a proximidade do Senhor que aparece como homem e, por outro, a sua alteridade graças à qual Ele está fora das leis da vida material.

Essas são, sem dúvida, somente analogias, porque a novidade da "teofania" do Ressuscitado consiste no fato de que Jesus é verdadeiramente Homem: como Homem, Ele sofreu e morreu; agora vive de modo novo na dimensão do Deus vivo; aparece como verdadeiro Homem, todavia, a partir de Deus: e Ele mesmo é Deus.

Por conseguinte, são importantes duas delimitações. Por um lado, Jesus não voltou à existência empírica, sujeita à lei da morte, mas Ele vive de modo novo na comunhão com Deus, retirado para sempre da morte; por outro – e também isto é importante –, os encontros com o Ressuscitado são uma realidade distinta de acontecimentos interiores ou de experiências místicas: são encontros reais com o Vivente que, de um modo novo, possui um corpo e *permanece* corpóreo. Lucas sublinha-o com grande vigor: Jesus não é, como os discípulos temiam num primeiro momento, um "fantasma", um "espírito", mas tem "carne e ossos" (cf. Lc 24,36-43).

O melhor modo de avaliar a diferença entre o que seja a aparição do Ressuscitado e a de um fantasma ou de um "espírito" é ver a narração bíblica sobre a necromante de Endor, a qual, por insistência de Saul, evoca o espírito de Samuel e o faz subir da mansão dos mortos (cf. 1 Sm 28,7-11). O "espírito" evocado é um morto que vive, como existência-sombra, na mansão dos mortos; pode ser temporariamente chamado cá acima, mas depois deve voltar ao mundo dos mortos.

Ao contrário, Jesus não vem do mundo dos mortos – aquele mundo a que Ele definitivamente deu as costas –, mas vem precisamente do mundo da pura vida, vem de Deus, como o realmente Vivente que é, Ele mesmo, fonte da vida. Lucas põe em relevo de maneira drástica o contraste com um "espírito", contando que Jesus teria pedido, aos discípulos ainda perplexos, qualquer coisa para comer e depois, à vista deles, teria comido uma porção de peixe assado.

A maior parte dos exegetas é do parecer de que Lucas, no seu zelo apologético, aqui teria exagerado; com tal afirmação, teria reposto Cristo numa corporeidade empírica que fora superada com a ressurreição. Desse modo, ele entraria em contradição com a sua própria narração, segundo a qual Jesus de improviso aparece no meio dos discípulos numa corporeidade que não está ligada às leis do espaço e do tempo.

Penso que seja útil examinar aqui também os outros três textos em que se fala da participação do Ressuscitado num banquete.

O texto, apenas comentado, é precedido pela narração de Emaús. Esta termina com a informação de que Jesus tomou lugar à mesa com os discípulos, pegou o pão, pronunciou a bênção, partiu-o e deu-o aos dois. Foi naquele momento que se lhes abriram os olhos e "O reconheceram. Mas Jesus desapareceu da presença deles" (Lc 24,31). O Senhor está à mesa com os Seus como antes, com a oração de bênção e a fração do pão. Depois desaparece da sua vista externa, e precisamente nesse desaparecer abre-se a vista interior: reconhecem-No. Trata-se de um verdadeiro encontro convival e, todavia, é novo. Ao partir o pão, Ele manifesta-Se, mas só ao desaparecer é que Se torna verdadeiramente reconhecível.

Segundo a estrutura interior, essas duas narrações convivais são muito semelhantes à que encontramos em João 21,1-14: os discípulos transcorreram uma noite infrutífera; nenhum peixe caiu nas suas redes. Pela manhã, Jesus está na margem, mas eles não O reconhecem. Ele lhes pergunta: "Jovens, tendes alguma coisa para comer?". Ouvindo-lhes a resposta negativa, manda-os lançarem novamente ao largo, e dessa vez voltam com uma pesca superabundante. Entretanto, Jesus, que já tem peixe sobre as brasas, convida-os: "Vinde comer". Agora eles "sabiam" que era Jesus.

Particularmente importante e útil para compreender o modo de participar dos banquetes, próprio do Ressuscitado, é a última narração, que se encontra nos Atos dos Apóstolos. Nas traduções comuns, porém, não sobressai a afirmação singular desse texto. "Apareceu-lhes ao longo de quarenta dias e falou-lhes do Reino de Deus. Um dia em que estava com eles à mesa, ordenou-lhes que não se afastassem de Jerusalém..." (At 1,3-4). Por causa do ponto (que serve para a construção da frase) depois da expressão "Reino de Deus", fica ofuscada uma conexão interior. Lucas fala de três elementos que caracterizam este estar juntos do Ressuscitado com os Seus: Ele "apareceu", "falou" e "esteve à mesa". Aparecer-falar-estar à mesa: são essas as três automanifestações do Ressuscitado, estritamente conexas entre si, pelas quais Ele Se revela como o Vivente.

Para a justa compreensão do terceiro elemento, que, tal como os dois primeiros, se estende ao longo dos "quarenta dias", tem importância essencial a palavra usada por Lucas: *synalizómenos*. Traduzida literalmente, significa: "comendo sal com eles". Seguramente, Lucas escolheu essa palavra depois de considerar os fatos. Que conteúdo exprime? No Antigo Testamento, o comer em comum pão e sal, ou mesmo só sal, serve para selar alianças sólidas (cf. Nm 18,19; 2 Cro 13,5; cf. Huack, *ThWNT*, I, p. 229). O sal é considerado garantia de durabilidade. É remédio contra a putrefação, contra a corrupção, que faz parte da natureza da morte. Todo tomar alimento é um combate contra a morte: um modo de conservar a vida. O "comer sal" por parte de Jesus depois da ressurreição, que desse modo encontramos como sinal da vida nova e permanente, remete para o banquete novo do Ressuscitado com os Seus. É um acontecimento de aliança e por isso está em íntima conexão com a Última Ceia, na qual o Senhor instituíra a Nova Aliança. Assim, o misterioso cifrado do "comer sal" exprime uma ligação interior entre o banquete antes da Paixão de Jesus e a nova comunhão convival do Ressuscitado: Ele dá-Se aos Seus como alimento e, assim, os faz participar na sua vida, na própria Vida.

Por fim, é oportuno ainda recordar aqui algumas palavras de Jesus que encontramos no Evangelho de Marcos: "Pois todos serão salgados com fogo. O sal é bom. Mas, se o sal se tornar insípido, como retemperá-lo? Tende sal em vós mesmos e vivei em paz uns com os outros" (9,49-50). Alguns manuscritos, retomando Levítico 2,13, acrescentam ainda: "A todas as tuas ofertas juntarás sal". Também o condimentar com sal as ofertas tinha o sentido de tornar saboroso o dom e defendê-lo da putrefação. Desse modo unem-se diversos significados: a renovação da Aliança, o dom da vida, a purificação do próprio ser para poder fazer o dom de si mesmo a Deus.

Quando Lucas, no início dos Atos dos Apóstolos, resume os acontecimentos pós-pascais e descreve a comunhão convival do Ressuscitado com os Seus, usando o termo "*synalizómenos* – comendo sal juntamente com eles" (At 4,1), o mistério de tal nova comunhão convival, por um lado, perdura, mas, por outro e ao mesmo tempo, torna-se visível algo da sua essência: o Senhor atrai novamente os discípulos para a comunhão da aliança consigo e com o Deus vivo. Faz com que participem na vida verdadeira, torna-os, a eles mesmos, vivos e condimenta a sua vida com a participação na sua Paixão, na força purificadora do seu sofrimento.

Qual fosse concretamente a comunhão convival com os Seus, não cabe na nossa imaginação. Mas podemos reconhecer a sua natureza interior e ver que, na comunhão litúrgica, na celebração da Eucaristia, esse estar à mesa com o Ressuscitado continua, embora de modo distinto.

3. Resumo: a natureza da ressurreição e o seu significado histórico

Numa espécie de síntese, questionemo-nos agora uma vez mais sobre de que gênero foi o encontro com o Senhor ressuscitado. São importantes as seguintes distinções:

– Jesus não é alguém que voltou à vida biológica normal e depois, segundo as leis da biologia, teve um dia de morrer novamente.

– Jesus não é um fantasma (um "espírito"), ou seja, não é alguém que, na realidade, pertence ao mundo dos mortos, embora possa de algum modo manifestar-Se no mundo da vida.

– Entretanto, os encontros com o Ressuscitado são uma realidade distinta de experiências místicas, nas quais o espírito humano é por um momento elevado acima de si mesmo e enxerga o mundo do divino e do eterno. A experiência mística é uma superação momentânea do âmbito da alma e das suas faculdades de percepção; mas não é um encontro com uma pessoa que externamente se aproxima de mim. Paulo distinguiu com grande clareza as suas experiências místicas - por exemplo, a sua elevação até o terceiro céu, descrita em II Coríntios 12,1-4 - do encontro com o Ressuscitado no caminho de Damasco, que era um acontecimento na história, um encontro com uma pessoa viva.

Baseados em todas essas informações bíblicas, que podemos verdadeiramente dizer agora sobre a natureza peculiar da ressurreição de Cristo?

A ressurreição é um acontecimento dentro da história que, todavia, rompe o âmbito da história e a ultrapassa. Podemos talvez servir-nos de uma linguagem analógica, que permanece, em muitos aspectos, inapropriada, mas pode abrir um acesso à compreensão. Como já fizemos na primeira seção deste capítulo, podemos considerar a ressurreição como uma espécie de salto radical de qualidade em que se entreabre uma nova dimensão da vida, do ser homem.

Sem dúvidas, a própria matéria é transformada em novo gênero de realidade. Agora o Homem Jesus, precisamente com o seu próprio corpo, pertence totalmente à esfera do divino, do eterno. Desde agora em diante - disse uma vez Tertuliano - "espírito e sangue" têm um lugar em Deus (cf. *De resurrect. mort.* 51, 3: *CCL lat.*, II 994). Embora, o homem, segundo a sua natureza, seja criado para a imortalidade, só agora existe o lugar onde a sua alma imortal encontra o espaço, aquela "corporeidade", na qual a imortalidade recebe sentido como comunhão com Deus e com toda a humanidade reconciliada. As Cartas (de São Paulo na prisão) aos Colossenses (cf. 1,12-23) e aos Efésios (cf. 1,3-23) supõem isso, quando falam do corpo cósmico de Cristo, indicando assim que o corpo transformado d'Ele é também o lugar onde os homens entram na comunhão com Deus e entre si; e, desse modo, podem viver definitivamente na plenitude da vida indestrutível. Dado que nós mesmos não possuímos qualquer experiência de tal gênero renovado e transformado de materialidade e vida, não devemos maravilhar-nos se isso ultrapassa aquilo que podemos imaginar.

Essencial é o dado de que, com a ressurreição de Jesus, não foi revitalizado um indivíduo qualquer, morto em determinado momento, mas na ressurreição verificou-se um salto ontológico que toca o ser como tal; foi inaugurada uma dimensão que nos interessa a todos, e que criou para todos nós um novo âmbito da vida, o estar com Deus.

A partir daqui, é preciso afrontar a questão acerca da ressurreição como acontecimento histórico. Por um lado, temos de dizer que a essência da ressurreição está precisamente no fato de que ela rompe a história e inaugura uma nova dimensão que, habitualmente, chamamos dimensão escatológica. A ressurreição descerra o espaço novo que abre a história para além de si mesma e cria o definitivo. Nesse sentido, é verdade que a ressurreição não é um acontecimento histórico do mesmo gênero que o nascimento ou a crucifixão de Jesus. É algo novo, um gênero novo de acontecimento.

Ao mesmo tempo, porém, é preciso não esquecer que ela não está simplesmente fora ou acima da história. Como erupção para fora da história e para além dela, a ressurreição tem, contudo, o seu início na própria história e até certo ponto pertence a ela. Talvez se pudesse exprimir tudo isso assim: a ressurreição de Jesus ultrapassa a história, mas deixou o seu rastro na história. Por isso pode ser atestada por testemunhas como um acontecimento de qualidade completamente nova.

De fato, o anúncio apostólico, com o seu entusiasmo e a sua audácia, é inconcebível sem um contato real das testemunhas com o fenômeno totalmente novo e inesperado que os tocava externamente, e que consistia no manifestar-se e no falar de Cristo ressuscitado. Só um acontecimento real de uma qualidade radicalmente nova seria capaz de tornar possível o anúncio apostólico, que não se pode explicar por meio de especulações ou experiências interiores, místicas. Na sua audácia e novidade, o referido anúncio ganha vida da força impetuosa de um acontecimento que ninguém tinha ideado e que ultrapassava toda a imaginação.

Mas, no fim, para todos nós permanece a pergunta que Judas Tadeu dirigiu a Jesus no Cenáculo: "Senhor, por que Te manifestarás a nós e não ao mundo?" (Jo 14,22). Sim, tal é a pergunta que gostaríamos de fazer: por que é que não Te opuseste com força aos teus inimigos que Te levaram à cruz? Por que não lhes demonstraste, com vigor irrecusável, que Tu és o Vivente, o Senhor da vida e da morte? Por que é que Te mostraste apenas a um pequeno grupo de discípulos, em cujo testemunho temos agora de nos fiar?

A pergunta, porém, diz respeito não só à ressurreição, mas a todo o modo como Deus Se revela ao mundo. Por que só a Abraão, porque não aos poderosos do mundo? Por que só a Israel, e não de modo indiscutível a todos os povos da terra?

É próprio do mistério de Deus agir desse modo suave. Só pouco a pouco é que Ele constrói na grande história da humanidade a *sua* história. Torna-Se homem, mas de modo a poder ser ignorado pelos contemporâneos, pelas forças respeitáveis da história. Padece e morre, e, como Ressuscitado, quer chegar à humanidade apenas pela fé dos Seus, aos quais Se manifesta. Sem cessar, Ele bate suavemente às portas dos nossos corações e, se Lhe abrirmos, lentamente vai-nos tornando capazes de "ver".

Contudo, não é este precisamente o estilo divino? Não se impor pela força exterior, mas dar liberdade, conceder e suscitar amor. E – pensando bem – não é o aparentemente mais pequenino o realmente grande? Porventura não irradia de Jesus um raio de luz que cresce ao longo dos séculos, um raio que não podia provir de nenhum simples ser humano, um raio mediante o qual entra verdadeiramente no mundo o esplendor da luz de Deus? Teria o anúncio dos apóstolos podido encontrar fé e edificar uma comunidade universal se não operasse neles a força da verdade?

Se ouvirmos as testemunhas com coração atento e nos abrirmos aos sinais com que o Senhor não cessa de autenticar as Suas testemunhas e de atestar-Se a Si mesmo, então saberemos que Ele verdadeiramente ressuscitou; Ele é o Vivente. A Ele nos entregamos, sabemos que assim caminhamos pela estrada justa. Com Tomé, metamos a nossa mão no lado traspassado de Jesus e professemos: "Meu Senhor e meu Deus!" (Jo 20,28).

Perspectivas

Subiu ao Céu, está sentado à direita de Deus Pai e de novo há de vir na glória

Os quatro Evangelhos, tal como a exposição de São Paulo sobre a ressurreição em 1 Cor 15, pressupõem que o período das aparições do Ressuscitado esteve limitado no tempo. Paulo está consciente de que a ele, por último, foi concedido ainda um encontro com Cristo ressuscitado. Também o sentido das aparições é claro em toda a tradição: trata-se, antes de mais nada, de reunir um círculo de discípulos que possam testemunhar que Jesus não ficou no sepulcro, mas está vivo. O seu testemunho concreto traduz-se essencialmente numa missão: devem anunciar ao mundo que Jesus é o Vivente, a própria Vida.

O primeiro dever que eles têm é tentar uma vez mais reunir Israel à volta de Jesus ressuscitado. Também para Paulo, o anúncio começa sempre pelo testemunho aos judeus, para os quais se destina em primeiro lugar a salvação. Mas o destino último dos enviados é universal: "Toda a autoridade sobre o céu e a terra me foi entregue. Ide, portanto, e fazei que todas as nações se tornem discípulos" (Mt 28,18-19). "Sereis minhas testemunhas em Jerusalém, em toda a Judeia e Samaria, e até os confins da Terra" (At 1,8). "Vai", disse o Ressuscitado, por último, a Paulo, "porque é para os gentios, para longe, que Eu quero enviar-te" (At 22,21).

E da mensagem das testemunhas faz parte também o anúncio de que Jesus há de vir de novo, para julgar os vivos e os mortos e estabelecer definitivamente o reino de Deus no mundo. Uma grande corrente da teologia moderna declarou esse anúncio o conteúdo principal, senão mesmo o único núcleo da mensagem. Desse modo, defende-se que o próprio Jesus teria já pensado em categorias escatológicas. A "expectativa imediata" do reino teria sido o elemento verdadeiramente específico da sua mensagem, e o primeiro anúncio apostólico não teria sido diferente.

Se isso fosse verdade – perguntamo-nos –, como teria conseguido a fé cristã persistir, depois que a expectativa imediata não se cumpriu? De fato, semelhante teoria está em contraste com os textos e, também, com a realidade do cristianismo nascente, que experimentou a fé como força ativa no presente e, simultaneamente, como esperança.

Os discípulos falaram, sem dúvida, do regresso de Jesus, mas sobretudo testemunharam que Jesus é Aquele que agora vive, que é a própria Vida, em virtude da qual também nós nos tornamos viventes (cf. Jo 14,19). Mas isso, como se realiza? Onde O encontramos? Sendo o Ressuscitado, o "Elevado à direita de Deus" (cf. At 2,33), não está Ele, por conseguinte, totalmente ausente? Ou, pelo contrário, é possível alcançá-Lo de algum modo? Podemos nós penetrar até "a direita do Pai"? Será que, na ausência, existe também uma presença real? Porventura não virá Ele até nós apenas no último dia que desconhecemos? Pode vir também hoje?

Essas perguntas caracterizam o Evangelho de João; e também as Cartas de São Paulo lhes dão uma resposta. Mas, o essencial dessa resposta aparece delineado nas narrações sobre a "ascensão" que aparecem na conclusão do Evangelho de Lucas e no começo dos Atos dos Apóstolos.

Debrucemo-nos, pois, sobre a conclusão do Evangelho de Lucas. Lá se narra como Jesus aparece aos apóstolos que estão, juntamente com os dois discípulos de Emaús, reunidos em Jerusalém. Come com eles, e dá algumas instruções. Dizem as últimas frases do Evangelho: "Depois, Jesus levou os discípulos até Betânia e, erguendo as mãos, abençoou-os, e enquanto os abençoava, distanciou-Se deles e era elevado ao céu. Eles se prostraram diante d'Ele, e depois voltaram a Jerusalém com grande alegria, e estavam continuamente no templo, louvando a Deus" (24,50-53).

Essa conclusão surpreende-nos. Lucas diz que os discípulos estavam cheios de alegria, depois que o Senhor Se afastara definitivamente deles. Nós esperaríamos o contrário; esperaríamos que tivessem ficado transtornados e tristes. O mundo não mudara, Jesus afastara-Se definitivamente deles. Receberam uma missão aparentemente irrealizável, uma missão que ultrapassava as suas forças. Como podiam aparecer diante do povo em Jerusalém, em Israel, em todo o mundo e dizer: "Aquele Jesus, aparentemente falido, é, ao contrário, o Salvador de todos nós"? Toda despedida deixa atrás de si uma tristeza. Embora Jesus tivesse partido como Pessoa viva, como podia a sua despedida definitiva não os deixar tristes? Todavia, lê-se que eles voltaram para Jerusalém com grande alegria e louvavam a Deus… Como podemos nós compreender tudo isso?

Como quer que seja, aquilo que se pode deduzir é que os discípulos não se sentem abandonados; não pensam que Jesus tenha como que sumido num Céu inacessível e distante deles. Têm evidentemente a certeza de uma presença nova de Jesus. Estão seguros de que o Ressuscitado (como, segundo Mateus, Ele mesmo dissera) precisamente agora está presente no meio deles de uma maneira nova e com poder. Sabem que "a direita de Deus", à qual agora Ele é "elevado", implica um modo novo da sua presença, que não se pode perder mais: precisamente o modo como só Deus pode tornar-Se próximo de nós.

A alegria dos discípulos, depois da "ascensão", corrige a imagem que temos desta. A "ascensão" não é a partida para uma zona distante do universo, mas a proximidade permanente, que os discípulos sentem tão fortemente, a ponto de que daí lhes vem uma alegria duradoura.

E assim a conclusão do Evangelho de Lucas ajuda-nos a compreender melhor o início dos Atos dos Apóstolos, em que se narra explicitamente a "ascensão" de Jesus. Aqui, a partida de Jesus é antecedida por um diálogo no qual os discípulos – ainda fechados nas suas velhas ideias – se perguntam se não teria chegado agora o momento de estabelecer o reino de Israel.

À ideia de um renovado reino davídico, Jesus contrapõe uma promessa e uma missão: a promessa é que eles serão cumulados da força do Espírito Santo, a missão consiste no fato de que deverão ser as suas testemunhas até os confins do mundo.

A pergunta a propósito dos tempos e momentos é rejeitada explicitamente. A atitude dos discípulos não deve ser a de conjecturar sobre a história ou perscrutar o futuro desconhecido. O cristianismo é presença: dom e dever; sentir-se compensado pela proximidade interior de Deus e, com base nisso, dar ativamente testemunho em favor de Jesus Cristo.

Nesse contexto, coloca-se a anotação seguinte sobre a nuvem que O acolhe e O subtrai da vista deles. A nuvem recorda-nos o momento da transfiguração, em que uma nuvem luminosa pousou sobre Jesus e os discípulos (cf. Mt 17,5; Mc 9,7; Lc 9,34-35). Recorda-nos a hora do encontro entre Maria e o mensageiro de Deus, Gabriel, o qual Lhe anuncia que a força do Altíssimo A "cobrirá com a sua sombra" (cf. Lc 1,35).

Recorda-nos a tenda sagrada de Deus na Antiga Aliança, em que a nuvem é o sinal da presença de Iavé (cf. Ex 40,34-35), o qual, inclusive durante a peregrinação no deserto, precede Israel como nuvem (cf. Ex 13,21-22). A afirmação sobre a nuvem é claramente teológica. Apresenta o desaparecimento de Jesus não como uma viagem em direção às estrelas, mas como a entrada no mistério de Deus. Com isto alude-se a uma ordem de grandeza completamente diversa, a outra dimensão do ser.

Fazendo referência ao Salmo 110,1, o Novo Testamento (desde os Atos dos Apóstolos até a Carta aos Hebreus) descreve o "lugar" para onde foi Jesus na nuvem como um sentar (ou estar) à direita de Deus. Que significa isso? Não se alude, com isso, a um espaço cósmico distante, onde Deus teria, por assim dizer, erigido o seu trono e, sobre este, teria dado um lugar também a Jesus. Deus não Se encontra num espaço ao lado de outros espaços. Deus é Deus: Ele é o pressuposto e o fundamento de todo o espaço existente, mas não faz parte dele. A relação de Deus com todos os espaços é a de Senhor e Criador. A sua presença não é espacial, mas, precisamente, divina. "Sentar à direita de Deus" significa uma participação na soberania própria de Deus sobre todo o espaço.

Numa discussão com os fariseus, o próprio Jesus dera ao Salmo 110 uma interpretação nova, que guiou a compreensão dos cristãos. À ideia do Messias como novo Davi com um novo reino davídico – ideia que há pouco encontramos nos discípulos –, Ele contrapõe uma visão maior d'Aquele que deve vir: o verdadeiro Messias não é filho de Davi, mas Senhor de Davi; não Se senta no trono de Davi, mas no trono de Deus (cf. Mt 22,41-45).

Jesus, que Se despede, não parte para certo lugar sobre um astro distante. Ele entra na comunhão de vida e poder com o Deus vivo, na situação de superioridade de Deus sobre todo o espaço. Por isso, não "partiu", mas, em virtude do próprio poder de Deus, está agora presente junto de nós e para nós. Nos discursos de despedida, segundo o Evangelho de João, é isto mesmo que Jesus diz aos seus discípulos: "Vou e venho para vós" (14,28). Está aqui maravilhosamente sintetizada a peculiaridade do "partir" de Jesus, que ao mesmo tempo é o seu "vir", explicando-se, assim também, o mistério que envolve a cruz, a ressurreição e a ascensão. Assim, o seu partir é precisamente um vir, um modo novo de proximidade, de presença permanente, à qual também João une a "alegria", como ouvimos falar anteriormente no Evangelho de Lucas.

Uma vez que está junto do Pai, Jesus não está longe, mas perto de nós. Agora, já não Se encontra num lugar concreto do mundo, como antes da "ascensão"; no seu poder, que supera todo e qualquer espaço, está presente junto de todos, podendo ser invocado por todos, através da história inteira, e em todos os lugares.

No Evangelho, há uma pequena narração muito bela (cf. Mc 6,45-52), na qual Jesus antecipa, durante a sua vida terrena, esse modo de proximidade, tornando-o assim mais facilmente compreensível para nós.

Após a multiplicação dos pães, o Senhor ordena aos discípulos que subam para a barca e partam à sua frente para a outra margem, em direção a Betsaida, enquanto Ele próprio despede a multidão. Depois, Ele retira-Se para o monte a fim de rezar. Entretanto, os discípulos estão sozinhos na barca. O vento é contrário, o mar revolto. Veem-se ameaçados pelo ímpeto das ondas e da tempestade. O Senhor parece estar longe, em oração, lá no seu monte. Mas, dado que está junto do Pai, Ele os vê. E porque os vê, vem ter com eles, caminhando sobre o mar, sobe para a barca com eles e torna possível a travessia até a meta.

Essa é uma imagem para o tempo da Igreja, destinada precisamente a nós também. O Senhor está "sobre o monte" do Pai. Por isso Ele nos vê. Por isso pode em cada momento subir para a barca da nossa vida. Por isso sempre podemos invocá-Lo e estar sempre seguros de que Ele nos vê e nos ouve. Também hoje, a barca da Igreja, com o vento contrário da história, navega pelo oceano agitado do tempo. Frequentemente dá a impressão de que vai afundar. Mas o Senhor está presente, e vem no momento oportuno. "Vou e venho a vós": esta é a confiança dos cristãos, a razão da nossa alegria.

Partindo de um lado totalmente diferente, algo de semelhante se torna visível na narração, teológica e antropologicamente muito densa, da primeira aparição do Ressuscitado á Maria Madalena. Aqui pretendo retirar dela apenas um pormenor.

Depois das palavras dos dois anjos vestidos de branco, Maria voltou-se para trás e viu Jesus, mas não O reconheceu. Então Ele a chama pelo nome: "Maria!". Ela tem de voltar-se outra vez e, agora, reconhece alegremente o Ressuscitado, que designa "*Rabbuni*", o seu Mestre. Quer tocá-Lo, retê-Lo, mas o Senhor diz-lhe: "Não Me retenhas, pois ainda não subi ao Pai" (Jo 20,17). Isso nos deixa surpreendidos. Apetece-nos dizer: precisamente agora que Jesus está à sua frente, ela pode tocá-Lo, retê-Lo; quando tiver subido ao Pai, isso já não será possível. Mas o Senhor diz o contrário: agora não pode tocá-Lo, detê-Lo. O relacionamento anterior com o Jesus terreno deixou de ser possível.

Trata-se aqui da mesma experiência a que alude Paulo em II Coríntios 5,16-17: "Se conhecemos Cristo segundo a carne, agora já não O conhecemos assim. Se alguém está em Cristo, é nova criatura". O velho modo humano de estar juntos e encontrar-se, está superado. Agora só é possível tocar Jesus "junto do Pai". Pode-se tocá-Lo unicamente subindo. A partir do Pai, na comunhão com o Pai, Ele nos é acessível e próximo de maneira nova.

Essa nova acessibilidade pressupõe também uma novidade da nossa parte: por meio do Batismo, a nossa vida já está escondida com Cristo em Deus; na nossa verdadeira existência, estamos já "no alto", junto d'Ele, à direita do Pai (cf. Cl 3,1-3). Se nos embrenharmos na essência da nossa existência cristã, então tocamos o Ressuscitado: aí somos plenamente nós próprios. O tocar Cristo e o subir estão intrinsecamente conexos. E recordemo-nos de que, segundo João, o lugar da "elevação" de Cristo é a sua cruz, e de que a nossa "ascensão", que é necessária sempre de novo – o nosso subir para O tocar –, deve ser um caminhar juntamente com o Crucificado.

Cristo junto do Pai não está longe de nós; na eventualidade disso, somos nós que estamos longe d'Ele. Mas o caminho, entre Ele e nós, está aberto. Não se trata aqui de um percurso de caráter cósmico-geográfico, mas é a "navegação espacial" do coração que conduz da dimensão da reclusão em nós mesmos para a dimensão nova do amor divino que abraça o universo.

Voltemos novamente ao primeiro capítulo dos Atos dos Apóstolos. Dissemos que o conteúdo da existência cristã não é o perscrutar o futuro, mas, por um lado, o dom do Espírito Santo, e, por outro, o testemunho universal dos discípulos em favor de Jesus crucificado e ressuscitado (cf. At 1,6-8). E o desaparecimento de Jesus por meio da nuvem não significa um movimento para outro lugar cósmico, mas a sua assunção no próprio ser de Deus e, desse modo, a participação no seu poder de presença no mundo.

Continuando a seguir o texto, vemos que também agora, como antes junto do sepulcro (cf. Lc 24,4), aparecem dois homens vestidos de branco e transmitem uma mensagem: "Homens da Galileia, por que estais aí a olhar para o céu? Este Jesus, que foi arrebatado dentre vós para o céu, assim virá, do mesmo modo como O vistes partir para o Céu" (At 1,11). Com isto, fica confirmada a fé no regresso de Jesus, mas, ao mesmo tempo, sublinha-se uma vez mais que não é dever dos discípulos perscrutar o Céu, ou conhecer os tempos e os momentos escondidos no segredo de Deus. Agora o seu dever é levar o testemunho de Jesus até os confins da terra.

A fé no regresso de Cristo é o segundo pilar da profissão de fé cristã. Ele que Se fez carne e agora permanece Homem para sempre, que para sempre inaugurou em Deus a esfera do ser humano, chama todo o mundo a entrar nos braços abertos de Deus para que, no fim, Deus Se torne tudo em todos, e o Filho possa entregar ao Pai o mundo inteiro congregado n'Ele (cf. 1 Cor 15,20-28). Isto implica a certeza, na esperança, de que Deus enxugará todas as lágrimas; não ficará nada que seja sem sentido; toda a injustiça será superada e estabelecida a justiça. A vitória do amor será a última palavra da história do mundo.

Durante o "tempo intermediário", requer-se dos cristãos, como atitude fundamental, a vigilância. Essa vigilância significa que o homem não se fecha no momento presente, entregando-se às coisas sensíveis, mas levanta o olhar para além do momentâneo e da sua urgência. O que conta é manter livre a visão sobre Deus, para d'Ele receber o critério e a capacidade de agir de modo justo.

Vigilância significa, sobretudo, abertura ao bem, à verdade, a Deus, no meio de um mundo muitas vezes inexplicável e no meio do poder do mal. Significa que o homem procure, com todas as forças e com grande sobriedade, praticar o que é justo, vivendo não segundo os próprios desejos, mas sob a orientação da fé. Tudo isso aparece ilustrado nas parábolas escatológicas de Jesus, particularmente na do servo vigilante (cf. Lc 12,42-48) e, de modo diferente, na das virgens néscias e das virgens prudentes (cf. Mt 25,1-13).

Mas, relativamente à expectativa do regresso do Senhor, qual é a situação na existência cristã? Esperamo-Lo de boa vontade ou não? Já Cipriano de Cartago († 258) tinha de exortar os seus leitores para que não descuidassem da oração pelo regresso de Cristo, por temor de grandes catástrofes ou com medo da morte. Porventura deveria o mundo, que está declinando, ser-nos mais caro do que o Senhor que entretanto esperamos?

O Apocalipse se encerra com a promessa do regresso do Senhor e com a súplica para que ele se realize: "Aquele que atesta estas coisas diz:

'Sim, venho muito em breve!' Amém. Vem, Senhor Jesus!" (22,20). É a súplica da pessoa enamorada, que, na cidade sitiada, vê-se oprimida por todas as ameaças e pelos horrores da destruição, e não pode senão esperar a chegada do Amado, que tem o poder de romper o assédio e trazer a salvação. É o brado cheio de esperança que anela pela proximidade de Jesus em situação de perigo, em que só Ele pode ajudar.

No fim da Primeira Carta aos Coríntios, Paulo coloca a mesma súplica na sua formulação aramaica, mas cuja expressão se pode decompor e, por conseguinte, entender de dois modos diferentes: "*Marana tha* – vinde, Senhor" ou "*Maran atha* – o Senhor veio". Nessa dupla forma de leitura, transparece claramente a peculiaridade da expectativa cristã da vinda de Jesus: é simultaneamente o brado "Vinde!" e a certeza, cheia de gratidão, de que "Ele veio".

Sabemos, pela *Didaché* (à volta do ano 100), que esse brado fazia parte das orações litúrgicas da Celebração Eucarística dos primeiros cristãos, aparecendo aqui concretamente também a unidade dos dois modos de leitura: os cristãos invocam a vinda definitiva de Jesus e, ao mesmo tempo, veem, com alegria e gratidão, que Ele antecipa já agora a sua vinda; Ele dá entrada já agora no nosso meio.

Na súplica cristã pelo regresso de Jesus, também está sempre contida a experiência da sua presença. Essa súplica nunca aparece referida apenas ao futuro. Aqui se aplica precisamente aquilo que disse o Ressuscitado: "Eu estou convosco todos os dias, até a consumação dos séculos" (Mt 28,20). Ele está *agora* junto de nós, de forma particularmente densa, na presença eucarística. Mas, em sentido inverso, a experiência da presença traz consigo também a tensão para o futuro, para a presença definitivamente realizada: a presença não é completa. Impele para além de si mesma; põe-nos a caminho do definitivo.

Parece-me oportuno ainda ilustrar, com duas expressões diversas da teologia, essa tensão intrínseca da expectativa cristã do regresso; expectativa que deve caracterizar a vida e a oração cristãs. O Breviário romano, no primeiro domingo de Advento, propõe aos orantes uma catequese de Cirilo de Jerusalém (Cat. XV, 1-3: PG 33, 870-874), que começa com estas palavras: "Anunciamos a vinda de Cristo: não apenas a primeira, mas também a segunda [...]. Aliás, tudo o que concerne a nosso Senhor Jesus Cristo tem quase sempre uma dupla dimensão. Houve um duplo nascimento: primeiro, Ele nasceu de Deus, antes dos séculos; depois, nasceu da Virgem, na plenitude dos tempos. Dupla descida: uma, discreta [...]; outra, no esplendor que se realizará no futuro". Esse pensamento sobre a dupla vinda de Cristo conferiu uma marca própria ao cristianismo e faz parte do núcleo do anúncio do Advento. Embora correto, esse discurso é insuficiente.

Alguns dias depois, na quarta-feira da primeira semana do Advento, o Breviário oferece uma interpretação tirada das homilias de Advento de São Bernardo de Claraval, na qual se exprime uma visão integrativa. Nela se lê: "Conhecemos uma tríplice vinda do Senhor. Entre a primeira e a última, há uma vinda intermediária [*adventus medius*] [...]. Na primeira, o Senhor veio na fraqueza da carne; na intermediária, vem espiritualmente, manifestando o poder de sua graça; na última, virá com todo o esplendor da sua glória" (*In Adventu Domini*, *serm.* III, 4; V, 1: PL 183, 45/A; 50/C-D). Em favor dessa sua tese, Bernardo refere João 14,23: "Quem Me ama porá em prática as minhas palavras. Meu Pai amá-lo-á; Nós viremos a ele e faremos dele a nossa morada".

Fala-se explicitamente de uma "vinda" do Pai e do Filho: é a escatologia do presente, desenvolvida por João. Esta não abandona a expectativa da vinda definitiva que mudará o mundo, mas mostra que o tempo intermediário não é vazio: é precisamente nele que se dá o *adventus medius*, a vinda intermediária de que fala Bernardo. Essa presença antecipada faz parte, sem dúvida, da escatologia cristã, da existência cristã.

Embora a expressão *adventus medius* fosse desconhecida antes de Bernardo, o conteúdo está presente desde o princípio, sob várias formas, em toda a tradição cristã. Recordemos, por exemplo, Santo Agostinho, que vê, nas nuvens sobre as quais chega o Juiz universal, a palavra do anúncio: as palavras da mensagem transmitidas pelas testemunhas são a nuvem que traz Cristo ao mundo, já agora. E assim o mundo é preparado para a vinda definitiva. Múltiplos são os modos dessa "vinda intermediária": o Senhor vem por meio da sua Palavra; vem nos Sacramentos, especialmente na Santíssima Eucaristia; entra na minha vida por meio de palavras ou de acontecimentos.

Mas existem também modos epocais dessa vinda. Nos séculos XII e XIII, o agir de duas grandes figuras – Francisco e Domingos – foi um modo de Cristo entrar novamente na história, fazendo valer de maneira nova a sua palavra e o seu amor; um modo de Ele renovar a Igreja e orientar a história para Si. Coisa idêntica podemos afirmar das figuras dos santos do século XVI: Teresa de Ávila, João da Cruz, Inácio de Loiola, Francisco Xavier trazem consigo novas irrupções do Senhor na história confusa do referido século, que andava à deriva afastando-se d'Ele. O seu mistério, a sua figura aparece novamente, mas sobretudo torna-se presente de modo novo a sua força, que transforma os homens e plasma a história.

Podemos então orar pela vinda de Jesus? Podemos dizer com sinceridade "*Marana tha* – vinde, Senhor Jesus"? Sim! Não só podemos, mas devemos. Peçamos antecipações da sua presença renovadora do mundo. Em momentos de tribulação pessoal, supliquemo-Lhe: vinde, Senhor Jesus, e acolhei a minha vida na presença benigna do vosso poder. Peçamo-Lhe que acompanhe as pessoas que amamos ou com as quais estamos preocupados. Peçamo-Lhe que Se torne eficazmente presente na sua Igreja.

E por que não pedir-Lhe que nos conceda, também hoje, testemunhas novas da sua presença, nas quais Ele mesmo Se aproxime de nós?

E essa súplica, que não visa imediatamente ao fim do mundo, mas é uma verdadeira oração pela sua vinda, traz consigo toda a amplitude daquela oração que Ele mesmo nos ensinou: "Venha a nós o vosso reino"! Vinde, Senhor Jesus!

Voltemos uma vez mais à conclusão do Evangelho de Lucas. Nela se diz que Jesus levou os Seus até junto de Betânia. "E, erguendo as mãos, abençoou-os, e enquanto os abençoava, distanciou-Se deles e era elevado ao céu" (24,50-51). Jesus parte, abençoando. Abençoando, parte; e, na bênção, Ele permanece. As suas mãos continuam estendidas sobre este mundo. As mãos abençoadoras de Cristo são como um teto que nos protege; mas ao mesmo tempo são um gesto de abertura que fende o mundo para que o Céu penetre nele e possa afirmar nele a sua presença.

No gesto das mãos abençoadoras exprime-se a relação duradoura de Jesus com os seus discípulos, com o mundo. Enquanto parte, Ele vem levantar-nos acima de nós mesmos e abrir o mundo a Deus. Por isso os discípulos puderam transbordar de alegria quando voltaram de Betânia para casa. Na fé, sabemos que Jesus, abençoando, tem as suas mãos estendidas sobre nós. Tal é a razão permanente da alegria cristã.

Bibliografia

Indicações gerais para o primeiro volume

Como foi dito no Prefácio, este livro pressupõe a exegese histórico-crítica e serve-se dos seus conhecimentos, mas quer ao mesmo tempo superar esse método no sentido de uma interpretação teológica. Não pretende entrar no debate da pesquisa histórico-crítica. Por isso, também renunciei, no que diz respeito à literatura utilizada, a qualquer espécie de exaustividade, que aliás é inacessível. As obras utilizadas são respectivamente indicadas brevemente entre parênteses; o título completo encontra-se nestas indicações bibliográficas.*

Em primeiro lugar, porém, quero citar alguns dos livros mais importantes e recentes sobre Jesus:

- GNILKA, Joachim. *Jesus von Nazareth.* Botschaft und Geschichte, Herders Theologischer Kommentar zum Neuen Testament, Suplemento vol. 3. Freiburg/Basel/Wien: Herder, 1990 (trad. ital.: *Gesù di Nazaret. Annuncio e storia.* Brescia: Paideia, 1994).
- BERGER, Klaus. *Jesus.* München: Pattloch, 2004 (trad. ital.: *Gesù.* Brescia: Queriniana, 2006). Com base num conhecimento exegético profundo, o au-

* As citações referem geralmente uma nova tradução do texto original e, consequentemente, entre parênteses a orientação para ele. Convencido de fazer coisa útil para o leitor, na bibliografia depois do título original indica-se, quando existe, também a edição da obra em língua italiana.

tor apresenta essencialmente a figura e a mensagem de Jesus em diálogo com as questões do presente.

- SCHÜRMANN, Heinz. *Jesus.* Gestalt und Geheimnis. Paderborn: Bonifatius, 1994. Uma coletânea de várias contribuições do autor cuidada por Klaus Scholtissek.
- MEIER, John P. *A Marginal Jew.* Rethinking the Historical Jesus. New York: Doubleday, 1991-2001 (trad. ital.: *Un ebreo marginale.* Ripensare il Gesù storico. Brescia: Queriniana, 2003-2006. 3 vol.). Essa obra, em vários volumes, de um exegeta americano constitui, sob muitos aspectos, um modelo de exegese histórico-crítica no qual ficam patentes tanto a importância como os limites dessa disciplina. Vale a pena ler a recensão do primeiro volume por Jacob Neusner, *Who Needs the Historical Jesus?* in "Chronicles", julho 1993, pp. 32-34.
- SÖDING, Thomas. *Der Gottessohn aus Nazareth.* Das Menschsein Jesu im Neuen Testament. Freiburg/Basel/Wien: Herder, 2006. O livro não procura reconstruir a figura do Jesus histórico, mas apresenta o testemunho de fé contido nos diversos escritos do Novo Testamento.
- SCHNACKENBURG, Rudolf. *Die Person Jesu Christi im Spiegel der vier Evangelien*, Herders Theologischer Kommentar zum Neuen Testament, Suplemento vol. 4. Freiburg/Basel/Wien, 1993 (trad. ital.: *La persona di Gesù Cristo nei quattro Vangeli.* Brescia: Paideia, 1995). Depois desse livro, citado no Prefácio do primeiro volume, Schnackenburg publicou ainda um último volume, pequeno, mas muito pessoal – *Freundschaft mit Jesus*, Herder, 1995 – no qual coloca "o acento não tanto no que é possível conhecer [...] como sobretudo nos efeitos que Jesus produz na alma e no coração dos homens" (p. 7), e assim – como ele mesmo afirma – tenta um "equilíbrio entre razão e experiência".

Para a interpretação dos Evangelhos, apoio-me predominantemente nos diversos volumes do *Herders Theologischer Kommentar zum Neuen Testament* (HThKNT), que infelizmente ficaram incompletos (trad. ital.: *Commentario teologico del Nuovo Testamento*, Paideia, Brescia 1980ss.).

Abundante material sobre a história de Jesus encontra-se também na obra, em seis volumes, *La storia di Gesù*, Rizzoli, Milano 1983-1985 (cuidada por Virgilio Levi; revisão científica: Martini, Rossano, Gilbert, Dupont; de vários autores).

As siglas e abreviaturas correspondem às da terceira edição do *Lexikon für Theologie und Kirche* (LThK), Herder, Freiburg-Basel-Wien, 1993ss.

Indicações gerais para o segundo volume

Às indicações gerais relativas à Parte I, que aliás são válidas também para a segunda, é preciso acrescentar mais alguns títulos que dizem respeito à obra no seu conjunto.

- A obra em 6 volumes de WILCKENS Ulrich, *Theologie des Neuen Testaments* (vol. I/1-4; II/1-2), que agora está concluída e disponível (Neukirchener Verlag 2002-2009). Para o presente volume é particularmente importante o volume I/2: *Jesu Tod und Auferstehung und die Entstehung der Kirche aus Juden und Heiden* (2003).
- Em segunda edição, está disponível: HAHN Ferdinand, *Theologie des Neuen Testaments* vol. I (*Die Vielfalt des Neuen Testaments*) e vol. II (*Die Einheit des Neuen Testaments*), Mohr Siebeck, Tübingen 2002; 2005.
- Em 2007, HENGEL Martin, juntamente com SCHWEMER Anna Maria, publicou uma obra de relevante significado para este livro: *Jesus und das Judentum* (Mohr Siebeck, Tübingen). É o primeiro tomo de uma *Geschichte des frühen Christentums*, concebida em quatro volumes.
- De entre as várias obras de MUßNER Franz que dizem respeito à matéria do presente livro, quero aqui mencionar particularmente *Jesus von Nazareth im Umfeld Israels und der Urkirche. Gesammelte Aufsätze,* cuidada por THEOBALD Michael, Mohr Siebeck, Tübingen 1999.
- De modo particular, quero lembrar a obra de RINGLEBEN Joachim, já mencionada no Prefácio, *Jesus. Ein Versuch zu begreifen*, Mohr Siebeck, Tübingen 2008.
- De igual forma já indiquei no Prefácio o livro, essencial para a questão da metodologia, de REISER Marius, *Bibelkritik und Auslegung der Heiligen Schrift. Beiträge zur Geschichte der biblischen Exegese und Hermeneutik*, Mohr Siebeck, Tübingen 2007.
- Sobre o mesmo tema é útil: *Geist im Buchstaben? Neue Ansätze in der Exegese* (*Quaestiones disputatae* vol. 225), editado por SÖDING Thomas, Herder, Freiburg-Basel-Wien 2007.
- Elucidativo é também: DREYFUS François, *Exégèse en Sorbonne, exégèse en Église. Esquisse d'une théologie de la Parole de Dieu*, Parole et Silence, Les-Plans-sur-Bex 2006.
- No âmbito da teologia sistemática, há que mencionar agora – a par das grandes cristologias de PANNENBERG Wolfhart, KASPER Walter e SCHÖNBORN Christoph – o volume de MENKE Karl-Heinz, *Jesus ist Gott der Sohn. Denkformen und Brennpunkte der Christologie*, Pustet, Regensburg 2008.

- AMATO Angelo, *Gesù, identità del cristianesimo. Conoscenza ed esperienza*, Libreria Editrice Vaticana 2008.

Capítulo 1: Entrada em Jerusalém e purificação do templo

- À entrada em Jerusalém, é dedicado o fascículo I/2009 da Revista Internacional de Teologia e Cultura "*Communio*" (ed. alemã, ano 38, pp. 1-43). Lembro em particular o contributo de BUCHINGER Harald, "*Hosanna dem Sohne Davids!" Zur Liturgie des Palmsonntags*, pp. 35-43. Mas, no momento da publicação deste fascículo, o primeiro capítulo desta Parte II já estava escrito.
- PESCH Rudolf, *Das Markusevangelium, Zweiter Teil*, Herders Theologischer Kommentar zum Neuen Testament, vol. II/2, Freiburg-Basel-Wien 1977.
- LOHSE Eduard, art. *hōsanna*, in: *Theologisches Wörterbuch zum Neuen Testament*, vol. IX, editado por FRIEDRICH Gerhard, Kohlhammer, Stuttgart 1973, pp. 682ss.
- Para a purificação do templo, a par dos comentários, ver: MESSORI Vittorio, *Patì sotto Ponzio Pilato?*, SEI, Torino 1992, pp. 190-199.
- HENGEL Martin, *Die Zeloten. Untersuchungen zur jüdischen Freiheitsbewegung in der Zeit von Herodes I. bis 70 n. Ch.*, Brill, Leiden-Köln 1976.
- IDEM, *War Jesus Revolutionär?*, Calwer Hefte 110, Calwer Verlag, Stuttgart 1973. Nele encontram-se mais indicações bibliográficas.
- WILCKENS Ulrich, *Theologie des Neuen Testaments*, op. cit. (cf. bibliografia geral), vol. I/2, pp. 59-65.

Capítulo 2: O discurso escatológico de Jesus

- Com as minhas reflexões sobre o discurso escatológico de Jesus, procuro desenvolver, aprofundar e – onde é necessário – corrigir a análise que antes apresentei na minha escatologia de 1977 (nova edição: *Eschatologie – Tod und ewiges Leben*, Pustet, Regensburg 2007).
- Flávio Josefo, *De bello Judaico/Der Jüdische Krieg*, edição bilíngue em grego e alemão, editada por MICHEL Otto e BAUERNFEIND Otto; VI 299s. (cit. segundo: vol. II/2, München 1969, pp. 52s.); notas pp. 179-190.
- MITTELSTAEDT Alexander, *Lukas als Historiker. Zur Datierung des lukanischen Doppelwerkes,* Francke, Tübingen 2006, pp. 49-164.
- GNILKA Joachim, *Die Nazarener und der Koran. Eine Spurensuche,* Herder, Freiburg-Basel-Wien 2007.
- Gregório de Nazianzo, *Die fünf theologischen Reden,* editada e comentada por BARBEL Joseph, Patmos, Düsseldorf 1963 (citado: Barbel).

- Para Rm 3,23, ver: WILCKENS Ulrich, *Theologie des Neuen Testaments*, op. cit. (cf. bibliografia geral) vol. I/3 e II/1.
- Bernardo de Claraval, *De consideratione ad Eugenium Papam,* in: *Sämtliche Werke,* latim/alemão, editada por WINKLER Gerhard B., Tyrolia, Innsbruck 1990-99; vol. I (1990), pp. 611-827; notas de BREM Hildegard, pp. 829-841 (cit.: Winkler, I).
- Para o significado do judaísmo pós-bíblico, ver: MUßNER Franz, *Dieses Geschlecht wird nicht vergehen. Judentum und Kirche,* Herder, Freiburg--Basel-Wien 1991.

Capítulo 3: O lava-pés

- Para o tema "pureza/purificação" remeto para o importante artigo *Reinheit/Reinigung* in: *Historisches Wörterbuch der Philosophie*, editado por RITTER Joachim e GRÜNDER Karlfried, vol. 8, Schwabe, Basel 1992, col. 531-553, particularmente II/1 *Griechische Antike* (ARNDT Martin), II/2 *Judentum* (NIEHOFF Maren), III/1 *Neues Testament* (ARNDT Martin), III/2 *Patristik* (STURLESE Rita).
- Para Plotino, remeto para REALE Giovanni, *Storia della filosofia greca e romana,* vol. 8: *Plotino e il neoplatonismo pagano,* Bompiani, Milão 2004, pp. 19-186.
- SCHNACKENBURG Rudolf, *Das Johannesevangelium,* Terceira parte, Herders Theologischer Kommentar zum Neuen Testament, vol. IV/3, Freiburg--Basel-Wien 1975, pp. 6-53.
- BARRETT Charles K., *The Gospel According to St. John,* Westminster, Philadelphia 1978; citado segundo a edição alemã: *Das Evangelium nach Johannes,* Kritisch-exegetischer Kommentar über das Neue Testament, Sonderband, Vandenhoeck & Ruprecht, Göttingen 1990.
- MUßNER Franz, *Der Jakobusbrief*, Herders Theologischer Kommentar zum Neuen Testament, vol. XIII/1, Freiburg-Basel-Wien 1964, pp. 225-230.

Capítulo 4: A Oração Sacerdotal de Jesus

- FEUILLET André, *Le sacerdoce du Christ et de ses ministres d'après la prière sacerdotale du quatrième évangile et plusieurs données parallèles du Nouveau Testament,* Éditions de Paris, 1972.
- *Der Hebräerbrief, übersetzt und erklärt von Knut Backhaus* (Regensburger Neues Testament), Pustet, Regensburg 2009: infelizmente esse comentário ainda não estava disponível quando este capítulo foi escrito.

- BULTMANN Rudolf, *Das Evangelium des Johannes*, Kritisch-exegetischer Kommentar über das Neue Testament, vol. 2, Vandenhoeck & Ruprecht, Göttingen, aqui citado segundo a 14ª edição de 1956.
- SCHNACKENBURG Rudolf, *Das Johannesevangelium, Zweiter Teil* e *Dritter Teil*, Herders Theologischer Kommentar zum Neuen Testament, Freiburg--Basel-Wien (vol. IV/2: 1971, vol. IV/3: 1975).
- Para o tema do "Nome" no Antigo Testamento, cf. o artigo *šem* de FABRY Heinz-Josef e REITERER Friedrich V., in: *Theologisches Wörterbuch zum Alten Testament*, editado por FABRY Heinz-Josef e RINGGREN Helmer, vol. VIII, Kohlhammer, Stuttgart 1995, col. 122-176; e ainda BIETENHARD Hans, o artigo *ónoma*, in: *Theologisches Wörterbuch zum Neuen Testament*, vol. V, editado por FRIEDRICH Gerhard, Kohlhammer, Stuttgart 1954, pp. 242-283.
- STUDER Basil, *Gott und unsere Erlösung im Glauben der Alten Kirche.* Patmos, Düsseldorf 1985.

Capítulo 5: A Última Ceia

- JAUBERT Annie, *La date de la dernière Cène*, in: "Revue de l'histoire des religions", 146 (1954) 140-173; IDEM, *La date de la Cène. Calendrier biblique et liturgie chrétienne,* J. Gabalda & Cie., Paris 1957.
- GIGLIOLI Alberto, *Il giorno dell'ultima Cena e l'anno della morte di Gesù,* in: "Rivista Biblica" 10 (1962), pp. 156-181.
- Da imensa quantidade de literatura sobre a data da Última Ceia e da morte de Jesus quero mencionar apenas a exposição – excelente pelo esmero e pela exatidão – que MEIER John P. apresentou no primeiro volume do seu livro sobre Jesus, *A Marginal Jew. Rethinking the Historical Jesus* I: *The Roots of the Problem and the Person*, Doubleday, New York 1991, pp. 372-433.
- Relativamente ao conteúdo da tradição sobre a Última Ceia foram particularmente preciosos para mim os diversos estudos a esse propósito de PESCH Rudolf. A par do seu comentário *Das Markusevangelium, Zweiter Teil,* op. cit. (cf. bibliografia cap. 1), quero recordar: *Das Abendmahl und Jesu Todesverständnis* (Quaestiones disputatae vol. 80, Herder, Freiburg-Basel-Wien 1978); *Das Evangelium in Jerusalem,* in: *Das Evangelium und die Evangelien. Vorträge vom Tübinger Symposium 1982,* editado por STUHLMACHER Peter, Mohr Siebeck, Tübingen 1983, pp. 113-155.
- Sempre importante é: JEREMIAS Joachim, *Die Abendmahlsworte Jesu,* Vandenhoeck & Ruprecht, Göttingen 1935 (1967).

- PETERSON Erik, *Die Kirche,* in: *Theologische Traktakte, Ausgewählte Schriften* vol. I, editado por NICHTWEIß Barbara, Echter, Würzburg 1994, pp. 245-257.
- BOUYER Louis, *Eucharistie. Théologie et spiritualité de la prière eucharistique,* Desclée, Paris 1966 (nova edição: Cerf, Paris 2009).
- FIEDLER Peter, *Sünde und Vergebung im Christentum,* in: "Internationale Zeitschrift für Theologie Concilium" 10 (1974), pp. 568-571.
- BONHOEFFER Dietrich, *Nachfolge,* Kaiser, München 1937 (agora in: *Werke,* vol. 4, Gütersloher Verlagshaus 2008), 1º capítulo.
- WILCKENS Ulrich, *Theologie des Neuen Testaments,* op. cit. (cf. bibliografia geral), vol. I/2, pp. 77-85.
- BAUMERT Norbert/SEEWANN Maria-Irma, *Eucharistie "für alle" oder "für viele"?,* in: "Gregorianum" 89 (2008), 3, pp. 501-532.
- KATTENBUSCH Ferdinand, *Der Quellort der Kirchenidee,* in: *Harnack--Ehrung. Beiträge zur Kirchengeschichte, ihrem Lehrer Adolf von Harnack zu seinem siebzigsten Geburtstage dargebracht von einer Reihe seiner Schüler,* J. C. Hinrichs, Leipzig 1921, pp. 143-172.
- RORDORF Willy, *Sabbat und Sonntag in der Alten Kirche,* Theologischer Verlag Zürich 1972; IDEM, *Lex orandi – lex credendi. Gesammelte Aufsätze zum 60. Geburtstag,* Universitätsverlag Freiburg-Basel-Wien (Schweiz) 1993, particularmente pp. 1-51.
- JUNGMANN Josef Andreas S. J., *Messe im Gottesvolk. Ein nachkonziliarer Durchblick durch Missarum Sollemnia,* Herder, Freiburg-Basel-Wien 1970.
- Tinha acabado de redigir este capítulo, quando apareceu o volume, pequeno, mas elaborado de modo profundo, de HAUKE Manfred: *"Für viele vergossen". Studie zur sinngetreuen Wiedergabe des* pro multis *in den Wandlungsworten,* Dominus-Verlag, Augsburg 2008.

Capítulo 6: Getsêmani

- Para as indicações sobre o Getsêmani: KROLL Gerhard, *Auf den Spuren Jesu,* St. Benno, Leipzig 1975.
- STÖGER Alois, *Das Evangelium nach Lukas, 2. Teil, Geistliche Schriftlesung* vol. 3/2, Patmos, Düsseldorf 1966.
- BULTMANN Rudolf, *Das Evangelium des Johannes,* op. cit. (cf. bibliografia, cap. IV).
- Para o Concílio de Calcedônia: GRILLMEIER Alois, *Jesus der Christus im Glauben der Kirche,* vol. I: *Von der Apostolischen Zeit bis zum Konzil von Chalcedon (451),* Herder, Freiburg-Basel-Wien 1979; para os desenvolvimen-

tos pós-conciliares cf. os vol. II/1-4, 1986-2002, de modo particular vol. II/1 (1986): *Das Konzil von Chalcedon (451). Rezeption und Widerspruch (451-518).*

- A história complexa da recepção do Concílio de Calcedônia foi ilustrada de modo profundo e preciso por BECK Hans-Georg, *Die frühbyzantinische Kirche,* in: *Handbuch der Kirchengeschichte*, editado por JEDIN Hubert, vol. II/2, Herder, Freiburg-Basel-Wien 1975, pp. 1-92.
- Sobre Máximo, o Confessor, ver: SCHÖNBORN Christoph, *Die Christus--Ikone. Eine theologische Hinführung,* Novalis, CH-Quern-Neukirchen 1984, pp. 107-138, e também LÉTHEL François-Marie, *Théologie de l'agonie du Christ. La liberté humaine du Fils de Dieu et son importance sotériologique mise en lumière par Saint Maxime le Confesseur*, Beauchesne, Paris 1979.
- JEREMIAS Joachim, *Abba. Studien zur neutestamentlichen Theologie- und Zeitgeschichte,* Vandenhoeck & Ruprecht, Göttingen 1966.
- Importante para a teologia do monte das Oliveiras: DREYFUS François, *Jésus savait-il qu'il était Dieu?* Cerf, Paris 1984.
- VANHOYE Albert, *Accogliamo Cristo, nostro sommo sacerdote. Esercizi Spirituali predicati in Vaticano 10-16 febbraio 2008,* Libreria Editrice Vaticana, Città del Vaticano 2008.
- HARNACK Adolf von, *Zwei alte dogmatische Korrekturen im Hebräerbrief,* in: *Sitzungsberichte der Preußischen Akademie der Wissenschaften,* Berlin 1929, pp. 69-73, sobretudo p. 71; cf. por outro lado a interpretação profunda do texto de Hebreus 5,7-10 in BACKHAUS Knut, *Der Hebräerbrief,* op. cit. (cf. bibliografia cap. IV), pp. 206-211.

Capítulo 7: O processo de Jesus

- A obra clássica sobre o processo de Jesus continua a ser: BLINZLER Josef, *Der Prozess Jesu,* Pustet, Regensburg 1969.
- No referente às questões históricas, atenho-me essencialmente a HENGEL Martin / SCHWEMER Anna Maria, *Jesus und das Judentum*, op. cit. (cf. bibliografia geral), pp. 587-611.
- Encontram-se intuições importantes em MUßNER Franz, *Die Kraft der Wurzel. Judentum – Jesus – Kirche,* Herder, Freiburg-Basel-Wien 1987, sobretudo pp. 125-136.
- Sobre a versão joanina do processo e a questão acerca da verdade, serviu--me de ajuda: SÖDING Thomas, *Die Macht der Wahrheit und das Reich der Freiheit. Zur johanneischen Deutung des Pilatus-Prozesses,* in: "Zeitschrift für Theologie und Kirche" 93 (1996), pp. 35-58.

- RAD Gerhard von, *Theologie des Alten Testaments,* vol. 1: *Die Theologie der geschichtlichen Überlieferungen Israels,* Chr. Kaiser, München 1957.
- BARRETT Charles K., *Das Evangelium nach Johannes,* op. cit. (cf. bibliografia cap. III).
- PESCH Rudolf, *Das Markusevangelium, Zweiter Teil,* op. cit. (cf. bibliografia cap. 1), pp. 461-467.
- GNILKA Joachim, *Das Matthäusevangelium, Zweiter Teil,* Herders Theologischer Kommentar zum Neuen Testament, vol. I/2, Freiburg-Basel-Wien 1988.
- COLLINS Francis S., *The Language of God. A Scientist Presents Evidence for Belief,* Free Press, New York 2006; citado segundo a edição alemã: *Gott und die Gene. Ein Naturwissenschaftler begründet seinen Glauben,* Gütersloher, Verlagshaus 2007.

Capítulo 8: A crucifixão e a deposição de Jesus no sepulcro

- Uma análise impressionante de Is 53 in: REISER Marius, *Bibelkritik und Auslegung der Heiligen Schrift,* op. cit. (cf. bibliografia geral), pp. 337-346.
- Relativamente a Platão e o Livro da Sabedoria cf. também REISER, pp. 347-353.
- Para o letreiro na cruz: HAHN Ferdinand, *Christologische Hoheitstitel. Ihre Geschichte im frühen Christentum,* Vandenhoeck & Ruprecht, Göttingen 1966, pp. 195s.
- Para as teologias modernas sobre o sofrimento de Deus e o sofrimento de Jesus devido ao abandono de Deus, remeto para: MOLTMANN Jürgen, *Der gekreuzigte Gott. Das Kreuz Christi als Grund und Kritik christlicher Theologie,* Kaiser, München 1972, e para: BALTHASAR Hans Urs von, *Theodramatik* vol. IV: *Das Endspiel,* Johannes Verlag Einsiedeln 1983.
- BULTMANN Rudolf, *Das Verhältnis der urchristlichen Christusbotschaft zum historischen Jesus,* Winter, Heidelberg 1960.
- PESCH Rudolf, *Das Markusevangelium, Zweiter Teil,* op. cit. (cf. bibliografia cap. 1), pp. 468-503.
- SCHNACKENBURG Rudolf, *Das Johannesevangelium, Dritter Teil,* op. cit. (cf. bibliografia cap. III), pp. 310-352.
- Para a questão mariana, ver: *Storia della mariologia,* vol. 1: *Dal modello biblico al modello letterario,* editado por COVOLO Enrico dal e SERRA Aristide, Città Nuova/Marianum, Roma 2009, pp. 105-127.
- Para a última parte: RATZINGER Joseph, *Gesammelte Schriften,* Bd. 11: *Theologie der Liturgie,* Herder, Freiburg-Basel-Wien 2008 (ed. it.: *Opera omnia,* vol. 11, *Teologia della Liturgia,* Libreria Editrice Vaticana, Città del Vaticano 2010).

Capítulo 9: A ressurreição de Jesus da morte

- Fundamental para as questões exegéticas (tradição sob forma de profissão, aparições, etc.) é: RIGAUX Béda, *Dieu l'a ressuscité. Exégèse et théologie biblique*, Duculot, Gembloux 1973.
- Importante também MUßNER Franz, *Die Auferstehung Jesu,* Kösel, München 1969.
- Reflexões úteis in: SÖDING Thomas, *Der Tod ist tot, das Leben lebt. Ostern zwischen Skepsis und Hoffnung,* Matthias Grünewald, Ostfildern 2008.
- Uma primeira análise de 1 Cor 15, que essencialmente sigo também aqui, apresentei-a no meu livro *Der Gott Jesu Christi. Betrachtungen über den Dreieinigen Gott,* Kösel, München 1976, pp. 76-84 (nova edição em 2006).
- BLANK Josef, *Paulus und Jesus. Eine theologische Grundlegung.* Studien zum Alten und Neuen Testament vol. 18, Kösel, München 1968.
- BULTMANN Rudolf, *Neues Testament und Mythologie. Das Problem der Entmythologisierung der neutestamentlichen Verkündigung,* Kaiser, München 1941 (nova impressão em 1985).
- GESE Hartmut, *Die Frage des Weltbildes,* in: IDEM, *Zur biblischen Theologie. Alttestamentliche Vorträge,* Beiträge zur evangelischen Theologie, vol. 78, Kaiser, München 1977, pp. 202-222.
- CONZELMANN Hans, *Zur Analyse der Bekenntnisformel I. Kor. 15, 3-5,* in: "Evangelische Theologie" 25 (1965), pp. 1-11, particularmente pp. 7s.; também in: IDEM, *Theologie als Schriftauslegung. Aufsätze zum Neuen Testament,* Beiträge zur evangelischen Theologie, vol. 65, Kaiser, München 1974, pp. 131-141, sobretudo pp. 137s.
- HENGEL Martin / SCHWEMER Anna Maria, *Jesus und das Judentum*, op. cit. (cf. bibliografia geral).
- HAUCK Friedrich, art. *alalázō,* in: *Theologisches Wörterbuch zum Neuen Testament,* vol. I, editado por Gerhard Kittel, Kohlhammer, Stuttgart 1933, pp. 228s.
- Além disso, queria remeter para as obras de comentário, de modo particular para WILCKENS Ulrich, *Theologie des Neuen Testaments,* op. cit. (cf. bibliografia geral) vol. I/2, pp. 107-160.

Acreditamos nos livros

Este livro foi composto em Minion Pro e impresso
pela Gráfica Santa Marta para a Editora Planeta
do Brasil em abril de 2024.